文件管理规程与案例

Document Management: Regulations and Cases

杨霞 编著

图书在版编目(CIP)数据

文件管理规程与案例/杨霞编著. —北京:北京大学出版社,2014.9
ISBN 978-7-301-24768-6

Ⅰ.①文… Ⅱ.①杨… Ⅲ.①文件管理—高等学校—教材 Ⅳ.①C931.46

中国版本图书馆 CIP 数据核字(2014)第 204702 号

书　　　名:文件管理规程与案例
著作责任者:杨　霞 编著
责 任 编 辑:邹艳霞
标 准 书 号:ISBN 978-7-301-24768-6/G・3872
出 版 发 行:北京大学出版社
地　　　址:北京市海淀区成府路 205 号　100871
网　　　址:http://www.pup.cn　　新浪官方微博:@北京大学出版社
电子信箱:zyl@pup.pku.edu.cn
电　　　话:邮购部 62752015　发行部 62750672　编辑部 62767857　出版部 62754962
印　刷　者:三河市博文印刷有限公司
经　销　者:新华书店
　　　　　　787 毫米×1092 毫米　16 开本　17.75 印张　378 千字
　　　　　　2014 年 9 月第 1 版　2014 年 9 月第 1 次印刷
定　　　价:39.00 元

未经许可,不得以任何方式复制或抄袭本书之部分或全部内容。
版权所有,侵权必究
举报电话:010-62752024　电子信箱:fd@pup.pku.edu.cn

目　录

第一章　文件管理概论 …………………………………………………… 1
第一节　文件管理的内涵 ……………………………………………… 1
一、文件管理的含义 ………………………………………………… 2
二、文件管理的特征 ………………………………………………… 5
三、文件管理的目标 ………………………………………………… 7
第二节　文件管理的理论 ……………………………………………… 8
一、文件生命周期理论 ……………………………………………… 8
二、信息系统理论 ………………………………………………… 10
第三节　文件管理的规范 ……………………………………………… 12
一、文件管理基本原则 …………………………………………… 13
二、文件管理制度构成 …………………………………………… 15
第四节　文件管理的资源 ……………………………………………… 18
一、文件管理机构 ………………………………………………… 19
二、文件管理人员 ………………………………………………… 24
三、文件管理设施 ………………………………………………… 26

第二章　文件拟制程序 …………………………………………………… 35
第一节　文件的起草 …………………………………………………… 35
一、文件构思 ……………………………………………………… 36
二、文件撰写 ……………………………………………………… 36
第二节　文件的审核 …………………………………………………… 37
一、审核内容 ……………………………………………………… 38
二、审核要求 ……………………………………………………… 39
第三节　文件的签发 …………………………………………………… 40
一、文件签发的作用 ……………………………………………… 40
二、签发种类 ……………………………………………………… 40
三、分层签发制 …………………………………………………… 41
四、签发要求 ……………………………………………………… 42

第三章　发文办理程序 …… 47
第一节　文件的复核 …… 47
第二节　文件的登记 …… 48
第三节　文件的印制 …… 49
一、缮印 …… 49
二、校对 …… 51
三、装订 …… 52
第四节　文件的核发 …… 53
一、文件生效 …… 53
二、文件分发 …… 61

第四章　收文办理程序 …… 66
第一节　文件的接收 …… 66
一、签收 …… 66
二、登记 …… 67
三、初审 …… 68
四、分流 …… 68
第二节　文件的办理 …… 69
一、拟办 …… 69
二、批办 …… 72
三、承办 …… 73
第三节　文件的传阅 …… 75
一、传阅方式 …… 75
二、传阅要求 …… 78
第四节　文件的处置 …… 79
一、整理归档 …… 79
二、销毁 …… 79
三、清退 …… 80
四、暂存 …… 81

第五章　文件整理归档 …… 86
第一节　整理归档的要求 …… 86
一、整理归档原则 …… 86
二、文件归档范围 …… 88
三、文件分类方案 …… 92
第二节　案卷级整理方法 …… 99

一、组卷方法 …………………………………………………………… 99
　　二、文件修整 …………………………………………………………… 101
　　三、组卷程序 …………………………………………………………… 101
　第三节　文件级整理方法 ………………………………………………… 105
　　一、装订 ………………………………………………………………… 106
　　二、分类 ………………………………………………………………… 108
　　三、排列 ………………………………………………………………… 108
　　四、编号 ………………………………………………………………… 110
　　五、编目 ………………………………………………………………… 112
　　六、装盒 ………………………………………………………………… 113
　第四节　归档文件的交接 ………………………………………………… 115
　　一、归档内容 …………………………………………………………… 115
　　二、归档手续 …………………………………………………………… 116

第六章　文件效率管控

　第一节　文件答复与督办 ………………………………………………… 121
　　一、文件的答复 ………………………………………………………… 121
　　二、文件的督办 ………………………………………………………… 123
　第二节　文件平时归卷 …………………………………………………… 127
　　一、平时归卷的含义 …………………………………………………… 127
　　二、平时归卷的步骤 …………………………………………………… 128
　第三节　办文系统控制 …………………………………………………… 131
　　一、文件数量控制 ……………………………………………………… 131
　　二、文件质量控制 ……………………………………………………… 132
　　三、收发文程序控制 …………………………………………………… 133
　　四、办文过程控制 ……………………………………………………… 134
　第四节　文件信息公开 …………………………………………………… 135
　　一、信息公开概况 ……………………………………………………… 136
　　二、信息公开主体与程序 ……………………………………………… 138
　　三、信息公开范围与方式 ……………………………………………… 139
　第五节　文件信息挖掘 …………………………………………………… 141
　　一、主要动因 …………………………………………………………… 141
　　二、基本要求 …………………………………………………………… 143
　　三、常用方法 …………………………………………………………… 145

第七章　声像文件管理 …… 152
第一节　照片文件的管理 …… 152
　　一、基本构成 …… 153
　　二、拣选收集 …… 154
　　三、分类整理 …… 155
　　四、妥善保管 …… 158
第二节　文件缩微品管理 …… 160
　　一、主要特点 …… 161
　　二、分类整理 …… 163
　　三、妥善保管 …… 164
　　四、检索利用 …… 166
第三节　唱片文件的管理 …… 168
　　一、基本构成 …… 168
　　二、分类整理 …… 169
　　三、妥善保管 …… 170
　　四、合理利用 …… 171
第四节　磁带文件的管理 …… 171
　　一、基本构成 …… 171
　　二、分类整理 …… 172
　　三、妥善保管 …… 173
　　四、合理利用 …… 174
第五节　光盘文件的管理 …… 175
　　一、基本构成 …… 175
　　二、分类整理 …… 176
　　三、妥善保管 …… 178
　　四、合理利用 …… 179

第八章　电子文件管理 …… 184
第一节　电子文件管理概述 …… 184
　　一、基本特征 …… 185
　　二、主要类型 …… 186
　　三、管理原则 …… 187
第二节　电子文件管理的程序 …… 190
　　一、流转的过程 …… 190
　　二、收集与积累 …… 194
　　三、鉴定与整理 …… 197

    　　四、保管与利用 ………………………………………………… 202
  第三节　公务电子邮件管理 ………………………………………… 207
    　　一、主要特点 …………………………………………………… 207
    　　二、撰写与传递 ………………………………………………… 208
    　　三、整理与归档 ………………………………………………… 210
  第四节　CAD电子文件管理 ………………………………………… 212
    　　一、主要特点 …………………………………………………… 212
    　　二、形成与收集 ………………………………………………… 213
    　　三、整理与归档 ………………………………………………… 215
  第五节　数据库电子文件管理 ……………………………………… 218
    　　一、主要特点 …………………………………………………… 219
    　　二、管理工具 …………………………………………………… 220
    　　三、管理方法 …………………………………………………… 222

附　录 ……………………………………………………………………… 230
  一、党政机关公文处理工作条例 …………………………………… 230
    　　第一章　总　则 ………………………………………………… 230
    　　第二章　公文种类 ……………………………………………… 230
    　　第三章　公文格式 ……………………………………………… 231
    　　第四章　行文规则 ……………………………………………… 232
    　　第五章　公文拟制 ……………………………………………… 233
    　　第六章　公文办理 ……………………………………………… 234
    　　第七章　公文管理 ……………………………………………… 235
    　　第八章　附　则 ………………………………………………… 236
  二、人大机关公文处理办法 ………………………………………… 236
    　　第一章　总　则 ………………………………………………… 236
    　　第二章　公文种类 ……………………………………………… 236
    　　第三章　公文格式 ……………………………………………… 237
    　　第四章　行文规则 ……………………………………………… 238
    　　第五章　公文办理 ……………………………………………… 239
    　　第六章　公文立卷、归档和销毁 ……………………………… 240
    　　第七章　附　则 ………………………………………………… 240
  三、人民法院公文处理办法 ………………………………………… 241
    　　第一章　总　则 ………………………………………………… 241
    　　第二章　公文种类 ……………………………………………… 241
    　　第三章　公文格式 ……………………………………………… 242

第四章　行文规则 …………………………………………………… 243
　　第五章　公文拟制 …………………………………………………… 244
　　第六章　公文办理 …………………………………………………… 245
　　第七章　公文管理 …………………………………………………… 246
　　第八章　附则 ………………………………………………………… 247
四、人民检察院公文处理办法 …………………………………………… 248
　　第一章　总则 ………………………………………………………… 248
　　第二章　公文种类 …………………………………………………… 248
　　第三章　公文格式 …………………………………………………… 249
　　第四章　公文主要版式及适用范围 ………………………………… 250
　　第五章　行文规则 …………………………………………………… 250
　　第六章　公文拟制 …………………………………………………… 251
　　第七章　公文办理 …………………………………………………… 252
　　第八章　公文管理 …………………………………………………… 254
　　第九章　附则 ………………………………………………………… 255
五、中国人民解放军机关公文处理条例 ………………………………… 255
　　第一章　总则 ………………………………………………………… 255
　　第二章　公文种类 …………………………………………………… 255
　　第三章　公文格式 …………………………………………………… 256
　　第四章　行文规则 …………………………………………………… 257
　　第五章　发文办理 …………………………………………………… 257
　　第六章　收文办理 …………………………………………………… 258
　　第七章　公文立卷归档 ……………………………………………… 259
　　第八章　公文管理 …………………………………………………… 259
　　第九章　附则 ………………………………………………………… 259
六、文件管理控制表单的式样 …………………………………………… 260

主要参考文献 ……………………………………………………………… 274

第一章　文件管理概论

学习引导

　　在信息时代，文件管理不应仅仅停留于文件信息的"收发"之上，而应基于文件的生命周期规律来系统全面地关注文件形成、传递、办理、存储等全过程的计划、组织、指挥、协调及控制，以确保各项职能活动运行的效率和效能。

　　信息社会中信息是重要资源，而文件却是信息中的"核心资源"。一个组织要想生存并不断成长和发展，它所具备的文件管理的知识、能力和技术等不但是必不可少的，而且是至关重要的。

　　近年来，世界各国政府部门、各类企业单位等都在致力于加强自身的文件信息资源的管理，纷纷颁布文件管理的法律法规，制定文件管理的制度规则，开发文件管理的技术应用，更新重组文件管理的流程，等等。这些行动使文件管理理念逐渐深入人心。

　　但是，一个组织要做好文件管理，除了要树立文件管理的理念之外，更重要的是要理解并掌握文件管理活动的核心理论，制定管理原则和制度规范，设立文件管理机构，配备文件管理人员，建设文件管理的设施，等等。只有这样，才能使文件管理落到实处，从而不断提升其文件管理的能力。

第一节　文件管理的内涵

　　"文件管理"是一个多维的、立体的、非线性的概念，要理解这个概念必须首先弄清楚"文件"这个概念，因为正是"文件"这一客观事物的产生和运行，影响并决定了文件管理系统的构成。

　　"文件"这一名词虽然出现在近代，但是"文件"这一概念所代表的客观事物在我国远古时代已经出现，如考古发现的简牍文书、缣帛文书等就记载了当时管理国家政务、出纳政令等内容。随着纸张和印刷术的发明和普及，隋唐以后历朝历代在国家政务管理中形成和使用了大量纸质文书，这种形式一直沿用至今。今天，"文件""文书""公文（公务文件、公务文书的简称）"等名词已广为人知，"文件"一词更是被广泛使用。目前，人们往往根据不同工作领域或不同语境的需要来选用这三个名词，如"司法文书""电子文件""公文处理"等等。就三个概念的内涵来说，都是指在各项管理活动中形成或使用的信息记录。从三个概念的外延来看，虽然"文件（文书）"可分为公务文件（文书）和私人文件（文书），但由于私人文件（文书）形式多样和内容庞杂，本书将不涉及私人文件（文书）及其管理的内容。因此，本书所言的"文件""文书""公文"三个词语是作为同义词使用的。

本书所言的"文件",是指社会组织在各种管理活动中直接形成、接收和使用的具有规范体式和法定效用的信息记录。该信息记录由足以为其活动提供凭证的内容、背景和结构所构成,而不管记录的方式或载体。

这一"文件"概念包括了以下几层含义。

第一,文件形成、接收和使用的主体是各种社会组织。只要是依法成立的党政机关、企事业单位、人民团体以及其他社会组织等机构,不管其性质如何,只要其自身管理需要,均可在自身职权范围内依法形成、接收并使用文件。

第二,文件形成、接收和使用的目的是履行管理职能。文件形成、接收和使用的目的是为了满足各类社会组织记载事物、表达意志、交流信息、联系工作、处理各种事务的需要,具有最直接的针对性和应用性,是处理管理事务必不可少的一种工具。

第三,文件具有一定的规范体式。与图书、报纸等不断追求新颖体式相比,文件体式表达要求具有相对的稳定性和固定性,以维护文件的严肃性、郑重性、权威性和规范性。文件体式包括法定的体式和约定俗成的体式。法定体式是通过政府有关部门的行政法规规章、国家标准等明文规范的体式;约定俗成体式是人们经过文件写作与处理的长期社会实践而确定或固化形成的体式。

第四,文件具有现实执行效用。文件是伴随各项业务活动同步形成与办理的,是对业务活动行为及其过程的最原始的记录。同时,由于文件所承载的信息内容代表了发文者的法定地位和法定职权,因此文件一旦发出,便对接受文件的组织或人员具有法律所规定的约束力和影响力,并在法律上具有不可否认的凭证属性。

第五,文件记录方式和载体形态是多种多样的。随着社会生产力和科学技术的发展,在不同历史时期文件的记录方式和载体形态是不断变化发展的,如使用雕刻、绘制、书写、摄像、录音、激光刻录等多种记录方式,采用石头、简牍、金属、纸张、绢帛、胶片、磁带、磁盘、光盘等载体材料,就会形成简牍文件、纸质文件、照片文件、电子文件等不同类型的文件。

一、文件管理的含义

在现代社会,科学技术获得了前所未有的发展,政府、企业等社会组织办公的自动化、信息化和网络化,带来了文件的记录、复制和公布手段的日益技术化。这些技术手段的使用,不仅使这些社会组织产生的文件数量急剧膨胀,而且使文件的形式丰富多样,出现了大量新型载体的文件,如磁带、磁盘、光盘、照片、影片、缩微胶片、电子文件等等。在这种现实面前,每一个机构都面临如下的问题:如何对数量庞大的传统纸质文件进行控制,又用什么方法来管理新型载体文件,如何有效使用管理文件所需的库房、经费,如何在纷繁杂乱的海量文件信息中捕捉到对组织真正有用的信息,又如何有效提供文件利用,并使文件保管费用与实际利用更加合算,等等。因此,及时准确、经济有效的文件管理,对今天的任何组织都显得尤为必要和迫切。

关于"文件管理"一词的含义,国际档案理事会和各国档案界对此有着不同的表述。

1982年6月，联合国教科文组织与国际档案理事会在德国柏林的国立普鲁士文化遗产国家图书馆共同主持召开了"文件与档案管理规划第二次专家协商会议"。这次会议把"文件管理"概括为："文件管理是指对文件在其形成、保存、利用和处置过程中进行的经济而有效的全面管理。文件管理概念的内涵包括文件生命周期中从文件的形成或接收，到它们的处置过程。"这代表了目前国际档案界对文件管理及其含义的认识。

美国是最早开始研究文件管理的国家之一，1976年美国颁布了《美利坚合众国联邦文件管理法》，该法在2901条明确：文件管理是"指与涉及文件产生、保管、利用、处置等有关的计划、管理、指导、组织、训练、发展等的管理活动"。此后，美国国家档案与文件署对这一定义作出了比较详细的解释："文件管理包括对文件从产生到最后销毁，或为永久保存而移交到档案馆的生命过程的控制活动。它包括保证文件的有效利用，防止工作中产生和使用一些不重要的便条式的文件，改善文件的整理和收集方式，在文件中心[1]为文件提供专门的管理和廉价的存贮，确保日常工作中使用时不再对文件进行专门处理。"

英国现代档案学者迈克尔·库克在20世纪70年代主要从范围和职能上对文件管理进行了深入研究。他认为文件管理的主要职能是控制文件转化为档案的过程。其实质性工作是收集、处理和保管过时文件，并从中鉴定具有潜在价值的文件，作为档案永久保存。他以此为主要依据把"文件管理"定义为"与在文件产生、保存、利用和处置方面实现经济和有效管理有关的总的管理领域"。

阿根廷档案学者路易斯·F.比阿萨利把"文件管理"看成是"组织管理办公机构的一门现代技术"。他在其专著《档案管理技术实用手册》中强调："文件管理是指那些为使文件能按一定方法得到系统有序管理，从而正常运转，进行服务与发挥作用的必要人类活动。"这就是说，文件管理就是对任何一个生产单位或行政管理单位的文件出于内部需要在文件合法保存期内进行的直接控制，包括在文件运转和处理过程中对文件的保护，以及由此而引申出来的对整个系统的维护，对设备、器材、人员的管理等。

在我国，文件管理的思想是源于对"文件自然形成规律"的认识。"文件自然形成规律"的认识与国外"文件生命周期"理论思想有许多相似之处。当文件生命周期研究的相关思想在20世纪80年代传入我国，被我国许多档案学者所关注，并结合我国档案工作理论与实践进行了相应的理论研究，其中中国人民大学的陈兆祦教授的"文件运动周期"研究成果产生了很大的影响。在1986年全国档案学研讨班的专题报告中，他提出："文件作为人们进行信息交流和贮存的一种工具，有其相对稳定的物质载体，也就是说，文件是包含有信息、意识、知识内容的一种物质形态，它与其他物质一样是运动的，我们把文件从产生到消亡的整个过程称为文件的运动周期（国外称文件的'生命周期'）。"

综合国际档案理事会和档案界对文件管理含义的表述，有三个共同点。

---

[1] 联合国教科文组织给"文件中心"下的定义是："在档案行政机关管理之下，对各个不同行政机构的半现行文件进行经济地保管和提供利用，并在这些文件被销毁或移交档案馆之前进行系统处置的保管机构。"文件中心最早出现在美国，流行于欧美各国，是一种过渡性的半现行文件管理机构，处于文件形成单位和档案馆的中间位置。

第一，文件管理的基础是文件生命周期理论①。根据文件生命运行阶段的不同特点，采取最为适宜的管理方法，满足利用需求的目标。

第二，以文件生命周期的阶段性为基础，都强调对文件按其生命过程的阶段性进行有效控制。

第三，文件管理都是以"经济""有效"的全面管理为目标。这一目标，主要是通过设立文件管理机构——文件中心来实现。

在此基础之上，本书对"文件管理"的概念进行了如下表述。

文件管理，是指在一定的文件管理原则和工作制度下对文件工作过程中各工作环节和人、财、物、信息等管理要素的运动过程进行科学系统的规划、组织、监督、控制、协调的活动。文件管理旨在使各级各类组织管理活动中产生的数量庞大的文件减少到易于管控的数量，防止在工作中产生不必要的文件；使具有保存价值的文件有序化、系统化，并使之能够得到妥善保管和有效利用。

关于文件管理的职能，联合国教科文组织与国际档案理事会在1982年召开的"文件与档案管理规划第二次专家协商会议"上，对文件管理职能进行了综合分析、研究，并提出了如下六项具体职能②。

第一，运用现代信息管理原则和技术，减少文件的数量，改进文件的质量，尤其要注重对信函、报告、表格、指示以及类似的指导性文件的控制，选择适当的办公设备和办公用品等。

第二，在机构的现行工作中，注意妥善保管和使用文件，完善现有的文件整理、分类和编目制度，开发更为有效的信息处理系统。

第三，保证把那些在现行工作中不再需要的文件从费用昂贵的办公室和存贮设备中移到费用低廉的文件中心（或中间档案馆③）妥善保存。

第四，为半现行文件④提供有效的咨询服务，直到文件形成单位认为它们已经失去了行政、法律和财务价值，即直到它们成为非现行文件为止。

第五，保证由档案部门来对这些非现行文件进行鉴定，并将具有价值的文件移交给保管设施良好的档案馆永久保存。这里所指的"有价值文件"都是可以用于形成机构的原始活动、组织机构、职能和工作程序以及一些重大事件的基本凭证。它们对历史研究或者其他研究具有重要价值的信息。

---

①该理论发端于国外档案学者对文件和文件中心的理论解释，是对文件运动过程和规律的客观描述和科学抽象。该理论文件管理的核心部分，是西方现代档案学的重要组成部分。主要研究文件从形成到最终销毁或永久保存的整个运动过程，研究文件属性与人的主体行为之间的关系。具体内容参见本章第二节的有关内容。

②韩玉梅.外国现代档案管理教程[M].北京:中国人民大学出版社,1995:41。

③苏联以及一些欧洲国家把"文件中心"称为"中间档案馆"。

④阿根廷档案学家曼努埃尔·巴斯克斯教授在研究文件生命周期中提出了"现行"和"非现行"这一对概念。现行文件是指对现行机关具有指挥、命令、批准、允许和传递作用以及法律或行政效力的文件。非现行文件是指对现行机关已经丧失了指挥、命令、批准、允许和传递作用以及法律或行政效力的文件。半现行文件处于现行文件和非现行文件之间，是指文件的现行价值正在逐渐消失，但还没有完全消失，文件的形成者对其的使用还具有一定的频率，仍需保存在利于原形成者使用的地点。国外的文件中心和我国的机关档案室所保存的文件都属于半现行文件。

第六,组织和促进更多的利用者广泛而有效地利用档案馆的独特资源。

综上可见,文件管理就是以充分发挥文件工作的功效,为本机关各项职能活动及社会有关方面提供适用的信息服务为目的,对文件工作的机构、人员、财物、信息、时间等因素及其流通与运行过程进行规划、组织、监督与控制。现代文件管理是一项由众多人员共同参与、分级进行的群体活动,是一项为完成各项主要职能活动而提供的一种必要的或重要的辅助性、事务性的活动,它有着特定的工作目标和特殊的存在价值,而这些目标与价值的实现又要求它必须顺应文件管理的规律性,不断追求秩序和效率。

文件管理的主要工作内容,一般包括以下方面。

1. 制定文件管理制度规范:包括颁布文件管理的法规或规章制度,制定文件管理的工作原则与规划,确定各项业务建设的规范、标准、业务流程,编制各种业务指导性文件,明确文件管理人员的选拔、培训和使用的要求以及文件管理机构的职能和设置条件等。

2. 文件工作具体要素管理:包括文件工作的人、物、财、时间和信息等要素的管理,如在文件管理中发挥文件管理相关人员的决定性作用;合理配置、充分利用各种设备、工具、材料、仪器和能源;根据成本原理量力而行地合理使用有限的文件管理经费;根据时间的利用价值,科学、合理安排文件工作过程在各部门、各工作环节的时间配置,维护文件信息的时效性;广泛收集,认真分析,筛选加工提炼出有价值的文件信息,系统整理保管、有效传递和利用这些信息资源等。

3. 文件文本撰制管理:包括文件撰拟、审核、签发等工作,对形成具有法定效力的文件正式文本(如表格、报告、请示、通知等)的过程进行规范管理,旨在建立一个及时、准确、高效的文件创作与制发的管理平台。

4. 文件办理程序管理:包括文件的发文办理、收文办理和立卷归档的程序管理,如建立安全高效、可回溯的发文办理管理系统;对文件使用和办理过程中的签收、登记、分流、组织传阅以及文件拟办、批办、承办工作进行科学设计和管控,处理好办文与办事的关系,真正实现文件的现实执行效用;办结文件处置和归档文件的拣选、分类、整理编目等工作,使有保存价值的文件得到安全有效的妥善的整理、保管和利用。

5. 文件工作运行与信息服务管理:包括文件工作各管理环节和管理资源整合运行中的组织与控制工作,如文件撰拟与收发文工作的督办与回复,文件平时归卷管理,文件信息加工的方法,文件信息公开的范围与方法,文件数量与文件质量、办文程序的控制措施等。

6. 各种载体文件的管理:包括胶片型的照片文件、唱片文件、光盘文件以及电子文件等的管理,如胶片型照片文件的形成与处理规范,唱片文件的制作与保管,磁带型录音录像文件的编制、鉴选与保管,光盘文件的整理与利用,电子文件的生成、传输、办理、归档整理、保管和利用等环节的工作。

二、文件管理的特征

在党政机关、企事业单位、人民团体等各类社会组织中,文件工作虽然不是其主要职能,但是如果离开了文件和文件工作,各项职能目标则是难以实现的。因此,高质量、高效率的文件管理工作在组织管理与职能目标实现中具有重要地位和不可替代的作用,这是由其自身具有的独特性质所决定的。

(一) 机要性

机要性是指一些文件内容涉及政党、国家以及其他社会组织关于国家政治活动或管理活动的机密,或本单位一定时间内不得公开的事项。有关国家秘密和商业秘密保护的法律法规均对党政机关、企事业单位中的国家秘密和商业秘密信息的管理作了明确规定。如在党政机关中,文件是党和国家各级各类机关组织工作活动的产物,也是机关行使职能的一种重要工具,正是借助于文件的制发和传递,来实施其工作的计划、组织、协调、控制、指挥等各项职能。由于党政机关从事政治和国家政务管理活动具有一定的政治倾向性,一些管理行为在一定时期内不宜对外公开,从而使承载这些管理行为的文件自然而然带有政治倾向性和保密性,由此而开展的文件管理工作必然体现出机要性。又如现代商务类组织出于市场竞争和优胜劣汰的需要,形成并保管了大量有关经营管理的原则、方法、专利产品、创新技术等处于保密状态的文件,这些文件信息在特定的时间、空间与人员范围内不得公开。可见,在各类组织的文件管理中,如果不严格执行有关保密规定,则会使党政机关或商业机构等工作陷入被动局面,甚至会带来难以挽回的影响乃至严重的损失。

(二) 服务性

文件管理要为社会组织实现自身职能目标提供高效优质的信息服务。通常,文件管理往往是为了达成组织管理的主要职能目标而产生和使用的一种辅助性手段。文件管理信息系统能够为党政机关、企事业单位和其他社会组织的科学决策及其切实执行提供文件信息支持,其根本目的是最大限度地满足各职能部门的文件信息需求,如通过文件运转、处理的系列工作环节,为组织实现自身的职能提供高效优质的信息服务,这种服务通过接收、处理、加工信息等辅助性工作表现出来,将制发的决策信息以更加有效快捷的方式传递出去,再将相应的信息反馈回来,为检验、修正、完善各类组织的决策提供信息保障。对大多数社会组织来说,文件管理与其业务管理活动是同步进行的,是其各项业务管理活动高效运行的不可缺少的信息支撑系统。

(三) 技术性

狄德罗在《百科全书》中指出,技术"是为了完成某种特定目标而协同动作的方法、手段和规则的完整体系"。当今社会的显著特征就是社会的信息化和技术化。作为信息传递的一种工具,文件的形成、传递、处理、存储等活动的管理业已形成了"协同动作的方法、手段和规则的完整体系"。这也使文件管理无不体现出鲜明的技术特征。此外,现代科学技术运用于文件管理,进一步提升了文件管理的技术性,如运用计算机创作文件,改变了传统的文件写作方式、思维模式、表达方式、存储形态、传播速度等;利用电子邮件传输文件,实现了文件实时传递的历史性飞跃;利用计算机数据库管理技术,可以从海量的信息数据中快速搜索、分析和挖掘到所需的有价值的信息;等等。现代文件管理工作已无法离开现代通讯、计算机、网络等建构的基础平台。只有熟练掌握这些技术,才能实现高效经济的文件信息服务。

（四）时效性

文件在特定的时间和空间范围内对特定的组织或人员具有指挥、命令、批准、允许、交换和传递信息等现实执行效用。而这种效用要得以充分实现,就要求文件管理务必做到及时、有效。如果文件办理中出现相互推诿、过度审批、"多头主送""公文旅行"等情况,势必延长办文时间,甚至延误文件办理,时过而事变,事变而境迁,文件的贯彻执行则难有实效。如果这样,文件管理不但没能起到良好的信息支撑保障作用,反而会误时误事,有损组织管理的整体效率。为此,文件管理工作中要科学地安排文件写作与处理的时间,合理压缩文件的运转周期,降低办文时耗,提高运行速度,尽量消除无效时滞,使文件在其有效的时间限度之内得到及时、适时处理,保证整个组织各项管理活动有序、有效地推进。

三、文件管理的目标

随着信息社会发展的不断深入,党政机关、企事业单位等形成和处理的各种文件信息快速膨胀,这给各级各类工作人员带来了沉重的负担,甚至产生了适得其反的作用。在这些浩如烟海的文件信息中,类型多样杂乱的文件信息太多,合乎要求的有用的文件信息不足,或者文件信息被分散保存在组织的各个单位,使用它们很困难,查询也极不方便,或者一些重要的文件信息经常不能及时送达需要它的工作人员手中,或者对大量文件信息的加工、提炼处理工作远不能满足各类工作人员的要求,等等。为此,必须加强文件管理。要对文件进行及时、准确、适用、经济、有效的管理,首先就要明确设计文件管理的目标,因为文件管理目标是制定文件管理原则制度、选择文件管理方法、实施文件管理行为的基础。如果没有文件管理目标的指引,则难以提高文件管理的整体性和一致性,无法保证各项业务目标以及组织整体目标的圆满实现。

一个组织的文件管理目标大致可以概括如下。

目标1:确保文件真实可靠。

即文件经过运转、办理、处置、整理归档等过程之后,其内容依然保持与文件形成时的一致性,忠实地记录和保留了各种管理活动的业务有效性和法定凭证性。这是保证业务活动顺利开展、实现文件信息服务的先决条件,是反映和证实党政机关、企事业单位以及其他组织机构产生、成长与发展的真实面貌、构成社会价值以及作为机构或社会历史记录而得以长久保存的前提。

目标2:力求文件信息完整系统。

即力求完整、全面、集中统一管理文件信息。这是实现文件证据价值、情报价值和长期可读性、可用性的重要保障。不完整的文件不能证实文件自身的真实可靠性,自然不能如实反映某一党政机关、企事业单位等各类组织的职能活动的真实面貌。

目标3：保证文件信息安全有效。

即在文件处理中、处理后的文件信息均可正确无误地表达、识读、理解，不遭受人为或自然因素的威胁、损伤和破坏。这是文件存在和价值实现的基础。在现代社会，信息正在成为组织管理的重要资源，尤其是在电子政务与电子商务的环境中，文件信息的办理、运行和管理是人才流、资金流和物资流高效配置和运行的基础，且指挥、控制着各种资源的调配与管理。如果文件处于不安全状态，或者无法准确有效地表达管理意图，或者无法顺利读取信息内容，那么文件的行文目的就难以实现，文件管理也就是无效的。

目标4：提供快捷查询利用服务。

即在文件形成者与利用者之间建立起及时、便捷、准确、有效的查找利用服务平台。这是文件管理工作的根本要求。一个组织的文件管理，不仅要向组织内各级业务部门及其工作人员的计划工作、组织工作、实施与控制工作以及日常的业务作业提供文件信息服务，而且还应当更直接地面向组织决策，为领导的决策提供高质量的文件信息服务。如果查询和利用服务不及时、不准确，也就失去了文件管理的意义。

目标5：促进组织管理效率的提升。

即通过文件管理的各项工作来支持和推动组织（机构或单位）的各种业务和主要职能活动更加经济、高效地开展。文件管理与业务职能活动相辅相成，是相互联系、彼此依存的。各类组织在开展业务职能活动中产生了文件和文件管理，文件管理的效率也就直接影响着各项业务职能活动的效率。不断增强文件管理的效率，将有助于促进和提升各个业务部门和整个组织的管理效率。

第二节　文件管理的理论

理论源于实践，理论又指导实践。现代文件管理的主要理论依据是文件生命周期理论和管理信息系统理论。它们是在各类组织的文件管理实践中概括总结、提炼出来的，而作为理论工具，反过来又指导着现代文件管理的各项实践，促进各类组织不断提升自身的文件管理能力。

一、文件生命周期理论

文件生命周期理论（Life Cycle of Record）是文件管理的核心理论。

前美国国家档案与文件局局长詹姆斯·B.罗兹对这一理论作出了明确概括：文件生命周期是指"从文件的产生，经过履行组织职能的工具进行活动和工作的阶段，一直到其现实效用的消失，或者当其使用目的已经达到时对其销毁，或者因其具有永久保存的价值，而把它们作为档案赋予新的使命的整个周期"。[①] 文件生命周期理论通过对"文件"本体自身的研究，揭示了文件运动过程和客观规律。这一理论最早发端于国外档案

[①] 中国档案学会外国档案研究会.文件与档案管理规划选编[M].北京：中国档案出版社，1990.

学者对文件及文件中心的理论解释,后来扩大到文件的整个运动过程和对这一过程的全面管理。

文件生命周期理论的主要贡献在于:揭示了文件及其运动规律和文件管理的阶段性特点。即文件从产生到最终销毁或者转化为档案永久保存,经历了一个连续而又分明的生命运动过程,依据文件的不同价值将文件运动过程划分为不同的阶段,在每一个阶段上根据文件的具体情况制定不同的管理原则,采取不同的管理方法。文件管理活动是一个连续的、阶段分明的过程,应当实行全面系统的规划、设计,关注各个阶段上文件运动变化的特点,设计出与之相适应的组织和控制程序、操作的原则和规则以及管理的方式和方法。如果忽视了文件的运动规律和阶段性特点,就会影响文件管理的质量和效率。

根据文件生命周期理论,文件管理分为以下四个阶段。

1. 文件制作阶段。即加工处理有关信息材料,创造并记录信息,制成文件正本,使之具有法定效用的过程。主要包括:文件格式的设计和管理;各种文种的制作规范和标准化要求;文件管理信息系统所涉及的各种计算机设备、软件、通讯系统、维修系统、文秘人员及程序管理人员等软硬件环境管理。以便提高文件制作的水平,保证文件制作的质量,控制文件信息的过量增长,等等。

2. 文件使用阶段。即文件处于传递、运转、处理的过程之中,是在现实工作中实现管理目标、发挥实际效力的阶段。主要包括:组织文件的传递、运转、办理和处置,以真正实现行文目的,发挥文件实效;对现行文件进行必要的分类、归卷,以保证现行文件满足机关组织的平时查找利用,为下一阶段做好准备;电话文件、复印文件、传真文件等多类型文件的管理;文件管理规划的制定和维护,文件管理信息系统的使用和实时维护;等等。

3. 文件暂存阶段。即办理完毕的文件除其中失去保存价值者予以销毁外,其余文件(又称"休眠文件")暂时保存在机关档案室(国外又称"文件中心"或"中间档案馆"),经过一段时间视实际需要决定其最终归宿。主要包括:对程序完毕或内容办理完毕的文件进行筛选,考察、鉴定其保存价值,并依照制定的文件价值的鉴定标准和指标体系划分文件的保存期限;依据一定级次、原则和方法对文件进行著录,并组织文件管理标识系统;对文件进行良好的保管,并为形成文件的组织和部门提供文件信息的日常利用;等等。

4. 档案保存阶段。即文件经鉴定、筛选后,其中具有查考利用价值的文件转化为档案,进入档案馆保存的阶段。主要包括:按照档案文件的管理原则设计档案库房,配备档案管理的柜架等装备;对档案文件进行必要的修复和裱糊,保护档案文件内容和形式上的完整和安全;为档案文件的形成机关和社会其他组织提供查找利用服务;对档案文件进行信息的深层次开发;制定本单位档案管理的制度规范;等等。

上述四个阶段体现了文件形成、传递、办理、处置的运行周期,这一运行周期又可概括为"文件管理阶段"和"档案管理阶段"两个阶段。由于我国与欧美各国在文件档案管理体制、文件运动阶段和相应的管理原则和方法以及各国文化背景等方面存在差异,因而对"文件管理"和"档案管理"的理解和阶段划分存在一些差异:在我国,文件管理多指上述的第一、第二阶段,是指现行机关及其部门的文件处理工作,档案管理则指上述第三、第四阶段,包括机关档案室与档案馆的工作;在国外,大部分国家的文件管理包括前三个阶段,档案管理仅仅指第四阶段即档案馆的档案保存阶段。事实上,我国的机关档案室与国外的文件中心、中间档案馆等机构的功能基本上是一致的,其暂存的文件是具有现行效用和半现行效用的文件,集中统一保存在现行机关中,在较长时间内主要是为机关单位自身提供利用服务,对完成现行机关职能和提高现行机关工作效率有着直接的影响。鉴于此,本书将前三个阶段界定为"文件管理",主要针对现行机关集中统一管理的现行期和半现行期的文件管理活动,更符合文件生命周期运行的客观实际,同时也方便现行机关的文件管理的实践。

也就是说,文件管理主要立足于现行组织或机关,关注现行文件和部分半现行文件在现行组织或机关中的制作、处理、传递和存储等阶段各环节间的相互联系和影响,其主要目的是组织控制好整个组织或机关文件管理信息系统中各个有用信息的数量质量、传递运转方向和速度,最大限度地满足本组织的文件信息需求,从而提高组织的管理效率,实现组织的管理目标。而档案管理阶段主要立足于各级各类档案馆,主要针对已经移交进馆的档案文件的集中统一保管和向社会公众提供利用的相关工作。

文件生命周期运行中前三个阶段为文件管理阶段,第四阶段为档案管理阶段,详见图 1-1。

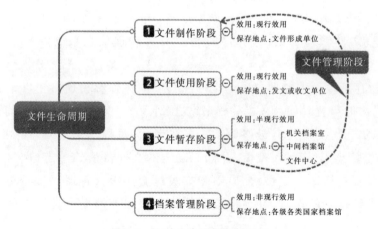

图 1-1　文件生命周期运行阶段

二、信息系统理论

信息系统理论是将系统科学的理论与方法运用于信息资源的组织与管理中。系统理论认为,若干事物按某种方式相互联系而形成一个系统,就会产生出它的组成部分和组成部分的总和所没有的新性质,这种性质只能在系统整体中表现出来,一旦把系统分解成它的组成部分,便不复存在。① 也就是说,系统是由具有相互联系、相互制约的若干组成部分结合在一起并且形成有特定功能的有机整体。这些组成部分通常被称为子系统,而这个系统本身又可以看做它所属的那个更大系统的组成部分。在这个意义上,系统与子系统之间具有相对性。系统具有整体性,系统内部各要素之间是有机联系的,而且其联系性表现出多层次、多结构,这些层次与结构之间的分布会随着时间的变化而变化,并与系统外部发生着物质、能量、信息的动态交换,从而使系统本身的有序性发生变换。

信息系统是由人、计算机等组成的能进行信息的收集、传递、存储、加工、维护和使用的系统。信息系统理论认为,信息管理是一个有机系统,注重信息的资源特性和财产特性,注重对信息资源进行成本管理和投入产出分析;注重信息系统理论与管理理论的结合,一般以管理理论为纲,信息系统理论为内核;强调信息资源管理在实践领域的应用,强调从信息资源中赢得竞争优势和识别获利机会;注重信息资源管理对组织管理中的人事、财务、物资、生产、销售等各项业务及其决策的支持与服务;等等。②

文件信息系统是信息系统的一种表现形式,因为文件是信息,文件管理属于信息管理,文件信息系统也是一种信息系统,因而信息系统的一般理论原则也适用于文件信息系统。依照信息系统原理,一个组织的文件信息系统的设计和运行,必须以系统理论、方法技术来认识和分析问题,制订方案,解决问题;要坚持从组织管理和文件信息管理的整体目标出发,去认识事物和制定措施;注重文件信息管理各要素间、各要素内部组成部分间的相互影响,根据某一要素或要素中的某一部分的性质和状态的变化,调整文件信息管理的应变措施,努力实现各要素资源的最佳配置;注意环境因素的制约作用,最大限度地满足整个组织及其主要业务部门等对文件管理的动态需求,保持文件管理的适应性。目前,在党政机关、企业事业单位等组织中,已广泛使用的管理信息系统(Management Information System,简称 MIS)中,都嵌入了诸如"公文管理"或"文件管理"或"办公系统"或"数据交换系统"等具有不同名称的文件管理系统。

文件管理系统,是对组织管理信息流的统一组织、管理与控制。一个组织是由各个子系统构成的复杂的大系统,组织的活动总和是各个子系统活动的总和。而这些活动一般都主要表现为如下运动过程——物资流、资金流和信息流,管理人员是操纵这三种运动过程的主体因素。物资流是资源和产品以物质形态进行输入输出的过程。资金流是物资流的反映(资金投向哪里,物质就流向哪里),通过"一般等价物"的货币形态形成的资金流的控制,来摆脱物资流中具体物质形态的控制,从而提高管理效率。信息流则综合反映了物资流和资金流。这是因为,在信息社会和网络经济快速发展的时代背景下,物资流和资金流甚至作为主体要素的管理人员(人才流)都是在信息流的支配下,有序、有效地运行着,组织目标的决策、计划、组织、指挥、协调、反馈等管理过程,也都是在

---

① 苗东升.系统科学精要[M].北京:中国人民大学出版社,2000:29.
② 柯平,高洁.信息管理概论[M].北京:科学出版社,2002.

信息流的组织与控制中才得以实现的。而这些在管理活动中记录、传递、办理、运转流动的核心信息,绝大多数是各种文件(满足组织管理职能需要而形成和使用的各种信息)。文件是管理者与管理对象之间的中间媒介,文件与组织管理业务之间的关系是形式和内容的关系。文件的制作、运转、处理、存储、反馈等工作环节形成了文件信息流。而文件信息流又是一个组织全部信息流的主要构成部分,通常表现为各种指示、决定、通知、请示、报告、合同、协议、制度、规定、账簿、报表、支票、传单等具体形式。

　　文件信息流是伴随着物资流和资金流的运动而产生,同时它又对物资流和资金流的运行方向、速度、目标起着规划和调节的作用,使其按一定的目的和规则运行。在现行社会组织的管理活动中,只要掌握和控制了各种文件信息,就可以掌握和控制其物资流和信息流的情况,就可以通过分析物资流和资金流的运动规律,直接通过对文件信息流的控制来实现对物资流和资金流的控制,并保证其按照文件内容指令进行运行。如果一个组织没有文件信息、没有畅通的文件信息流,就会造成渠道不畅、指挥不灵、组织失控,物资流和资金流混乱,从而导致整个组织管理的低效甚至无效。因此,在现代社会,各级各类社会组织都非常重视依据本单位的实际来建立高效的文件管理系统,这是任何组织实现组织管理目标的重要途径。

　　文件管理系统也是由各种文件管理的要素组成的有机系统,包括文件工作过程中涉及的文件管理的人员、资金、设备、制度等各个要素,文件形成与办理的程序,文件管理组织与控制的各种运行机制等。该系统的各子系统之间彼此联系和作用,相互关照和影响。这是一个能为各项职能工作提供必要信息支持和服务的有目的、有功效的活动系统,是一项由众多工作人员共同参与、分散进行的群体工作系统。而要实现这一工作系统的最大最优功效,就必须妥善解决工作环节之间、工作人员相互之间、人员与工作职责之间、分散目标与集中目标之间等各种管理对象和要素间可能出现的各种矛盾。

　　总之,文件管理系统是由文件管理各业务环节及各项管理职能活动相互影响相互作用的有机整体。要建立经济高效的文件管理系统,就要在一定的文件管理原则和工作制度下,对各种要素子系统进行科学、系统的规划、组织、监督、控制、协调,采取各种有效的方式,通过科学的分工与合作,将处于分散运行中的相关机构、人员、财物、信息等调整到最佳配置状态,以建立秩序,提高效率,从而实现文件管理系统及其各要素子系统的结构更加优化,各阶段、步骤、程序的运行更加协调,各要素系统功能整合更加和谐,以提升文件管理系统的整体功能,更好地服务于组织管理的共同目标,促进组织管理效率的不断提升。

第三节　文件管理的规范

　　文件管理伴随着各级各类社会组织的管理活动,并直接影响其管理活动的质量和效率。没有完善的文件管理制度,任何先进的管理方法和手段都不能充分发挥作用。为了保障文件管理系统的有效运转,必须坚持实事求是、准确规范、精简高效、安全保密的原则,同时建立一整套文件管理制度,并以此作为文件管理工作的章程和准则,使文件管理更加科学化、制度化、规范化。

一、文件管理基本原则

文件管理的原则是实现文件管理目标的重要指导思想。文件管理中,只有认真坚持文件管理的原则,才能正确处理好文件管理的各要素之间、文件处理各程序之间以及要素与程序内部各个组成部分之间的关系,更好地满足本单位及其职能部门的文件信息需求。具体来说,文件管理中应当坚持实事求是、准确规范、精简高效、安全保密的原则。

(一) 实事求是的原则

实事求是,即要尊重客观实际,按客观规律办事,不夸大,不缩小,认真地、正确地对待和处理文件管理中出现的各种问题,强调文件管理的客观性和务实性。实事求是原则主要体现在以下方面。

1. 行文要实事求是。公文行文要确有必要,讲求实效,一切从实际出发,深入调查研究,充分进行论证,广泛听取意见,实事求是分析问题,所提政策措施和办法要具有现实针对性和操作性;根据实际的职权范围和隶属关系来确定行文关系,行文理由要充分,行文依据要准确,行文内容要符合国家法律法规和党的路线方针政策,且要完整准确体现发文单位的管理意图;文件文稿签发要责权一致,坚持科学、依法、民主决策相结合,把好决策关。

2. 文件办理要实事求是。公文办理中要严格履行办文程序,客观真实地反映管理活动的实际情况,符合文件办理和业务管理过程的工作规律,收发文办理、文件整理归档、文件传达传阅等都要正确及时,依法依规,求真务实,切实提高办文办事的质量和效率。

(二) 准确规范的原则

准确规范,即文件管理行为与客观事实、预期完全一致,并符合国家有关文件管理的法律、法规、规章、标准等的规定,确保文件管理的规范性和合法性。准确规范的原则主要体现在以下方面。

1. 行文办文必须客观准确。行文的目的是为了解决管理工作中的问题,因此文件的内容要反映客观实际,事实须真实可靠,对策建议须切实可行;文件的语言表达力求准确无误,字词使用无歧义,数字准确无虚假,措施办法易执行;准确理解和正确执行文件所传达的管理指令,办文流程中环环相扣无遗漏,事事准确无差错。

2. 集中统一管理文件。通常,一个组织中的综合办公部门负责制定文件管理制度,统一组织收文、发文以及文件传阅运转,这能有效控制文件数量质量、文件运转方向方式及办文速度,提高文件管理的规范化。上级机关的综合办公部门有权对本系统的下级机关的文件管理活动实施业务指导和监督,并有权根据本系统、本机关的实际情况,制定统一的文件管理的办法、规定、业务标准等,如中共中央办公厅和国务院办公厅联合制发的《党政机关公文处理工作条例》，就是对党政机关的公文处理工作进行集中领导、统一规范。当然，机构规模大、管理层级多、文件数量多的机构，仍然允许出现分层分级管理文件，这要根据管理实际情况和现实需求来决定。

3. 依照制度严格管理文件。制定各种管理标准和技术规范，使文件管理工作有根有据，如对重复发生的工作环节和过程，认真研究和规划流程，实现程序化管理；对那些具有重复发生和使用性质的事、物和概念等，制定各类标准，提高文件管理的标准化；提高文件管理人员依法办文办事的能力，因为文件管理人员直接决定了文件管理规范化、制度化的进程和实际效果，如果制度没有切实贯彻执行，法规再多，标准规范再严，也只能流于形式。

（三）精简高效的原则

精简高效，即在文件管理中将文件与文件管理工作中具有重复性、相关性以及多样性的各要素、各环节化繁为简，以最少的人力、物力、财力和时间等资源投入，获得更大的文件管理效率，确保文件管理的经济性和有效性。精简高效原则主要体现在以下方面。

1. 精简文件管理的机构与人员。根据组织的规模、层次和职能以及文件数量等多种要素合理设置文件管理机构，配备高素质的文件管理人员，科学设置机构职能和人员职责。

2. 简化文件的内容、形式及管理流程。在满足既定行文目标要求、保证实现相同功能的前提之下，对文件的结构、语言、数据、格式、文件种类、发文数量、文件处理程序、办文手续等尽可能化繁为简，使之更加简练、便捷和有效。

3. 优化文件管理的内在机制。全面系统地规划、组织和协调文件管理工作，科学设计文件管理各环节之间的衔接，处理好文件信息的收集、筛选、加工、公开公布等与文件信息需求间的关系，强化文件管理与业务职能工作之间的良好协同，尽力做好文件信息服务。

4. 增强文件管理成本控制的意识。在文件管理具体工作量不变、工作质量不变的情况下，人、财、物等管理资源投入得越少，其管理效率就越高。因而文件管理中应当注意投入（消耗）与产出（效果）的关系，合理配置和充分利用各种资源，厉行节约，最大限度地避免或减少浪费，提高文件管理的实效。

5. 科学管理和控制时间。无论是党政机关、企事业单位，还是其他性质的社会组织，其管理行为或经营活动都是在一定的时间期限内完成的，超过期限，就可能造成严重的损失。时间也是文件管理效率的现实尺度，在文件管理绩效不变的情况下，单位时间内投入的时间越少，文件管理的效率就越高，这是文件管理时效性的内在要求。

6. 建立完善的质量保障体系。质量是文件和文件管理的生命，质量低劣就意味着文件工作没有做好、没有做正确，表明文件管理水平不高，文件工作的结果没有效用，也就失去了文件管理工作的目的和价值。因此，质量控制要始终贯穿于文件管理工作中，以质量管理的科学原理为指导，采取积极措施保证文件管理质量，从而提高文件管理的效能。

（四）安全保密的原则

安全保密，即在文件形成、传输、办理、处置、保存以及利用等过程中文件的信息内容、信息形式、信息载体、信息系统等不被损害、不被威胁，确保文件管理的安全性和保密性。安全保密原则主要体现在以下方面。

1. 文件内容的安全保密。文件内容是指文件文本中所包含或表达的思想、意图、政策、措施、方法等各种信息。文件管理中要确保文件内容不被窃取、不被篡改、不被非法复制或删除。凡涉密事项要严格划定密级，使之得到安全妥善保护和保管，确保不发生任何失泄密事故；需要公开发布的文件要严格履行保密审查程序，保密期满的文件应当及时进行解密，使该公开的公开、该保密的保密；文件管理人员严守保密准则，不该说的秘密不说、不该问的秘密不问、不该看的秘密不看等。

2. 文件载体的安全保密。文件载体是指以文字、数据、符号、图形、图像、声音等方式记载文件信息的纸介质、磁介质、光盘等各类物品。要在建立健全安全保卫制度的基础上抓好文件管理制度的贯彻执行，确保不发生失窃、火灾、水灾、霉变、褪色、潮湿、有害生物等的危害，确保文件载体不丢失、不残缺、不污损、不泄密；负责制作、收发、传递、使用、保存和销毁秘密载体的所有单位，要坚持严格管理、严密防范、确保安全、方便工作的原则，文件管理人员不得在私人书信中涉及秘密，不得在非保密本上记录秘密，不得用普通邮电传送秘密，不得在非保密场所阅办、谈论秘密，不得私自复制、保存和销毁秘密，不得带秘密载体探亲、访友、旅游等。

3. 文件管理环境的安全保密。文件管理环境是指文件管理所需各种自然条件和社会条件的总和。一是文件管理制度、管理文化、人员素养等形成的软环境要安全可靠，如要有完善的文件管理制度，具有尊重制度并能使之得到有效贯彻执行的组织文化，文件管理人员不被敌对分子渗透、策反和其他伤害等；二是文件管理信息系统的技术标准、技术平台以及文件管理的各种办公设备、保密设施等要齐全完善，确保文件内容、文件载体、技术平台等处于一种不受威胁、不被损坏的良好状态。

二、文件管理制度构成

文件管理的制度，是为了顺利实现文件效用、有效运行文件程序、保证文件管理安全有效而制定的、要求有关人员共同遵守的各项规章、规则、办法、准则等。在现代管理活动中，制度管理是经济高效的管理方式。因此通过制定各种制度规范作为文件管理的工作准则和管理依据，是实现文件管理规范化、制度化的重要手段。为此，党政机关、企事业单位等组织都应当根据国家有关文件管理法律、法规及规章的要求和文件工作自身的特点，建立健全文件管理制度，以便提高文件管理的效率，推动文件管理的科学化和法治化。

（一）文件撰稿制度

文件撰稿制度，是对文件写作活动中所遵循的原则、规则、程序和要求等的规定。以撰稿制度约束文件写作活动，力求文件内容简洁，主题突出，观点鲜明，结构严谨，表述准确,文字精练。具体包括文件体式、结构的要求,文件语体与用语规范,文件内容选择与表达要求,文件撰写程序与方法,文件的分类、文种的适用范围及文种选择依据,行文规则的具体内容,公文格式标准的制定与执行,拟稿人职责与工作规范,等等。

（二）文件审核签发制度

文件审核签发制度,是保证文件质量和现实效用而作出的各种规定。包括:规范文稿审核的范围、审核程序、审核内容、审核人的资格条件及职责分工,审核修改文稿的方式,要禁止出现多头主送、滥抄滥报、违制越级行文现象;具体的文件签发权限、签发人责任、签发程序与种类、会商会签的条件等;正签、代签、核签、会签的程序和要求,明确不得越权签发文件,坚持"分层签发""先核后签"的原则;等等。

（三）文件缮印制度

文件缮印制度,是指印制文件的原则要求、技术方法等的规定。具体包括:规定缮印范围、批准手续,缮印方式及其选择依据,缮印前定稿的规范化处理;版式设计规范;校对的方式、次数与责任者;纸张、胶片、磁盘等载体形态的选择,各种字迹材料的选用及字体字号规格要求;缮印的技术规程,涉密文件印制规定;等等。

（四）文件用印制度

文件用印制度,是指作为组织职权象征的印章的使用与管理的原则、要求和方法等的规定。具体包括:公章、法人印章、财务专用章、合同专用章等不同种类印章的使用范围和要求,批准用印的程序,各类印章的使用、更换、废止的规定,监印的方法要求,印章管理者的职责规定,印章印模保管的要求,电子印章的制作、使用、更换、销毁规定,电子印章的使用权限管理,电子签章的软硬件与技术环境管理规定,等等。

（五）文件保密制度

文件保密制度,是指在文件管理活动中对国家秘密、工作秘密、商业秘密及个人隐私等秘密信息的限制性规定。具体包括:依照有关法律法规合理划定文件的秘密等级和保密期限,涉密文件的形成、使用、保管等过程中的各种规定,如确定密级前应按照拟定的密级先行采取保密措施,确定密级后要在文件首页上明示,并按照所定密级严格管理;不得将秘密文件携带至公共场所,不得在私人通信中泄露秘密文件内容,非经批准专职人员不得携带秘密文件出境,不得使用普通邮递或电子邮件方式传递机密文件;非经批准不得转借、复印、摘录、私存、传播秘密文件等;应当指定专人负责涉密文件的收发、传递、外出携带和日常管理;文件的密级需要变更或者解除的,由原确定密级的机关或者其上级机关决定;按照有关保密规定配备工作人员和必要的安全保密设施设备;等等。

（六）收文办理制度

收文办理制度,是指对收文办理各工作环节的程序、手续及职责等的规定。主要包括:文件接收范围,不同文件的启封职责;登记范围、方式、内容以及登记点的设置规则;不同类型文件的分送原则、方式,分办工作的责任者;拟办范围、方法及程序,拟办人的主要责任;批办范围,批办人的资格条件与职责,批办方法;承办范围,承办者资格条件与责任，承办的方式、时限、程序，承办中的分工（主办单位、协办单位）及其工作要求，网络环境中电子文件的拟办、批办和承办的要求，电子文件办理的权限管理规定；等等。

（七）文件传阅制度

文件传阅制度，是指根据机关中工作人员的职位、职权、职责等确定其阅读文件的范围、内容、顺序、方式等的规定。组织中各级各类工作人员根据职权职责规定阅读相关文件，及时掌握组织管理的相关政策、指令、决定以及其他管理信息，这将有助于提高文件处理的效率和实现文件的效用。具体包括：文件的传阅范围、传阅方式与程序手续，阅毕文件的签注内容与方法，传阅次序安排，传阅中的保密规定，等等。

（八）文件传递制度

文件传递制度，是指有关向外机关或内部组织机构传递文件的方式、规则、程序、手续等的规定。具体包括：文件传递的范围，传递责任与手续，传递渠道和方式的选择，文件邮递方式的种类与适用范围，文件邮寄、机要交换、专人专送文件的基本要求和传递时限，电报、传真、电子邮件等的使用范围、传递时限与安全要求，使用互联网、办公局域网传递文件的要求，等等。

（九）平时归卷制度

平时归卷制度，是指对日常管理活动中已经办理完毕的文件随时或定期予以收集集中，并分门别类放入文件柜或文件盒（夹）中进行分类管理的相关规定。平时归卷能使机关日常的文件管理有条不紊，方便对现行文件的查找利用，同时，也为年终文件的整理（立卷）归档工作奠定了良好的基础。具体包括：文件的平时收集积累方法，制定文件分类类目（表），归档文件平时归卷整理方法，等等。

（十）文件公开公布制度

公开公布制度，是指对文件公开公布的范围、方式、时限、审批手续等的规定。具体包括：公布文件的内容范围、公布方式、公布时限的规定；涉密文件公开发布前的解密程序，文件公开公布主体机关的权利与义务，主动公开与依申请公开文件的时限、程序、形式和要求，公开发布文件的渠道要求等；公开发布的文件的法定效用的规定，如文件的撤销和废止由发文机关、上级机关或者权力机关根据职权范围和有关法律法规决定，被撤销的文件视为自始无效，被废止的文件视为自废止之日起失效，经批准公开发布的文件同发文机关正式印发的文件具有同等效力；等等。

（十一）文件复制汇编制度

文件复制汇编制度，是对文件复制的内容、方式、审批主体与程序等方面的规定。如已经以公报、报刊、电视、广播与互联网等方式公开发布的，可以复制、汇编。复制、汇编机密级与秘密级公文，应当符合有关规定并经本机关负责人批准。绝密级公文一般不得复制、汇编，确有工作需要的，应当经发文机关或者其上级机关批准；复制、汇编的公文视同原件管理。复制件应当加盖复制机关戳记。翻印件应当注明翻印的机关名称、日期。汇编本的密级按照编入公文的最高密级标注和管理。等等。

（十二）文件督办制度

文件督办制度,包括催办制度和查办制度,是指根据办文时限和内容要求对文件的办理和贯彻执行情况进行督促检查的各种规定。具体包括催办、查办的工作内容、方式方法、时限、基本要求,督办工作程序,督办结果的报告、通报和公开公布,催办查办人员的职责,等等。

（十三）文件清退制度

文件清退制度,是指将办理完毕的文件定期或不定期地退回原发文机关或其指定单位的相关事宜的规定。清退制度,主要是针对办理完毕的涉密文件,有时也针对一些文件内容存在差错和严重错误的"问题文件",为减少或消除"问题文件"内容执行后所带来的不良影响,发文部门也要求收文部门清退"问题文件"。清退制度具体包括:文件清退的条件规定,文件清退原则、程序、范围,清退时间,清退方式方法与手续,清退工作者责任权限,等等。

（十四）文件销毁制度

文件销毁制度是指对不具备归档和存查价值的文件进行销毁处置的有关规定。具体包括:文件销毁的范围、销毁方式,销毁文件的批准手续以及备案要求;文件销毁人员与监销人员的职责和要求,如个人不得私自销毁、留存涉密公文等;涉密文件(含密码电报)销毁时的审批程序、内容登记要求,如销毁涉密公文必须严格按照有关规定履行审批登记手续,确保不丢失、不漏销;网络环境中电子文件销毁时对内容与载体进行保密和信息安全性审查的规定;等等。

（十五）文件整理归档制度

文件整理归档制度是指文件处理部门将属于归档范围的文件进行系统化整理,并移交给档案部门的各项规定,如归档范围、归档时间、归档部门职责的要求,归档文件、归档案卷的质量要求等;对合并的或者是撤销的机关的全部档案的归档移交的规定——在机关合并时其全部档案随之合并管理,在机关撤销时需要归档的文件整理（立卷）后按有关规定移交档案部门;工作人员调离工作岗位时应当将本人保管、借用的文件按照有关规定移交、清退;等等。

（十六）文件利用服务制度

文件利用服务制度是指对文件提供利用工作的各项具体规定。具体包括:文件利用服务的范围、方式、时间,限制利用和不予利用的范围,利用文件的审批程序、审批人员、审批权限,采用汇编、摘抄加工、编纂出版以及各种媒介等方式提供文件利用的规定,等等。

第四节 文件管理的资源

文件管理系统的运行是组织管理系统的一个组成部分。它与组织管理的各项业务活动相伴相随,是组织管理中制订计划决策的重要依据,是组织协调的有力保证,是指挥控制的主要手段，是联系沟通的重要桥梁，是任何组织完成管理职能的必不可少的重要工具。面对文件数量快速增长、文件内容日益庞杂、文件类型不断创新、文件生产技术日新月异的现实，要做好文件管理，必须有文件管理机构、文件管理人员、文件管理设施等管理资源，这是完成现代文件管理任务的前提条件。

一、文件管理机构

文件管理机构，又称文书处理部门或文秘部门，是指各类组织中承担文件写作与处理等职责的部门，是文件管理活动的组织载体。只有设立了专门的机构，文件管理的职能和职责才有具体的承担者和组织者。

（一）设置文件机构考虑重点

设置文件管理机构时，需进行深入的调查研究，考察本单位管理信息流的运行特点和规律，尤其是文件信息运行过程中一些关键节点的工作内容和特殊作用，确保文件管理机构能够设置在有利于发挥文件信息组织与控制的关键点上。其中要特别考虑以下情况。

1. 组织自身的规模、业务特点以及实际需求。文件管理机构应与组织中其他各种内设的组织机构如档案管理机构和其他业务部门等的设置彼此关照，相互联系，并综合考虑组织自身的性质以及业务活动的内容，分析机构或部门业务活动中文件信息的数量、处理方式方法等因素，依照经济高效的原则，建立其适合本组织实际情况的文件管理机构。

2. 文件管理机构的管理层次和管理幅度的适当选配。如果文件管理的层次过多，每一管理层次的管理幅度就相对较小，造成文件管理的范围和数量等相对较小，影响文件管理整体目标的实现；而如果文件管理的层次过少，过度扁平化，文件管理的幅度过宽，会造成文件管理人员任务过重，不利于文件信息系统的有序化和快速反应。因此文件管理机构层次与其管理幅度的协调，要以有效组织和控制文件信息流为原则，以增强其对文件信息的管制与服务功能。

3. 文件管理机构的任务和职责要清晰明了。根据文件管理工作的性质、内容和数量等将文件管理工作分解成相对独立的、不同层次的工作岗位，不同岗位的工作任务不得重复和交叉，同时为每一个岗位设置相应的任职资格条件和工作职责，如对上岗人员的专业素质、业务知识、工作能力等提出要求，完整划分其工作职责，以便选拔人才和考察每位上岗人员的工作业绩。

4. 文件管理机构应具有相对的稳定性。文件管理机构是一个常设机构，一旦设定，一般不应经常变动，因为它的变动容易造成整个组织信息流的阻塞和紊乱，直接影响整个组织管理活动的顺利开展。当然，这种稳定性是相对的，并不是说一成不变，如果组织自身的管理内容、业务活动或者文件管理的制度方法等发生了重大变化时，文件管理机构也应适时变化，更好地适应组织管理与服务的需求。

（二）文件工作的领导与指导关系

目前，我国并没有一个全国性的文件工作（又称文书工作）领导机构来对全国各地区、各系统、各机关的文件（文书）工作进行统一的领导和指导。文件（文书）工作的领导和指导关系，主要体现在以下方面。

1. 从全国来说，党、政、军系统的文件（文书）工作分别由中共中央办公厅、国务院办公厅、中央军委办公厅负责指导。他们通过颁发有关文件（文书）工作的规范性文件、召开有关文件（文书）工作的会议等形式进行业务指导。

2. 从上下级机关来说，上级机关的办公厅（室）负有对其所属机关的文件（文书）工作进行指导的责任，一级党委政府的办公厅（室）负责对同级机关各部门的文件（文书）工作进行业务指导。

3. 从一个单位来说，由本单位综合办公部门的秘书长或办公室主任负责领导文件（文书）工作。

4. 从文件（文书）工作与档案工作的关系来说，各级档案行政管理部门和机关档案室，对同级党政机关和本机关各部门的文件（文书）整理归档工作负有检查、监督和指导的责任。

（三）文件管理机构的类型

当前各级各类社会组织中文件管理机构主要有如下三种类型。

1. 综合文件管理机构。即由综合办公部门来直接承担和监管文件制作、传递、处理、存储等文件处理工作，一般是在一个组织的综合办公部门或职能部门内设置一个或多个岗位来承担文件管理工作。如在文件数量比较少、信息流量不大的小微型企事业单位，直接设置一个"办公室秘书"（或称行政助理、行政秘书等）岗位，负责整个组织文件写作、收发处理、文件收集整理保管等全部工作。如在文件数量较多、信息流量较大的大中型企事业单位，可设多个岗位：文字秘书岗位负责文件写作与信息加工，机要秘书岗位负责机要文件收发处理，档案岗位负责办毕文件档案的收集、整理、保管工作，等等。各岗位可以根据工作任务轻重、职责大小等灵活确定其为专职或兼职岗位。

2. 专门文件管理机构。即在综合办公厅（室）等部门设立相对独立的专职文件管理机构，如收发室、文电室、机要室、文印室、通讯室、秘书处（科），等等。各专职文件管理机构分别负责文件管理活动中的某一阶段、某一流程、某一事项的工作，分工合作，共同完成文件管理任务。这种类型的优点是文件管理人员及其职能分工明确、专业化程度高，适用于文件数量、办文阅文流量大的大中型社会组织。

3. 混合式文件管理机构。即专门机构与综合机构混合设置。如在综合办公部门设置一些收发室、机要室、文印室等专门文件机构，同时在所属职能部门或者分支机构中分别设置集中统一管理文件的综合性机构。这种类型主要适用于一些特大型组织。一方面，其总部办公地点集中，综合办公厅（室）是文件上传下达的信息枢纽，文件信息量大，需要设立各种专门机构来分担繁重的文件管理工作；另一方面，其职能部门或者分支机构驻地分散，文件数量大，文件运转层次、传递方向、办理节点多，需要在各职能部门或分支机构中设置综合性机构管理文件。

(四) 现代文件管理机构方式呈现的变化

目前,随着现代办公自动化、网络化、信息化的日益普及,组织结构越来越扁平化,传统的金字塔状的组织结构正在成为一种交错的网状结构,中间管理层次正在减少,信息传递与反馈更加快捷和高效。为此,文件管理机构的结构方式也正在呈现如下变化。

1. 文件管理机构不再是文件信息的线型传递机构,而成为办公网络中一个双向或多向交互的信息交换节点,成为文件信息的组织和管理中心,承担文件信息数据库的建设和维护、文件信息用户管理、文件网上运行流程管理等工作。

2. 文件管理机构由以集中式为主向分布式为主转变。在现代办公环境下,纵横交错的信息网络改革了组织上传下达的垂直信息传递方式,分布在各个职能或业务部门的文件工作机构(专职或兼职机构)获取、处理信息更加方便快捷,大大提高办文办事的效率。

3. 文件管理机构的技术性要求越来越高。随着电子政务和电子商务日益普及,网络办公环境实质上就是由现代技术构建的一个"电子信息空间",文件管理机构的技术含量将不断增加,因为它所有的工作都是在电子信息平台上运行和完成的。

4. 文件管理机构的管理对象由单纯的文件管理向信息管理、知识管理转变。在现代办公环境下,虽然文件是支撑机构运行的核心信息,但是情报、资料、新闻报道、科技成果、社会制度、知识、技术等非文件信息也往往是科学决策的重要依据,因此,文件管理机构必须将信息管理和知识管理纳入自身的管理视野,科学整合,以便经济有效地为组织管理提供信息服务。

(五) 文件管理机构的工作模式

文件管理机构的工作模式,是指文件管理工作中各种构成要素的结构及其组合的形式。文件管理机构的工作模式的确定,有助于理顺文件管理的工作秩序,建立合理的文件管理的组织与控制点,科学设置各种工作流程及其职能,发挥专兼职文件管理人员的整体功效,以实现简捷高效的文件管理。

通常,文件管理机构主要有以下工作模式[①]。

1. 集中式。是指一个组织或单位的综合办公部门(也是综合性文件管理部门)或其下设的文件管理机构承担文件形成、传递、处理与整理归档等一切工作,而其他职能部门只负责撰拟或承办文件,各职能部门撰拟完毕或承办完毕的文件均需交由综合办公部门或文件管理机构实行集中统一管理。

集中式的特点:文件管理工作规划、组织与实施系统全面,文件信息的输入、输出、存储、控制等工作可以得到有效的组织和控制,对文件运转和传递等也具有较强的控制能力,其统一性、整体性强。当组织机构层次较多、规模和文件信息量较大时,也容易造成

---

① 赵国俊,魏娜. 文件工作的科学管理[M]. 北京:中国经济出版社,1993:33.

综合办公部门文件信息传递和反馈的时滞,使各部门反应和行动迟缓,会影响整个组织的文件管理效率,可见这种工作模式的灵活性和自主性还不够。

集中式的主要适用范围:规模不大、职能相对单一、业务量不多、驻地集中,或者机构层次少且不稳定,职能分工不明确的中小型机关及其基层单位。其文件工作模式如图1-2所示。

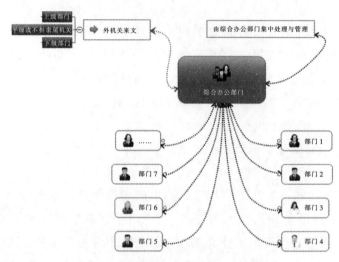

图 1-2　集中式文件管理模式示意图

2. 分散式。是指在一个组织或单位内的综合办公部门、职能部门都设置相对独立的文件管理机构,分别承担自身职权范围内文件形成、传递、处理、整理归档等工作。其中,综合办公部门对整个组织或单位的文件工作具有指导和监督的职责,负责制定统一的文件管理制度规范,并督查其贯彻执行情况。

分散式的特点:综合办公部门负责处理领导交办或亲自办理的、涉及面广的综合性文件,各职能部门是相对独立的文件管理实体,自主处理和管理自身业务文件。因此,各自的分工明确,责任清晰,各负其责,加之文件分类清楚,文件专兼职人员熟悉自身业务办理过程,能够加快文件的周转速度,缩短文件的办理时间,增强文件处理的灵活性。当然,分散式也使综合办公部门(文件信息管理的中枢机构)对整个机构文件的控制能力相对减弱,往往难以取得各部门文件工作的相互协调,难以保证使之与整个组织文件管理总目标的一致性,因此综合办公部门应采取文件管理制度、人员培训、技术规范等措施,加强文件工作的指导和监督力度,以确保整个组织的文件管理效率的最大化。

分散式的主要适用范围:规模较大、文件数量较多、各职能部门分工明确的大中型机关等。其工作模式如图1-3所示。

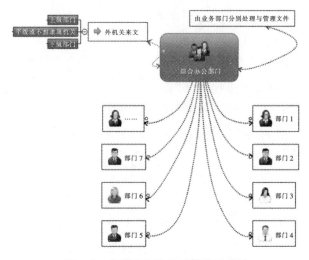

图 1-3　分散式文件管理模式示意图

3. 混合式。是指在一个组织或单位中同时采用集中和分散两种文件工作模式,即组织或单位中一部分职能部门采用分散式,设置文件管理机构来独立承担自身职权范围内各种业务文件的处理与管理,而另一部分职能部门采取集中式,只撰拟或承办文件,其余工作由统一设置的综合办公部门或其文件管理机构来完成。

混合式的特点兼有集中与分散两种方式的特点。

混合式的主要适用范围:办公地点不集中的机关;有规模较大的若干业务机构(如外事、信访,大中型集团性企业等)的机关;文件数量在各职能部门分布不均衡的机关;等等。

由于机关工作的性质、职权范围及办公条件不同,混合式的工作模式在不同的机关亦有所不同,有的以集中式为主,辅之以分散式;有的以分散式为主,辅之以集中式。如按驻地考虑,可以将与机关本部不驻在一起的职能部门各自设立分散的独立文件管理实体,而驻地集中的部门按集中式加以组织;如按文件数量、业务数量等因素考虑,可以将文件量大、业务多且相对稳定、职能单一的职能部门作为分散的相对独立的文件工作实体,其他职能部门的文件管理工作则由综合文件管理部门完成其他文件管理任务。其文件工作模式如图 1-4 所示。

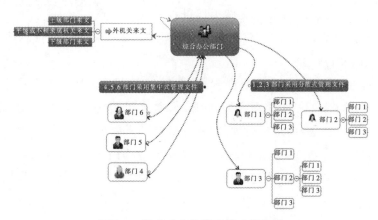

图 1-4　混合式文件管理模式示意图

二、文件管理人员

文件管理人员,是指在一个组织中专职或兼职从事文件管理工作的人员。文件管理人员是文件管理活动的行为主体。文件管理人员的专业素质和业务能力直接影响和决定着文件管理工作的成败。如果将文件管理中的机构、设备、技术和制度规范等看成文件管理所需的硬件,那么文件管理人员则可以看成软件,他们是文件信息组织、开发、保管和利用的关键要素。

通常,除少数高级文件信息主管之外,大多数文件管理人员主要分担的是文件管理活动中某一环节的部分工作,也有一些人员由于工作的需要会承担文件生命周期全过程的各项具体管理工作。一个组织及其职能部门在配备适当人员时,应综合考虑如下情况:一是本单位文件管理人员知识结构的合理组配,如人员的知识结构上注意管理型、专业型、技术型等各种结构合理搭配;二是文件管理人员的业务能力、专业素质应与其工作岗位任职条件相符合,适才适用;三是加强文件管理人员培养、使用与管理,使之能够树立勤奋敬业爱岗奉献的精神,安心做好本职工作,并创造条件不断提升其专业能力,激发其工作主动性和创造性,从而提高组织的文件管理效率。

在现代各级各类社会组织中,从事文件管理的人员可划分为三个层次:主管层、管理层和操作层。[①]

(一)主管层

主管层,是指对文件工作承担主要领导责任的机关综合办公部门的负责人,如办公厅秘书长、综合办公室主任等。

1. 主管层的主要职责

综合办公部门是为一个组织开展各项职能活动提供综合服务的辅助性机构,是整个组织的信息汇聚和交换的中枢。作为综合办公部门的负责人,办公厅秘书长、综合办公室主任等对本单位的文件及文件工作要进行综合全面的组织与管理。主管层的主要职责如下。

(1)对文件工作负有全面的管理责任,负责组织、制定机关文件管理的规章制度以及相应的工作标准,对所属各部门文件工作进行督促和检查。

(2)负有文件审核之责,对文件的内容、格式尤其是行文方式进行总体把关,严格控制文件数量,提高文件质量。

(3)承担督办职责,对文件的处理方式、运转以及办理速度进行督办。体现在对文件处理提出拟办意见,使文件处理方向明确、职责分明,并提出合理的办理意见供领导和有关部门参考,这也是参与政务和协助政务处理的重要体现。

(4)负有组织协调职责,协调处理好本单位内各部门之间、本单位与外单位之间的关系,及时地协调解决文件处理过程中的矛盾和问题,使文件能够得到快速办理,同时

[①] 赵国俊,魏娜.文件工作的科学管理[M].北京:中国经济出版社,1993:31.

也尽量避免重复发文或未经会签、会商而出现的政出多门现象的发生。

2. 优秀的主管层人员,应具备如下专业素养和业务能力。

(1) 具备良好的政治、经济、社会、文化、现代管理和科技等多方面的广博的知识素养和较高政策水平,能够全面地理解和把握国内外有关自身所在管理领域的法律法规和政策,了解和熟悉本组织制定的有关管理制度规范。

(2) 具有良好的语言表达能力、分析解决问题能力、综合组织与协调能力以及与人合作的能力,能独立地、妥善地协调和处理文件管理中出现的各种问题和矛盾。

(3) 具有较强的信息能力,具有先进的信息理念,具备系统的信息管理知识,拥有对文件等各种信息进行搜集获取、理解分析、加工处理与活用信息的能力,能够主动及时捕捉有价值的信息,为领导科学决策做好参谋助手。

(二) 管理层

管理层是指对文件工作进行具体组织与管理的负责人,如秘书处(科)、文书处(科)、机要室(科)、收发室、文印室等部门的负责人。

1. 管理层的主要职责

(1) 在其管理职责范围内负责制定文件处理的具体工作标准,确定岗位分工的原则,并具体领导文件处理工作,保证文件工作的正常运转,提高文件处理的质量和效率。

(2) 参与文件撰拟工作,对文件文本内容、客观性、真实性以及政策水平进行严格把关。

(3) 对本部门与其他部门联合发文或会商(会签)发文负有协调责任,以保证发文中的方针政策和具体规定、措施、方法的统一性、准确性和合法性。

2. 高效的管理层人员,应具备的素养和能力

(1) 具有较高的政策水平和高度的事业心、责任感,能够深刻理解党和国家的方针政策以及本单位制定的重要决策,能够很好地协助或完成本单位领导人或文件管理主管层人员交办的各项任务。

(2) 具有较强的业务工作能力,能够掌握文件管理的客观规律,熟悉文件管理的基本理论、原则,精通文件工作中各种现代化管理工具及其操作规则,并能够在实际工作中灵活地加以运用。

(3) 具有一定的文件管理实际工作经验,熟悉机关各部门的业务分工和有关的规章制度,能够适时、适地、适用地指导操作层管理人员的实际工作等等。

(三) 操作层

操作层是指专职或者兼职从事文件的收发、传递、核稿、催办、文印、机要等具体工作的人员,也包括具有专门技能的技术人员。

1. 操作层人员的主要职责

(1) 具体参与文件的收发、传递、核稿、催办、文印等各项工作,组织和控制文件信息流动的方向、方式、速度等各种活动。

(2) 负责收集、筛选、加工、处理有关文件信息,为领导部门和其他职能部门提供优

质的文件信息服务。

（3）负责文件信息平时积累、处置和管理办毕文件，以及提供日常利用查找服务，系统整理归档文件并定期向机关档案部门移交文件。

2. 合格的操作层人员，应具备的素养和能力

（1）具有较强的责任心，具有认真负责、一丝不苟的工作态度和默默无闻、任劳任怨、无私奉献的精神，能够严格遵守文件管理人员的各项工作制度，等等。

（2）具有与本职工作相适应的文秘专业知识与技能，以及管理学、组织行为学、档案管理学、信息管理学等方面的知识素养，有较好的语言表达能力和文件写作、处理、加工的能力。

（3）能熟练使用计算机、复印机、传真机和文件管理信息系统等现代办公设备，高效安全地完成各项任务。

三、文件管理设施

文件管理设施是文件工作的物理支撑系统，尤其是在办公自动化、网络化的环境中，它们已经成为文件工作的重要组成部分。为此，要重视和加强对文件工作各类设施的管理。只有这样，才能确保文件管理设施正常可靠地运转，保证文件工作的顺利开展。

（一）设施的范围

文件管理的设施，是指为文件管理的需要而设置的系统、组织、建筑、设备等的总称。主要包括以下三个方面。

1. 文件工作的场所：是进行文件工作各环节的场地或处所，如秘书室、复印室、文件阅览室等场所。

2. 文件工作的设备：是文件工作中使用的具有特定形态和特定功能的各种办公装置，如计算机、存储介质、电话（有线或无线）、打印机、传真机、复印机、扫描仪、照相机、摄像机、文件柜（夹）、办公耗材等。

3. 文件工作的系统平台：是指支撑文件工作的各种信息系统，如局域网络、办公系统、文件管理系统等。

（二）设施的管理

1. 设施的登记管理

文件管理设施要统一列册登记。文件管理设施的登记范围，不仅包括单位中各部门日常办公使用的信息设备，如计算机、打印机、复印机、网络、传真机等设备，而且还包括支持文件工作的各种后台软硬件设施，如服务器、网络设备、存贮设备、信息系统等。

文件管理设施的登记，可以从设施的申购环节实施控制。一般情况下，设施设备的申购是由单位内部各部门根据工作需要提出所需设备的购置申请（注明所需设备的用途、大体规格参数、价位等相关信息）；主管领导审核批准通过后，由条件装备部门或后勤部门统一购置；购买的设备交付申购设备部门时，应由综合办公室（或信息技术人员）验收，合格后进行发放登记，使用责任人签收后，对其统一编号存档列入固定资产进行

管理。

2. 设施的使用管理

设备使用管理应当按照"谁主管谁负责、谁使用谁负责"的原则,使用部门负责人为第一责任人,对本部门的文件工作中使用的软硬件设施承担总责,各部门工作人员对本人使用的设备等承担管理责任。主要工作如下。

(1) 保护好各自使用的相关设备,如计算机、打印机、复印机、传真机、扫描仪等,认真做好"防尘、防潮、防火、防盗、防故障、防雷击"的"六防"工作;爱护计算机及其相关硬件设备,不得让设备在空闲时长期处于工作状态,不得人为损坏,不得在设备上堆压重物,避免强光照射设备表面,让其处于通风环境下,下班时检查设备是否关闭电源;养成人走关机的良好习惯,节约用电、用纸以及其他耗材等相关资源。

(2) 设施领取和使用实行责任制。用于个人办公的信息设备,都将直接分配到个人使用和保管;个人必须对自己领用的设备负责;领用(退回)任何设备时,都必须认真清点并签收(签退)。直接分配到各工作部门的专有设备,如服务器、网络设备、笔记本电脑、传真机等,各部门负责使用及日常管理工作。

(3) 设施使用的过程管理。所有设备,未经授权同意,不得擅自拆、换任何零件、配件、外设等;不得擅自将私有或外来的零件、配件和设备加入文件管理系统内部的计算机设备或网络中;不得擅自安装未经认可、允许的游戏和盗版软件。如需将私有或各部门自行购置的设备添加到本系统的计算机设备或网络中,必须预先告知综合办公部门或者信息系统管理部门,由其确认、同意后方可添加;如需将系统内的设备搬离办公地点(或借给外单位)使用,必须预先告知综合办公部门或者信息系统管理部门,经同意后才能搬离或借出(必要时将相关数据备份后删除);局域网内计算机不能与外网(含Internet、GPRS、WAP 等公众网)相联;禁止使用局域网内计算机登陆 Internet、QQ 等外部公众网。

3. 设施的维护管理

对文件管理设施的日常维护,要有专门的机构统领,不得由各部门自行随意进行。通常,一个单位文件管理设施的管理和维护,应当由综合办公部门或者信息系统管理部门统一负责。文件管理设施维护的一般程序如下。

(1) 单位中各部门设备出现故障时,应及时向综合办公室或信息系统管理部门报修,不得擅自处理。

(2) 由综合办公室或信息系统管理部门视故障的情况,安排专业技术人员进行检查。确定故障后,填写"设备维修申请表",由其审核上报,批准后,再由其统一协调安排专业技术人员进行维护(维修)。

(3) 维护或维修完毕后,由申请人本人验收合格后,上报综合办公室或专门的信息系统管理部门进行维护(维修)流程存档备查。

4. 设施的报废管理

文件管理设施需要报废时,一般应符合以下条件:一是超过使用年限、自然损耗造成性能降低或主要部件损坏，无法修复；二是设备因产品质量低劣，不能正常运行，又无法改造利用；三是多次修理，费用超过设备原值50%以上的；四是设备属淘汰产品，不能满足文件管理正常工作。

报废回收文件管理设备时的一般程序如下。

（1）由使用部门负责人按规定填写"设备报废申报表"，并写清各项内容及报废原因，由相关部门负责人签字后报本单位的综合办公部门。

（2）由综合办公部门组织人员进行技术鉴定，并填写是否同意报废的意见，报领导审核批准后，由综合办公部门实施报废设备的回收。

（3）凡经批准报废的文件工作设备，各部门不得自行处理，由综合办公部门统一处理；各部门交回的设备，要保持完整，不得私自拆卸挪作他用；由综合办公部门提出报废设备的处理意见，报主管领导审核批准后予以执行。

（4）报废设备内的数据信息，由综合办公室及相关信息管理办公室等统一备份后删除销毁。

4. 设施的保密管理

文件工作中使用的各种涉密设施，保有大量涉及国家秘密、商业秘密以及其他不宜公开的各种信息，这些信息关系国家以及社会其他组织的安全和利益，泄露会使其安全和利益遭受损害。因此，必须做好各种软硬件设施的保密管理，更好地维护涉密信息的安全。主要包括如下内容。

（1）涉密信息处理场所的管理：应符合国家有关保密标准。如涉密信息处理场所与其他机构驻地、人员住所保持相应的安全距离；根据涉密程度和有关规定设立控制区，未经管理机关批准，无关人员不得进入；涉密信息处理场所应当定期或者根据需要进行保密技术检查；计算机信息系统应采取相应的防电磁信息泄漏的保密措施；等等。

（2）涉密信息系统的管理：规划设计涉密信息系统时，应当同步规划落实相应的保密设施，配置合格的保密专用设备，采取物理隔离、身份认证、系统访问控制、数据保护等技术措施。系统建成以后，要及时报请保密部门验收。涉密信息系统和设备严禁与公众网相连，必须实行物理隔离；涉密信息和数据必须按照保密规定进行采集、存储、处理、传递、使用和销毁；涉密信息应有相应的密级标识，密级标识不能与正文分离。

（3）涉密的笔记本电脑的管理：涉密笔记本电脑由使用部门负责指定专人管理。非涉密笔记本电脑不得处理和存储涉密信息；涉密笔记本电脑不得接入公众网、不得使用无线网卡；严禁擅自将涉密笔记本电脑带出办公场所，确因工作需要须携带时，需经主管领导审批，到综合办公室办理手续，综合办公室会同有关部门做好涉密笔记本电脑的登记、备案工作；私人笔记本电脑出入单位涉密场所须履行登记、办理携带手续后方可通行。

（4）涉密存储介质的管理：由单位保密工作部门或其他有关部门统一购置，使用部门应指定专人负责涉密存储介质的领取、登记、配发和管理；涉密存储介质应有登记、编号和密级标识，高密级信息不得存储到低密级移动存储介质内，低密级信息可以存储到高密级移动存储介质中；涉密存储介质一般在办公场所使用，确因工作需要带出办公场所的,须经本单位主管领导批准,履行相关手续并采取严格的保密措施;严禁存储介质在涉密计算机与连接公众网的计算机之间交叉使用,严禁非涉密存储介质处理和存储涉密信息。

(5) 其他办公设备的涉密管理:不准使用手机谈论秘密事项,不准将手机带入涉密场所(因特殊情况带入应取出电池),涉密人员不准使用他人赠予的手机。严禁在有线电话、对讲机等无保密设置的通信设备中谈论国家秘密事项;在会议上传达秘密事项时,不得使用无线话筒;禁止在涉密工作场所内安装、使用无绳电话。凡使用短信平台的部门要明确专人负责,登录密码要定期更换以防被盗,密码由字母和数字组成。严禁用普通传真机传递秘密信息;传真涉密文件,必须使用机要部门批准使用的加密传真机。涉密复印机由综合办公室管理使用,其他人员未经许可,不得擅自操作;复印机印制涉密文件资料,必须经过审批和登记,其复印件按原件密级登记管理;涉密文件资料的复印必须按照审批的份数复印,操作人员不能擅自多印多留;涉密文件应选用办公室专用的保密文件柜存放,并由专人管理;等等。

此外,涉密的各种信息系统和信息设备等设施的维修,应由综合办公部门或专门的信息管理部门负责。涉密设备送外维修、维护、更换,必须经单位负责人批准,到保密部门指定的具有资质的单位进行,其涉密信息必须受到保护。发现网上有泄密情况时,应当及时采取补救措施,立即组织查处,监督相关人员限期删除涉密信息,并及时向保密部门报告。需要淘汰、报废的各种涉密设备,要进行清点、登记,经单位主管领导批准,送交保密工作部门指定的销毁单位进行销毁,禁止将其转送、捐赠他人,也不能当做废品出售或随便扔弃。

复习思考

一、名词解释

文件　文件管理　文件生命周期理论　信息系统理论　文件管理机构

二、简述题

1. 文件管理与档案管理的关系。
2. 文件管理的目标和原则。
3. 文件管理的制度构成。
4. 文件管理机构的主要类型。
5. 文件管理人员的职责和素养。

三、论述题

1. 如何理解文件管理是组织管理的重要组成部分?
2. 一个单位的文件管理系统怎样做到经济高效运行?
3. 如何理解文件管理是一个动态的工作过程?
4. 文件管理工作中怎样坚持实事求是、准确规范、精简高效、安全保密的原则?

案例研讨

1-1 老局长的文件信息观

某局办公室副主任小C在老局长即将退休时向他请教领导者的文件信息观念问题。老局长认为，这个问题对于机关工作人员，特别是其中的各级领导者，十分重要。老局长将自己对文件信息的认识归纳如下。

一是文件是记录和传递信息的重要工具，是创造、获取、利用信息的重要方式。从一定意义上说，机关就是一个信息加工厂。一个机关的领导者必须正确认识信息的重要价值，重视文件的功用，充分把握和有效利用这一工具和方式。不懂得或者不能把握这一点就不能有效地获取、利用、创造与传递信息，就不能成为一个合格的领导者。

二是"尽信文、尽靠文不如无文"。文件确实是机关工作不可缺少的工具，但不是唯一工具。在一定情况下，文件并不等于信息，文件中记录的信息也并不总是适用的和完全可以信赖与依靠的。因此，一个真正的领导者还应了解文件的有效适用范围及文件的局限性，掌握更多的获取、利用、创造和传递信息的方式。既学会充分利用文件，又不只相信文件、一切只依靠文件。

三是"并非多多益善"。创造文件应当重质而非重量。因为不管是获取还是创造信息和文件，都是为了利用，即为本单位所用和为他人所用。如果文件缺乏针对性、不真实不可靠，危害就会更大，不仅浪费时间和机会，降低工作效率，而且会使工作造成失误。因此，真正的领导者重视文件的质量，在获取信息时，不贪多求全，不苛求以文件获得全部有用信息，而是择文而定，以少胜多。

四是"文贵及时"。信息都是有时效的，它只在特定时间范围内有效。一个领导者应充分认识文件形成过程、传递过程在时间耗费方面的特点，确立较强的时间观念，从获取、利用文件到创造、传递文件都要注意及时迅速，以维护信息的时效。

五是"力求有效"。文件是为人们获取、利用、创造和传递信息的各种目的服务，而制发或获取文件的活动自身却不是目的，因此，真正的领导者决不能为形成文件而形成文件，为获得文件而获取文件，而应力求其对各项工作的开展有用有效。

六是"受文者是上帝"。如果你自身就是文件的制发者，就应切记，为了实现特定目的，应尽力以对方对信息的正确理解和有效执行方面的需求作为出发点和归宿，满足这些需求才有实现行文目的的可能。

问题讨论

1. 老局长的文件信息观包括了哪些内容？谈谈你对老局长关于"受文者是上帝"这一观点的看法。
2. 面对当前这样一个信息时代，你认为老局长的文件信息观带给文件管理哪些启示？还需在哪些方面进一步充实和丰富？

1-2　宁肯赔款也不要文件

美国一家公司，取消了包括雇员考勤记录在内的各种人事文件，为此这家公司每年要向解雇的员工支付数百万美元的赔偿金（按法律规定如雇主一方不能出示雇员不认真不负责或怠工的文件，雇主需向被解雇者支付一定费用）。

该公司经理认为，这样做是值得的，从经济上看也不吃亏。他认为，各种人事文件会使员工产生一定反感，使其觉得在被监视，从而挫伤员工的工作积极性，因此，取消这些记录文件可以使员工焕发工作热情，可以更好地为公司服务，创造出更多的财富。同时，取消人事文件还避免了形成、处理、保存文件过程中耗费的各种人力、物力、财力等，因不雇用人事文件管理人员而节省下来的经费，就基本上能与赔偿金相抵，当然，更重要的是，取消了这些人事文件，也就减少了或完全避免了此类文件给公司管理者们带来的困扰，即无需再去阅读文件，给管理效率的提高带来了好处。

> 问题讨论

1. 你认为这家美国公司经理对文件管理的认识是否正确？从办文与办事的关系来看，这种取消人事文件的做法是否能够实现其管理目标——使"员工焕发工作热情，可以更好地为公司服务，创造出更多的财富"？
2. 如果你是某公司综合办公部门的文件管理负责人，而你公司的总经理准备照搬美国公司的这一做法，你是支持他、劝阻他，还是不表态，静观后果，或者是采取其他态度和做法？

1-3　文件生命周期理论缘起

"二战"期间，美国政府为应对战争，高度强化军事机关职能，致使其文件数量激增。据记载，仅1943年的文件年增长量，就超过了600万立方米，其中半现行文件至少也有近400万立方米。如此暴涨的文件数量，成为联邦政府，尤其是军事部门难以承受的沉重负担。探索一种既经济、又高效的新的文件管理模式成为当务之急。美国海军部首先对此做出建设性的反应，设立了临时文件库房，集中保存利用率较低但又需保存一段时间的文件，以缓解档案馆库和保管资金的不足。现代文件中心的雏形由此产生。"二战"以后，这一介乎中间形态的文件管理方式，除军事机关外，又为联邦政府机关所接受。1950年，美国政府颁发《联邦文件法》，决定在国家档案与文件管理局下正式设立联邦文件中心，以法定的形式把保管半现行文件的职能从各政府机关分离了出来。这一新模式的"规模经济"效益明显，欧美及其他国家纷纷效仿，一批相类似的文件机构随之诞生，如加拿大的文件中心、德国的中间档案馆、英国的过渡性档案馆、法国的部际档案馆和苏联的机关联合档案室，等等。

为了对这种实验先于理念的管理方式的合理性作出解释，在1950年8月召开的第一届国际档案大会上,英国伦敦大学教授罗吉尔艾利斯首先对文件生命周期作出了"三阶段论"的划分,即文件的现行、暂存和永久保存三个阶段。这种三分法是与文件的运动规律,即办公室——文件中心——档案馆相对应的。"三阶段论"的划分奠定了文件生命周期理论研究的起点。在此后的几十年时间里,以阿根廷的著名档案学家M.巴斯克斯、美国国家档案与文件管理局前局长詹姆斯·B.罗兹等为代表的一批欧美学者,对文件运动的形式、过程、特点进行了全面系统的研究,并最终形成了文件生命周期理论。

问题讨论

1. 请分析说明文件生命周期理论一经产生就被欧美发达国家和相当数量的第三世界国家迅速接纳和认同的原因。
2. 文件生命周期理论和我国学者提出的文件运动规律有什么共性和差异?"文件中心"这一机构为什么没能在我国广泛推广?

1-4 人为泄密无法防范?

孙×,原国家统计局办公室秘书室副主任及局领导秘书,在2009年6月至2011年1月期间,先后多次将国家统计局尚未对外公布的涉密统计数据共计27项,泄露给证券行业从业人员付某、张某等人。经鉴定,上述被泄露的数据中有14项为机密级国家秘密,13项为秘密级国家秘密。伍××,原中国人民银行金融研究所货币金融史研究室副主任,在2010年1月至6月,将其在价格监测分析行外专家咨询会上合法获悉的、尚未对外正式公布的涉密统计数据共25项,向证券行业从业人员魏某、刘某、伍某等15人故意泄露224次,泄露的25项统计数据均为秘密级国家秘密。孙×、伍××犯故意泄露国家秘密罪,被分别判处有期徒刑5年、6年。

湖北省某市人事局一名干部与人合谋,利用提取国家一级建造师考试试卷的职务便利,私拆试卷复印后卖给不法分子龙某,从中获利100万元。随后,龙某又将考题卖给李某、杨某。李、杨二人以函授教学的形式将考题卖给下属分校,并通过开设辅导班将考题泄露给考生,从中获利20余万元。

董某是中科院某研究室副主任、研究员,他在个人计算机上存储、处理涉密信息并连接互联网,结果被境外间谍情报机构植入特种木马后受到远程控制,对方从该计算机内窃取文件资料3161份,其中机密级国家秘密8份,秘密级国家秘密15份。

在美国盐湖城召开的第19届冬奥会闭幕式的当天,几名美国特工在体育场附近的一家纪念品店购买价值11美元的带有奥林匹克五环标志的帽子时把文件丢失在柜台上。这份文件,是特工部门为保卫出席闭幕式的美国副总统切尼的行动计划,详细"提供"了切尼等人在出席闭幕式时的行走路线、保镖人数、座位位置图、警卫分工、清场时间等。当纪念品店小老板发现并仔细阅读文件后发出赞叹,这份安保计划制订得非常周密,同时也让他惊出一身冷汗。在意识到这份文件的重要性后,小老板马上设法与特工部门取得联系,在等了45分钟也没见有人来取文件后,他只好顶风冒雪将文件送到了位于市中心的特工办公室。

问题讨论

1. 案例中的相关人员往往都签订了保密协议,然而文件失密泄密等仍然频发,你认为最主要的原因何在?有人认为,"人"是无法控制的,只要控制了"文件信息",就不必担心"人为"的泄漏,对此,你怎么看?
2. 请分析美国特工丢失正在执行中的绝密文件的原因。并说明其正确管理方法。

1-5 打印机垃圾桶也泄密?

2013年6月中旬,××局决定组织机关干部进行应知应会知识测试,刘主任负责此项工作,出题、拟卷、印刷、保管……每个环节都慎之又慎。然而,让刘主任没想到的是,临考前两天局长将他叫到办公室,竟有8份试卷摆在其案头。面对领导责问,刘主任大惑不解:"奇怪了,我使用的涉密电脑没人动过,按照规定也没有接入网络,使用的U盘和印好的试卷也做到入柜上锁……难道试卷长脚了不成?"见他一头雾水,局长告诉他:"你操作打印机不当导致泄密!"原来,顺藤摸瓜查到了传播试卷源头的郑平,郑平声称试卷是在刘主任的打印机上发现的。此时,刘主任恍然大悟:那天,自己急着打印一份样卷送给领导审查,在电脑上点击"打印"后半天也没打印出来,这才发现打印机纸仓内缺纸,于是关闭考卷文档、退出U盘之后,到其他办公室去打印。后来,郑平给打印机加纸后,机器就立刻自动运转起来,一份严格保密的试卷被打印出来……

宝洁公司和联合利华公司之间曾爆发情报纠纷事件。2001年初,宝洁聘用专业人员扮成清洁工人进入联合利华芝加哥分公司内部,收集其新产品办公室的垃圾并予以整理,从中得到了数十份关于洗发和护发新产品的文件。这一行动进行了六个月后,引起了联合利华的警觉,因为他们发现,办公室垃圾没有被送到垃圾处理厂,而是被秘密运到了一个私人住处。案发后,宝洁公司主席派佩不得不在当年8月飞往伦敦联合利华公司总部,归还文件,保证不会使用其中的情报内容,并赔偿了1000万美元现金后,才了结此事。

问题讨论

1. 从刘主任的工作失误中我们应当吸取哪些教训?文件管理人员应当如何做好涉密文件的设备管理?
2. 联合利华的"垃圾事件"带给我们哪些启示?请你分析指出涉密的作废文件有效处置的具体方法。

1-6 公函为何走了 22 天？

2013年4月26日市民问政电视直播活动中，某市水利局就"长征东路清河桥工程涉及黑马市场堤坝房屋拆除事项"承诺：5月25日前完成拆除方案的设计工作。市水利局在研究制定拆除设计方案时，经过反复修改，到6月14日才起草并正式签批《关于长征东路清河桥工程施工及小清河右岸堤防拆除恢复的函》（以下简称《水利局函》）。但该函的附件《长征东路清河桥工程涉及小清河右岸堤防专项设计方案》（以下简称《设计方案》）及施工图纸还在修订完善中。6月17日（周一）上午，市水利局安排河道管理局建设科科长胡某将《水利局函》交给市建管中心。胡某与市建管中心联系并约定当天下午取走该函。但当天下午胡某带本科工作人员去武汉出差，后又重新约定6月20日再取。市建管中心工作人员拿到《水利局函》后，由于该函尚缺附件《设计方案》，市建管中心工作人员随即赶到设计院拿到了《设计方案》。

之后，市建管中心组织人员对《设计方案》进行审阅，并根据《水利局函》和《设计方案》，对樊城区政府制发了《关于尽快完成黑马市场房屋及其附属物拆迁工作的函》（以下简称《拆迁工作的函》），同时附上了《水利局函》，于6月26日送到樊城区政府办公室。樊城区政府办公室文秘人员签收后，当日送到区政府副区长李某办公室。7月1日，李副区长在《拆迁工作的函》签署了相关意见。7月4日，李副区长将文件送回区政府办公室文秘科。

问题讨论

1. 请分析有关部门办文环节中存在的哪些问题导致"公函在同一城市走了22天"？你认为此份文件如何运行才能更加有效？
2. 该市经研究决定，给予李副区长警告处分，对此，一些网友认为李副区长很冤枉，因为是区政府办公室文秘科没能履行自身职责而导致办文延迟。你同意网友们的意见吗？为什么？

第二章 文件拟制程序

> **学习引导**
>
> 文件拟制,是一种创造性的思维活动,也是一种组织管理行为。包括文稿的起草、审核、签发三个重要环节。
>
> 起草,是撰文者(个人或团队)借助于语言文字媒介,经过复杂思维活动创作文件文稿的活动。
>
> 审核,是文稿质量的监控程序,旨在确保文件内容与形式符合规范。
>
> 签发,是文稿被批准制作发出的程序,是赋予文件法定效用的重要环节。
>
> 起草、审核、签发程序并不是单向的线性运行,尤其是起草和审核环节,往往是循环往复多次,目的在于不断打磨文稿,直至审核人认为文稿准确无误后方会进入签发程序。

文件拟制程序及其工作内容如图 2-1 所示。

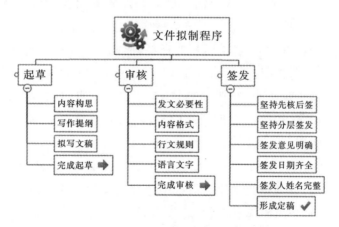

图 2-1 文件拟制程序及其工作内容

第一节 文件的起草

文件的起草,是按照构思或者写作提纲撰写文件草稿的活动。它是借助于语言文字将人们大脑中无形的思想逻辑地表达出来,生成一份人们可以识读、理解的文字材料的活动。文件归根结底是一种办事工具,因而起草文稿要遵守一些法定的、公认的文件写作的规范和要求,以便文件准确传播、理解和办理,更好地实现行文的目的。文件的起草工作可以分为两个阶段:构思和撰写。

一、文件构思

构思,是指文稿撰写者依据文稿的写作目的进行材料的筛选、主旨的提炼、逻辑结构的设计,为文稿文本的正式撰写做准备的思维活动过程。

文稿的构思要依据领导授权或职能活动的需要而展开。通常,写作任务下达前,领导人的头脑中已对文稿写作有一个总体要求,只是还处于相对比较模糊的、隐形的、未用文字固化呈现的思维状态。构思要求文稿撰写者在充分理解领导人的写作要求的基础上,将其管理思想和意图进行条理化,形成稳定、清晰的逻辑框架,为草拟文稿文本做好准备。文稿构思中,如果涉及多个地区、多个单位、多个部门的职能,就需要征求他们的意见并将其筛选、提炼后纳入文稿的框架中。文稿构思的成果,往往表现为文稿写作的逻辑思路,又称"写作提纲"。

文稿构思,要求做好如下工作。

1. 准确解读写作意图。文件写作意图,通常是根据管理工作进程的需要而制定政策,部署工作,处理现实问题的计划、策略、目标等。写作意图直接决定了文件写作的成败,撰文者在接受任务时,首先应准确清楚地把握行文对象、中心内容、主要观点、目的要求、交稿的时间等,这是构思的语境,也是完成构思的前提;其次要换位思考,将自己的思想转换到下达任务的机关或职能部门的负责人的管理角度和思维高度,结合现实社会环境、国家法规、本组织职能与现状等各种相关情况,组织材料,设计结构。

2. 构思中选材,选材中构思。构思与选材往往是在交替中不断完善的。构思时,往往需要调研、收集、选择材料,或者不断核实材料,依据文稿写作需要有针对性地选材,能够大大提高选材的效率;选材时,尤其是利用互联网等方式收集选择材料时,更容易实时获取动态性的最新法律法规、行业动态、社会热点等信息,这种材料又会激发撰写者的思维活动,拓展其文稿构思中思维的广度和深度,使思维更加缜密有效,拟就的写作提纲也就更加严谨实用。

3. 善用多种思维方法进行构思。如采用集束性思维方法,能够从不同的角度研究问题,在已有的众多具有共同关联性的信息中寻找最佳的解决问题方法;采用发散性思维方法,能从一个目标或思维起点出发,沿着不同方向,顺应各个角度,提出各种解决具体问题的途径;采用联想思维方法,能根据事物之间具有接近、相似或相对的特点,进行由此及彼、由近及远、由表及里的思考问题的方法。撰稿者根据自己的思维习惯、掌握材料的广度和深度等灵活选用一种或多种思维方法,并将思维的成果呈现在写作提纲中,以备出现思路不畅或遗忘时查询,更好地保持思维的连续性和完整性。

二、文件撰写

撰写,是指文件撰稿人根据构思或者写作提纲的思路,以书面语言方式草拟文稿文本的创造性思维活动。

草拟文件时,往往是以构思的成果——写作提纲为基础,在此基础上拟写、拓展、丰富文稿的内容。按照提纲行文，可以充分利用前期构思的成果。在写作提纲中已提炼了文件的主旨，明确了写作的目的，指明了行文对象和行文关系，确定了文件的基本格式、行文的基本思路和写作方法。依据提纲写作，就能成竹在胸，很快就能完成文稿草拟任务。撰写文稿中，如发现提纲尚有不当或不足之处，仍可继续修订、补充和完善；同时，撰稿人仍需不断校准自己的身份、立场、观点，处理好个人与组织、下级和上级、职务行为与个人行为等的关系，规范行文的内容和形式，把握好行文的人称、语言风格，等等。只有这样，才能提高文稿撰写工作的质量和效率。

文件撰写应当符合以下要求。

1. 依法制文，体现发文机关意图。即符合国家法律法规和党的路线方针政策，完整准确体现发文机关意图，并同现行有关公文相衔接。文件是传达管理决策和组织实施方案的重要手段。一方面，撰稿人必须熟悉相关的国家法律、法规和规章以及政策，依法制发符合自身职权和地位的文件，如撰写者不懂法规，没有政策观念，就会越权制发文件，影响发文的信用和效率；另一方面，撰稿人要吃透发文机关及其领导人的管理意图，使文件充分体现其管理思想和行动决策，避免出现文不对题、言不达意的情况。总之，文稿撰写中撰稿人既要知法、懂法和守法，确保制发文件的合法性，又要吃透领导意图，保证文稿的实用性。

2. 依职发文，强调行文的规范化。即依照职权分工来规范制发公文。公文涉及其他地区或者部门职权范围内的事项，起草单位必须征求相关地区或者部门意见，力求达成一致；机关负责人应当主持、指导重要公文的起草工作；要求文种正确，格式规范；文件内容简洁，主题突出，观点鲜明，结构严谨，表述准确，语言精练。为此，撰稿人应当以认真负责的工作态度，掌握文件写作的规范、标准和要求，具备良好的写作技能，才能创制出优质规范的文件来。

3. 实事求是，讲究发文的实效性。即深入调查研究，充分进行论证，广泛听取意见；一切从实际出发，分析问题实事求是，所提政策措施和办法切实可行。一要明确发文的必要性，使文件内容正确反映现实工作的需要，应确有必要，方可行文，避免凡事行文形成"文山"，造成人财物和时间的巨大浪费。二要强调文件内容的真实性，使文件内容反映现实工作的真实情况，避免出现只报喜不报忧、只讲成绩不讲问题，为个人或小团体利益伪造隐瞒真实情况等现象，确保文件的现实执行效用。

第二节 文件的审核

审核，是对文稿进行全面质量检查和修正的活动。文件审核有助于发现文稿中的问题并使之得到及时修正，确保提交领导签发的文稿的准确性、规范性，有助于提高文件签发的效率。

审核分为两步：首先是自审，即由拟稿人根据行文原则、目的和管理职权等对文稿进行初步的修改、完善；其次是他审，即将文稿交由业务部门负责人、综合办公部门负责人或者文件核稿人等进行审查、核准，无误后方送有关领导人签发。

通常，一个组织中承担文件审核工作的是各业务部门或者综合办公部门。其中，综合办公部门作为文件质量管理的主控部门，是文稿审核工作的主要承担者，一般由综合办公室负责人及其授权的文秘人员承担。一些单位的文件审核工作量大，也会设置专职文件核稿人，专门负责文件审核工作。一般情况下，文件审核的具体分工如下。

1. 以组织（单位）内设的某一工作部门名义发出的文稿，由该部门负责人或由其授权的秘书人员进行审核。

2. 由组织（单位）内设的某一工作部门起草而以组织（单位）名义发出的文稿，必须交由综合办公部门负责人或者其专设核稿人核定后方可送签。

3. 以组织（单位）名义发出的一般文稿，应由其综合办公部门的负责人或由其授权的秘书人员进行审核；重要文稿，由其综合办公部门的负责人审核后，还应由机关领导人亲自复审。

无论是以上哪种情况，审核人员都应根据文件写作的目的、原则和要求，从本部门或本机关全局出发，认真仔细审查文稿，分析发现问题，并提出相应的修改意见，把好文件写作的"质量关"。

一、审核内容

审核的内容主要包括以下几点。

1. 确认制发文件的必要性。即判断行文理由是否充分，行文依据是否准确。发文要依据实际工作的客观需要，是为解决问题所必须，发文效果比其他工作方法更好。只有当一份文件能产生比面谈、电话、会议、现场办公等方式更加有效的效果时，才真正具有发文必要。凡是可发可不发文的，坚决不发；已错过时效的，坚决不发；超过自身业务范围的，坚决不发；用其他方法可更快速、更经济完成工作的，应以不发文为宜。切忌事事发文，避免出现"文件漫天飞，全入废纸篓"的情况，造成人财物和时间的浪费。

2. 核查文件内容的准确性。即文稿内容是否符合国家法律法规和党的路线方针政策；是否完整准确体现发文机关意图；是否同现行有关公文相衔接；所提政策措施和办法是否切实可行；涉及有关地区或者部门职权范围内的事项是否经过充分协商并达成一致意见。内容表达是否符合逻辑规则和语法规范，主旨是否明确突出，语言表述是否准确，结构是否严谨，详略是否得当，条理是否清楚。其他内容是否符合公文起草的有关要求。

3. 检查文稿文面表达的规范性。即确定文稿的格式是否符合国家有关规定，文种是否正确，格式是否规范；人名、地名、时间、数字、段落顺序、引文等是否准确；文字、数字、计量单位和标点符号等用法是否规范；各项数据项目的表达是否符合标准和规范，原稿使用的纸张和字迹材料是否具有耐久性，文中字体、字号以及排版是否规范等。

4. 检查文稿是否符合行文规则。即检查是否符合国家有关部门提出的统一的控制规则。如文稿形成的依据是否合法,检查行文方式是否妥当,行文关系、传递方向是否正确,是否符合联合行文的条件,是否贯彻党政分开行文的原则,文种是否正确等。

文稿审核中发现的各种问题,可视不同情况提出不同的处理意见。

1. 如文稿中出现小范围的问题,审核人可直接对文稿进行修改。

2. 如文稿中出现多方面的、大范围的问题,审核人可以提出修改意见后,退还给拟稿人,由其对文稿进行具体修改。

3. 如一些专业性比较强的文稿,也可由审核人与拟稿人相互协商,共同修改。

4. 联合行文的文稿,主办单位负责撰写文件并忠实体现联合会商的意见,应由其综合办公部门负责组织审核工作。审核方式可以是主办单位召集会议,共同审核文稿,也可以由主办单位分送各单位征求审核意见。

5. 重要文件的审核或文件审核中出现重大原则分歧,可交由单位负责人来进行定夺,以保证文件的有效性。

二、审核要求

做好审核工作,应当做到如下几点。

1. 坚持认真严谨负责的工作作风。审核文稿是为文件质量把关,审核人责任重大,一个句子、一个词语甚至一个标点都会直接关涉文件质量。这就要求审核人在审核文稿时做到认真负责、慎重严谨、精力集中、细致入微、反复斟酌,确保文稿内容、格式、语言文字、体式等符合规范和质量要求。文件一旦出现质量问题,不仅会给文件内容的办理带来不良影响,而且还会损害组织形象和信用。

2. 坚持"先核后签"的原则。审核与签发是前后相续的两个环节,二者在工作内容上是前推后演的关系:文稿审核无误后送领导人签发时可以做到及时快捷,减少签发文时间。相反,先签发后审核,容易导致"反复签发",影响签发及其后续的发文办理工作的质量和效率。

3. 需要发文机关审议的重要公文文稿,审议前由发文机关办公厅(室)进行初核。经其审核不宜发文的公文文稿,应当退回起草单位并说明理由;符合发文条件但内容需作进一步研究和修改的,由起草单位修改后重新报送。

4. 审核人对文稿审核的意见,应规范地填写在文稿首页的"发文稿纸"的相应栏目内。发文稿纸是记录发文及其办理过程中各项工作的表单,包括文件标题、发文字号、审核意见、签发意见、印制部门等项目。在发文稿纸的审核意见栏内写明"同意送签""已核"等审核意见,或者直接签注审核人姓名,均表示文稿通过审核,同意送给负责人签发;如文稿仍存在一些问题需进一步修改,则应指出问题之所在,退回撰稿人进行补充或修正。

第三节　文件的签发

签发是对审核无误的文稿进行最终审核并签注发出意见的活动。

签发和签署都是赋予文件法定效用的重要环节，其不同之处在于：签发是在誊清的草稿首页的"发文稿纸"的相应栏目内签注签发意见的活动，而签署是在印制出的正式文本上签注姓名意见的活动；签发人可以是一个机关的正职领导或副职领导，也可以是机关内设组织机构的负责人，而签署人往往是一个机关的正职领导，副职领导一般不联署。

一、文件签发的作用

签发的作用表现在三个方面。

1. 对文稿质量进行再次核查把关。在批注发出之前，签发人站在更高远、更全面的角度对文稿做系统的通读检查，更易发现审核工作中可能遗漏的问题，及时纠正或弥补文稿中的错漏，能更好保证发文的质量。

2. 赋予文稿法定效用。经审核确认无误的文稿，只有签发人批注正式发出意见、签注姓名和日期后，才能成为定稿，才有法定效用。未经签发的文稿不具有法定效用。定稿是缮印文件正本的基准，文件正本在内容上必须与之保持一致，不得任意校改内容。印制出来的文件正本必须履行用印或签署等生效程序后才具有法定效用。

3. 确保签发人行使职权履行职责。签发是允准文件发出的一种批准权，签发人在行使这种批准权的同时必须承担文件发出后带来的肯定性或否定性的结果。因此，签发是签发人行使职权和承担责任的具体表现，必须严肃认真，不得敷衍了事。凡经签发后的定稿，其他人未经签发人同意，均不得对其再做任何修改。如发现定稿确有重大遗漏或失误需要补充或更改的，须请示原签发人，经同意后方可进行补充或更改，完毕后再送交原签发人重新签发，以确定文稿的法定效用。

二、签发种类

签发工作是机关各级领导人行使职权、履行职责的重要手段，因此，签发文件的人员是负有法定职责的领导人或被授权的部门负责人，由于签发人身份、地位及工作程序的不同，可以将签发分为正签、代签、核签、会签等种类。

1. 正签，是指在自身法定职权范围内签发文件。各级各类组织中无论是正职还是副职领导，只要依照职权签发文件均为正签。正签是签发种类中适用最广泛、最普遍的一种。

2. 代签，是指根据授权代替他人签发文件。一方面，原正签人只有在因故确实无法签发文件时才能授权他人代签，不得为推卸责任或其他不当目的不履行自己的职权；另一方面，代签人未经授权不得签发他人职权范围内的文件，否则，视为越权签发。而越权签发的文件不具有法定效用,是无效文件。

3. 核签,又称加签,是指上级领导人签发下级机关或部门的重要文件。"下级机关或部门的重要文件"不易把握,要避免出现"事事加签"的现象。下级机关制发一般性的业务文件时应勇于承担正签责任,而上级机关要避免管理过度事事加签,使自身陷入下级部门的具体管理事务中无暇他顾,且易降低下级机关的工作积极性和责任心。

4. 会签,是指两个或两个以上机关联合行文时,由各机关的领导人共同签发文件。会签工作由主办单位负责组织,可以召集会议同一时间集中签发,也可以由主办单位先签发,然后分送各协办单位分别签发。最后一位签发人签发文稿的时间是该文件的生效时间。

会签工作要求参与联合行文的各方在协商一致的文稿上签注同意发出的意见,只要有一个单位不同意文件内容,文件就不得以联合行文的方式发出,否则即为越权发文。

会签中如有分歧,主办部门的主要负责人应当出面协调。经协调仍不能取得一致时,主办部门可以列明各方理据,提出建设性意见,并与有关部门会签后报请上级机关协调或者裁定。上报的请示性公文,主办部门应当附上与其他部门协商一致或者不同意见的书面材料。此时,各联合行文的单位不得针对此事以各自机关的名义单独发文,以免给工作带来混乱,让下级机关无法执行,否则,上级管理机关有权撤销其发文或宣布其无效。

三、分层签发制

分层签发制度,是指各层级的签发人根据自身职权范围的规定,签发自身法定权限内的文件。组织机构的不同层级具有不同权限,每一层组织机构的负责人都有自己的职权范围,只能签发属于自身职权内的文件,各个层次的负责人各司其职,各负其责,依职签发,不得越权签发文件。

分层签发制度的主要内容如下。

1. 以一个组织(单位)的名义制发的文件,包括综合办公部门起草的或业务部门代本组织(单位)起草的文稿,应当经本组织(单位)负责人审批签发。其中,内容重要、涉及面广、具有全局性意义的文稿(尤其是上行文),应由本组织(单位)主要负责人签发;本组织(单位)的办公厅(室)根据党委、政府的授权制发的文件,由受权机关主要负责人签发或者按照有关规定签发。

2. 以一个组织(单位)的内设机构名义发文时,应由内设机构的负责人签发。如文件内容涉及全局或综合性的方针政策和重要规章制度的文件,可送交本组织负责人进行加签。

3. 经会议讨论通过的重大方针政策、决议决定、会议纪要、重要的工作部署、规划等是集体研究同意的结果,由会议主持人签发或由该组织的负责人签发。

4. 联合发文由所有联署机关的负责人会签。联合行文时应先由主办单位签发,后由各协办单位签发。同时,实行"对等"签发,即主办单位由哪一级领导签发,其他协办单位就由哪一级领导会签。一般不使用复印件会签。会签时，主办机关应当送会签机关文秘部门按文件办理程序会签。

四、签发要求

签发文件要求做到如下几点。

1. 严格贯彻分层签发制度。明确各类签发人的职权职责分工，建立健全分层分职签发文件的制度，并严格遵守制度规范，上下层之间、同一层级的各个部门之间都应遵守集体领导、分工负责的原则，认真负责本职权范围内的文件签发工作，保证签发工作的效率。为此，要尽量减少核签，如已明确授权下属代签的文件就不必核签；除非必要，应减少集体签发；除授权外不自作主张代人签发文件；避免出现事无巨细包办签发或推卸责任事事加签等现象。

2. 切实执行"先核后签"原则。完成文稿起草工作后，必须首先对文稿进行审核，核查无误后再送交领导人签发。如果先签发后审核，容易造成签发失效，造成反复签发，浪费资源，而且使审核失去其领导签发工作"助手"的作用。因此，在发文办理过程中不得先签发后核稿，否则就会降低发文工作的效率。

3. 规范签署意见、姓名和完整日期。签发意见不应直接写在文稿正文上方，而应在"发文稿纸"相应栏目内批注发文意见，如"同意""同意发出""急发""此件暂不发""限×××年×月×日前发出"等；签发意见不得模棱两可，含混不清，圈阅或者签名的，视为同意。签发人的姓名须完整，不得只签姓或名；日期要写全年、月、日，不得只写年月，或者只写月或日，因为签发日期是制作文件正本成文日期的重要依据，不得省略。会签时，各单位的签发人需签注签发意见以及完整的姓名与时间日期；代签时，还应标注"代""代签"等字样。

复习思考

一、名词解释

构思　审核　签发　正签　会签　分层签发制

二、简述题

1. 文稿构思的常用方法。
2. 文稿撰写的基本要求。
3. 文稿审核的内容和要求。
4. 签发的作用与要求。

三、论述题

1. 为什么要坚持文件分层签发制？
2. 文件文稿拟制过程中如何把好质量关？
3. 为什么说签发是文件拟制工作的中心环节？
4. 文件"先核后签"与"先签后核"有什么不同？

案例研讨

2-1 文件抄袭何时了？

在"中国消防在线"网站上，发布了两地两位领导的讲话：《开封市副市长：消防工作也是派出所的"主业"》与《漯河政法委书记：防火监督是预防火灾的前沿阵地》，一份源于"河南开封消防支队"，2009年3月13日发布；一份源于"河南漯河消防支队"，2009年3月4日发布。而这两份讲话的内容竟然大同小异。

对比两篇文稿，两篇千余字稿件都分为四段，其中前三段800余字中除时间、地点和人物不同外，内容几乎一字不差。"最近一段时期，全国相继发生了多起恶性火灾事故……纵观漯河（开封）全市消防安全工作总体情况，形势依然严峻……"开封的文稿中唯一的一处"疏忽"在第二段最后："漯河"并未像段落中其他地方一样改成了"开封"。因而开封市副市长讲话中出现了要"构建和谐平安漯河"的字眼，被网友戏称为"开封指导漯河工作"。

"开封指导漯河"并不是个案，近年来"邯郸学步""双胞胎政绩""江西克隆甘肃"等文件抄袭行为屡屡出现，抄袭行为固然应该批评，但那些"放之四海而皆准"的官样文章及其成因是否更应深入透析呢？

问题讨论

1. 从文件拟制程序及其要求出发，分析指出"开封指导漯河"案例中存在的公文起草、审核、签发等活动中存在的各种问题。要解决文件抄袭问题，你有哪些对策建议？
2. 有人认为"天下公文一大抄，看你会抄不会抄"，案例中的人员"抄"技太拙劣，才会导致这样的情况发生。你同意这一观点吗？为什么？

2-2 李主任的困惑

老李升任某局办公室主任已近三个月，对局长在他到任的第一天对他讲的那句"各项工作都有待整顿，而且整顿起来困难大、压力大"的话感触颇深。经过反复思考，老李决定先从问题成堆、纰漏不断、事故迭出的文件工作入手，整顿管理秩序。

经过初步观察，老李认为，本局发文质量不高的原因，主要是发文审核把关做得不好，有些文件根本没有经过审核就由领导大笔一挥，签上一个"发"之后，就打印发出了。老李决定好好抓抓文稿审核工作。他从自己原来的单位和本局办公室各选调了一位文字水平、政策水平都比较强、工作经验比较丰富的秘书，加上局办公室一位副主任，组成三人"核稿组"，负责全局所有对外发文的核稿工作，不经核稿组全面审核，文稿一律不能送签，更不准印刷和发出。

这一制度实行了2个月之后，老李做了一次调查，结果发现，文件中的差错率并没有下降,还出了一次政策事故,受到上级机关的通报批评。更令老李头痛的是,核稿组三位组员两个月来已累计加班近500个小时,那位办公室副主任只能在这里专司其职,根本无暇过问其他应由其分管的工作,还有一位组员累得肝炎病复发还在带病坚持工作。他们对老李摇头苦笑着说,各部门每天送来的文稿能很快过关的很少,有的文稿常常文理不通、字句不顺,有的知识性错漏连篇,有的业务性问题不断,违法违制的提法层出不穷等。对此,如果都用高标准、严要求,就需做全面修改,这相当于由我们去重新撰写,没有办法,我们审核时只能降低标准,只求没有大问题。当然,这也不能绝对避免出现大问题,因为我们不可能是全局所有业务的行家,能看得出来的我们可以改,或提出修改意见,对自己不了解不熟悉的业务内容,只好看着其中的错误让它们过关。当然,那位肝病复发的同志也向老李婉转表达了请求暂行调离现岗位的要求。

这样的结果,让老李很困惑:审核把关问题着实是目前的弱项,在原来单位分管办公室工作时,靠着加强核稿曾使其文件工作质量大大提高,但这一招,怎么在这里就不灵了呢?是判断错了,还是时间太短显不出成效,是人手分派少了,还是方法用错了呢?

问题讨论

1. 老李采取的核稿组集中审核文稿、提高文件工作质量的做法实施两个多月后文件工作中的差错率并没有下降,请分析其中的原因。
2. 如果老李向你征询意见,请你为老李提出一些有针对性的对策建议,以便使其走出目前的管理困境。

2-3　杨秘书该怎样做?

某公司总经理办公室吴主任安排新来的杨秘书为王总经理撰写一份下半年公司产品市场前景的分析报告。在交代任务时,吴主任要求他查资料、找数据,做一些市场调查,并告诉他材料怎么选择、数据怎么使用、报告的大致结构、先写什么后写什么、重点写什么,等等,要求在一周之内完成。小杨认真听着,并没有将写作意图和要求记录下来,因为他对自己的写作水平还是很有信心的。第二天,小杨按照自己的想法完成了近六千字的报告。他充满自信,将文稿送给吴主任,不料,吴主任只在文稿上写下一句话:"务必按交办意见修改。"然而,昨日主任的授意自己并没记住,再请教吴主任又怕丢面子,想来想去,还是按照自己的设想进行了修改。之后,趁吴主任不在场时,小杨亲手将材料交给了王总经理。

一小时后,王总经理将小杨叫了去,且吴主任也在场,小杨有些忐忑。王总经理开门见山地说:"小杨啊,仅有良好的主观愿望是不行的,你写的报告只有想当然的结论,缺乏数字,特别是数字与数字之间的比较分析,市场销售的变动情况是要用数字来体现,并从中找出规律来,我要的是数字!是数字!你懂吗?……"王总经理有些激动,就吩咐吴主任给小杨继续谈谈其余的问题。小杨来到吴主任的办公室,而吴主任沉默了好一阵子,让小杨更加忐忑了。

问题讨论

1. 请指出杨秘书在撰写下半年公司产品市场前景的分析报告中存在的问题,并提出正确的做法及其理由。
2. 面对小杨的文件撰写过程,你认为吴主任会给小杨指出哪些"其余的问题"?

2-4 判决书"不予采信"

甘肃景泰某村的农民马某应村长赵某的妻子李××的请求,砍去了赵某家的8棵苹果树。然而,赵某忽然翻脸,要马某赔偿2000元的损失。马某无奈,只好答应为村长家放羊一年,不过村长还是以"破坏生产经营罪"的名目将其起诉至法院。而法院的判决书中关于证据的一段话是这样写的:"虽然证人杨××、梁××、郭××、阎××四人在开庭审理中证实赵某妻李××给马某说过他家的苹果树不要了,让马某砍去喂羊的话,但赵某及其妻李××均否认这一事实,现场证人王××、潘××、范××也证实李××确实说过他家的苹果树不想要了,并准备挖去。据此,对出庭作证的证人杨××、梁××、郭××、阎××的证言不予采信。"后因有百余名村民联名为被告马某喊冤,在媒体的监督下,经重新审理,被告无罪释放。

问题讨论

1. 请指出案例中赵某起诉马某一案的判决书中有关证据的内容撰制中存在什么问题?你认为出现这些问题的原因何在?
2. 有专家认为,只要大力推行审务公开、司法审判的文书公开,像上述这类判决书就不好再神圣地写下去了,这类问题也就会自行解决了。对此,你怎么看?

2-5 口罩购销也要发文?

2013年5月,昆明下辖的安宁市工商局下发了《关于加强对各类口罩销售监管工作的通知》,文中列出了三点要求:一、安宁全市范围内各商场(超市)、百货零售店、药店、精品店等口罩经营户自2013年5月21日起,销售各类口罩的,必须执行实名制购买登记;二、实名制购买登记应详细记载购买者的姓名、身份证号码、购买口罩的类型、数量、购买日期;三、对实名制销售口罩的登记情况,工商部门将适时进行巡查和检查,未按照通知要求执行的,将按照有关规定进行处罚。

有网友在微博上给昆明市长留言,希望刚开微博不久的市长能解读这份新出台的通知,并问:"购买口罩需要实名制是哪个部门出的规定?"5月25日,安宁市政府新闻办通报:《关于加强对各类口罩销售监管工作的通知》已撤销,并向广大市民和消费者致歉。

有网友猜测,此举或许与引发争议的昆明炼油项目有关,因为炼油基地就在安宁,曾引发部分市民戴口罩表示反对。

问题讨论

1. 文件内容写作应当遵循哪些原则?案例中《关于加强对各类口罩销售监管工作的通知》的内容存在哪些问题?为什么?
2. 安宁市工商局《关于加强对各类口罩销售监管工作的通知》从发布到被撤销用了不到一个月时间。你如何看待安宁市的这一行文行为的时效性和有效性?

2-6 县委书记签发劳教函

湖南双牌县村民何吉上为举报村支书侵占退耕还林款,多次上访。2009年,在检察机关认定其不构成犯罪之后,双牌县委书记郑××签发了《中共双牌县委 双牌县人民政府关于对违法上访人员何吉上依法予以劳动教养的函》,并主送永州市公安局,公函中双牌县委认定何吉上的上访行为是"聚众扰乱国家机关秩序""非法煽动组织他人上访""威胁侮辱接访干部"等,对何吉上的行为措辞十分严厉,已大有提前"判处"何吉上劳动教养之意。2009年8月9日,永州市劳动教养管理委员会决定对何吉上劳动教养一年。对此,双牌县委有关负责人解释称,县委书记郑××签发该函,并不是要求上级的公安机关对何吉上进行劳动教养,而只是出具一个证明文件;同时,县委的文件要上报,按照规定也需要郑书记签字。

问题讨论

1. 双牌县委与永州市公安局是什么工作关系?以中共双牌县委、双牌县人民政府的名义制发该函是否符合行文规则?
2. 请从文件撰制规范的角度分析双牌县委书记郑书记签发《中共双牌县委、双牌县人民政府关于对违法上访人员何吉上依法予以劳动教养的函》所存在的不当之处,并说明理由。为改进此类发文行为,你有哪些建议?

第三章　发文办理程序

学习引导

发文办理,是将定稿制作成文件正本并对外发出的一系列活动,包括文件的复核、登记、印制、核发等各项工作。

复核,对文件拟制阶段的工作内容进行再次核查,为后续工作做好准备。

登记,对发文文稿的主要信息进行逐项记录,以备查考。

印制,制作文件正式文本。缮印、校对和装订是其主要内容。

核发,对文件正本的印制质量进行核查,确认无误后将文件分发给受文者。

以上各项程序的工作是环环相扣、彼此联系、相互影响的。只有各环节相互配合、有效协同,才能保证发文的质量和发文办理工作的整体效率。

发文办理程序及其工作内容如图 3-1 所示。

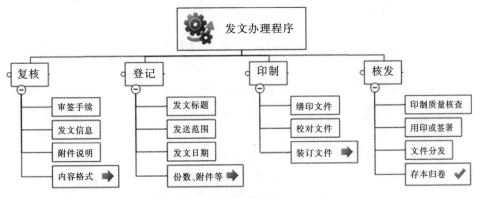

图 3-1　发文办理程序及其工作内容

第一节　文件的复核

复核,是指已由发文机关负责人签批的公文在印发前对其审批手续、内容、文种、格式等进行再次核查的活动。

复核是文稿在送印前进行的最后一次审核工作。设置这一"关口"的目的在于确保付印的文稿是内容合法、质量合格、程序符合要求的"正品",甚至是"精品"。因此,这项工作具有最后把关的作用。

复核的主要工作内容如下。

1. 检查审批、签发手续是否完备,即核查文稿的审批人、签发人是否合法,有无越权情况;是否规范地签注了发文意见、姓名和日期。

2. 检查文件管理信息是否准确,即文件的发送范围是否具体明确;阅读范围的级别限制是否清楚;紧急程度、保密等级是否合理;印制份数、发文字号是否有误等。

3. 检查附件材料是否齐全,即附件材料的件数、页数是否与附件说明一致,是否有遗漏,其内容是否完整无缺。

4. 检查格式是否统一、规范,即文件书写格式是否统一,字体字号、标点符号、数字、公式、层次序数、页码、表格、注释等的表达格式是否符合有关规定,表达文件内容的各数据项目的结构格式是否规范。

5. 再次对文件的内容和形式进行审查。

经复核,需对文稿进行实质性修改的,应当报原签批人复审。如发现问题,确实需要对文稿进行实质性修改的,应先向原签发人提出请求,征得其同意后,方可修改;文稿经修改后,必须再次按程序提交原签发人进行签发、复审。未经签发人同意,不得对复核中发现的问题擅自修改,否则,将会追究修改人的责任。

文件审核和复核,尽管都是文件质量监控环节,但是二者在工作的侧重点上仍然有所不同:发文审核工作的侧重点在于审查文件文稿的内容和形式是否符合国家有关文件拟制的规定、办法和其他相关要求,而复核的侧重点是检查发文办理的各项程序是否符合规范要求。两项工作各司其职,分工负责,确保所制发的文件的准确性、规范性。

第二节 文件的登记

文件的登记,即对复核后的文件确定发文字号、分送范围和印制份数并详细记载在案的活动。发文登记的目的在于方便今后查询。

登记的方法主要有两种:一是按照发文日期的先后顺序依次登记;二是按照发文机关名称分别登记。文件的登记的主要内容如下。

1. 发文标题,概括和揭示文件的主要内容,是阅读和查找文件的重要路径。

2. 发文字号,即文件的发文顺序号。凡是以组织名义发文的应由综合办公部门统一编制并管理。组织内设机构的发文则由各部门自行管理。

3. 发文日期,即文件的成文日期。

4. 分送范围,即收受文件的对象范围,包括主送机关和抄送机关。一般应根据签发人批注的对象范围或者有关规定或惯例发送,不得随意扩大或缩减。

5. 印制份数,按照签发人批注的份数制发,不得随意更改,特别是带有秘密等级的文件,更应严格控制印制份数。

6. 紧急程度,公文传递和办理的时限要求。紧急文件分别标明"特急""加急",电报应当分别标明"特提""特急""加急""平急"。

7. 秘密等级和保密期限,涉及国家秘密的公文,应当根据涉密程度分别标明"绝密"

"机密""秘密"。保密期限是文件密级的时效规定。制发文件时应当根据《中华人民共和国保守国家秘密法》和相关规定确定文件的密级和保密期限。

8. 附件，清楚标注附件的序号、标题、份数。

以上项目是文件印制的依据，但并不是每份文件之中都必须具备所有项目，如分送范围、紧急程度、密级和保密期限、附件等项目均可以根据文件内容的具体情况而有选择性地登记。

发文登记应在检查文件正本规范无误的情况下，逐份逐项填写在"发文登记簿（表）"上。

第三节 文件的印制

审核无误的文稿经领导人签发后成为定稿，即可送交文印部门印制文件的正式文本。为了保证印制的正本与定稿保持一致，还应对照定稿认真、细心地校对。文件印制必须确保质量和时效。涉密公文应当在符合保密要求的场所印制。

一、缮印

缮印是根据定稿制作文件正本的工作活动。文件不同稿本具有各自的用途，制作文件正本的主要目的是向收文机关传递文件信息。文件正本格式规范，版式庄重、美观，文字整齐清楚，能够充分体现发文机关认真负责的工作态度和严谨的工作作风，同时也有助于收文机关及时高效地办理文件，实现文件的现行效用。

1. 缮印的主要方式

手工缮写，是由缮印人使用简单书写工具（各种笔）将字迹材料（墨、墨水）按一定规律转移固定在纸张上，形成与原稿一致的文字符号或图形，目前一般很少采用这种方式制作正式文件。

机械誊写，指用计算机、打字机、印字机、打印机等机械设备誊录文字符号。以这种方式制作文件，相对减轻了劳动强度，字体规范整齐，字迹清晰。适用于小批量制作文件正本。

印刷，是运用专门的印刷设备和技术手段批量"复制"文字、图形或图像。它们不仅可大批量制作文件，而且有较高的制作质量。以印刷方式制作文件的一般程序为：整理定稿、格式设计、制印版、制校样、校对、改版、印制、装订、检验。适用于大批量制发文件。

在现阶段，计算机、打印机、互联网等正逐渐成为办文办事的必不可少的工具。在现代办公自动化、网络化、信息化的平台上，文件缮印更加方便、轻松。同时，还可以借助网络履行各种审核、签发程序以及电子签章程序，再利用彩色打印机，就可以输出具有规范格式、法定生效标志（印章或签署）的具有法定效用的纸质文件正本。

2. 印制材料的选择

缮印文件的物质材料包括两大类，一是显现符号图形的字迹材料（主要是各种印刷油墨），二是承受保持、固定字迹材料的纸张。在文件印制过程中正确选择这两类物质材料，直接影响着文件效用的实现以及决定着文件的寿命。

纸张与字迹材料的选择，必须符合适用、耐久的原则。

适用，要求纸张应适合于印刷、传递、阅读和保存等方面的需要。在选择字迹材料的油墨时，无论是颜色还是种类，均应考虑适合于使用，并与具体印刷方式、印刷设备的要求相一致，使字迹清晰、醒目，有较好的视读效果。

耐久，要求纸张能在尽可能长的时间范围内承受各种物理的、化学的因素的破坏。要保持其物理结构与化学性质的稳定，使文件信息能与纸张一起被长久留存；要求注意油墨材料在色素成分、纸张结合方式等方面的差异，选取其中最有利于延长文件寿命的印制材料。

纸张的选择，应与所采用的印刷方式相适应。为使纸张的内在质量能为适用性提供保障，需注意控制影响其质量的定量、平滑度、白度、透明度等指标。在《党政机关公文格式》国家标准（GBT 9704－2012）中明确规定了文件用纸的主要技术指标：文件用纸一般使用国际通用的 A4 型纸，其成品幅面尺寸为 210mm×297mm；纸张定量为 $60g/m^2$～$80g/m^2$ 的胶版印刷纸或复印纸；纸张白度为 80%～90%，横向耐折度≥15 次，不透明度≥85%，pH（酸碱度）为 7.5～9.5。

字迹材料的选择，还应考虑其耐久性问题。切忌使用红墨水、纯蓝墨水、圆珠笔油墨、铅笔等书写文件。通常，色素成分为炭黑、结合方式为结膜的黑色油墨的耐久性最好，色素成分为其他化学颜料的蓝色或红色的油墨，耐久性稍差一些。《党政机关公文格式》国家标准（GBT 9704－2012)中也明确规定了文件字迹材料的标准指标：黑色油墨应达到色谱所标的 BL100%，红色油墨应达到色谱所标 Y80%、M80%。印品着墨实、均匀；字面不花、不白、无断划。如无特殊说明，文件中文字的颜色均为黑色。

规定纸张和字迹材料的技术指标有助于文件制作的标准化和规范化，保证文件在制作、传递、运转、存储中其载体和字迹得到良好的保持。

3. 文件版式要求

版式指排版的样式，也就是被印制完成的文件的格式。文件版式的设计不同于其他图书、杂志或报纸等，必须根据文件的性质和特点进行恰当的设计。其设计的原则是规范、庄重和美观。

缮印版式的主要内容包括：各部分文字符号所占区域位置，排列次序、排列形式，版心尺寸，行距与字距，字体与字号等项目。《党政机关公文格式》国家标准（GBT 9704－2012)有关文件版式制作的规定如下。

字是公文中横向距离的长度单位，行是公文中纵向距离的长度单位；一般每面排 22 行，每行排 28 个字，并撑满版心；如无特殊说明，文件格式各要素用 3 号仿宋体字；特殊情况可适当调整。

公文页边与版心尺寸：公文用纸天头（上白边）为 37mm±1mm，订口（左白边）为 28mm±1mm；版心尺寸为 156mm×225mm（不含页码）。

公文整体版面:分为版头、主体、版记。公文首页红色分隔线以上的部分称为版头;公文首页红色分隔线(不含)以下、公文末页首条分隔线(不含)以上的部分称为主体;公文末页首条分隔线以下、末条分隔线以上的部分称为版记。

公文制版要求:版面干净无底灰,字迹清楚无断划,尺寸标准,版心不斜,误差不超过1mm;双面印刷,页码套正,两面误差不超过2mm。

公文格式中分隔线:版头中的红色分隔线与版心等宽,红色分隔线的高度推荐使用0.35mm～0.5mm,具体高度可根据发文机关标志的字体字号酌定。版记中首条分隔线与末条分隔线用粗线(推荐高度为0.35mm),中间的分隔线用细线(推荐高度为0.25mm)。首条分隔线位于版记中第一个要素之上,末条分隔线要置于公文的最后一面的最后一行。

此外,注意文件中表格和各层次标题的处理。

文件如需附表,对横排A4纸型表格,应将页码放在横表的左侧,单页码置于表的左下角,双页码置于表的左上角,单页码表头在订口一边,双页码表头在切口一边。文件如需附A3纸型表格,且当最后一页为A3纸型表格时,封三、封四(可放分送,不放页码)应为空白,将A3纸型表格贴在封三前,不应贴在文件最后一页(封四)上。

文件中各层次标题的排列:标题是文件的眉目,需以整齐、美观、醒目为原则编排。文件中主标题的排列可根据重要程度和字数居中排列,字数不多时排一行,字数较多时,可排两行或多行,外形可呈正梯形、倒梯形、"除号"形、齐肩形等。各级标题排列应避免"切词"(即将两个或两个以上的字组成的词或词组拆开分置在两行)或者"背题"(即在页面的最后一行排标题,使题下无正文文字),力求标题突出和醒目。

二、校对

校对,是以定稿和规范格式为基准,对校样(反映印版全貌的纸样)或缮写誊录完毕的文件进行全面核对检查,以发现并纠正各种错漏,确保文件质量。

校对工作的主要内容如下。

1. 校正与定稿不符的各种错字、倒字、横字、残字。现在许多组织的文件均使用电脑起草,在文稿中很容易出现同音词、形近字等,如"同志"写成"统治","董事会"写成"懂事会","问题"写成"文体","木"写成"术","天"写成"夫",等等,就会造成文稿内容的错误甚至不知所云。

2. 校正与定稿不符的被颠倒的字句、行段;删除多余成分,补正被遗漏部分。

3. 校正标点符号、公式、图表方面的错漏。

4. 纠正格式方面的差错。

5. 解决统行、缩面等版式问题,以及图表与正文、注码与注文的衔接和页码编排问题;进一步审核定稿中的疏漏,如发现问题,须提交有关领导或撰稿人处理,不能擅自改动。

校对次数:一般文件需经2～3个校次,重要的或上报的文件的校次还需适当增加,并有二人以上参加校对,以确保文件质量。

文件校对的常用方法:对校法、折校法、读校法。

对校法,定稿放在左方或上方,校样放在右方或下方。校对者先看定稿,后看校样,逐字逐句核对,右手执笔指点校样,并随视线不断移动。

折校法,定稿置于桌上,轻折校样,使待校文字处于页面第一行,然后把校样夹在双手大拇指、食指和中指之间,将校样压在定稿相应文字下一行位置上,双手随视线从左向右移动,校样与定稿上的文字一一对应。改样时,左手持校样并用食指压校样于原来位置,右手持笔改正错漏。

读校法,一人读稿,另一人看样稿。读稿人应将每字、每句、每个标点符号读出,朗读速度应均匀有节奏,同音字、生僻字、另行、另页、另面、空行、占行及其他有关格式安排等,都需读出并加以说明。看样人应全神贯注,辨清每一字一句、每一个标点,发现错漏要及时通知对方停止读稿,并在校样上改正。

校对的人员:一般情况下,初校由印刷文件的部门进行,其校核的重点是文字符号方面的问题。二校、三校则由发文办理的工作人员负责,其工作内容是对各方面进行全面校核。完成改版工作后,印刷部门应再全面核对一次,才能正式付印。

校对的要求如下。

1. 校对人员应本着认真负责的态度,一丝不苟地做好校对工作;校对中必须忠实于定稿,不得任意校改,如文稿中出现了内容、结构、语言等方面的问题,必须向送印的文秘部门或撰稿人反映,由其负责处理。

2. 校改应规范使用国家标准《校对符号及其使用用法》中规定的校对符号,校改文件应从行间引到页边空白处进行,文字书写清楚,校改字迹可用红色、绿色等,以便与原文字迹相区别。

3. 为了确认各自责任,应在发文稿纸的印制说明栏中注明校对人、打印人的姓名,以示负责和备查。

三、装订

经校对无误后打印出的正式文本应予以装订,以免散失,方便传递和文件的办理。

文件装订常用形式是骑马钉装订、平装装订、包背装订。

骑马钉装订:又称骑马订,即在装订过程中机器从卷成一卷的金属线上切下一段,把它钉入纸张的中央折缝上,并在纸张的另一侧将铁丝弯曲固定。因文件由中央处摊开上下叠,如同马鞍状,故称"骑马订"。这种装订方法快速便捷,开合度可达180°,翻阅方便,是文件装订的一种常用方法。

平装装订,又称平订,即将配好的文件整齐成册后,在订口一侧用线或铁丝订牢。平装装订过程简单,装订快速高效,也是文件装订常用的一种方法。

包背装订,又称包背订,即将印好的文件整齐成册后,在钉口一边用铁丝钉牢,再包上封面的装订方法。文件页数较多的,包上封皮,便于文件的保护。

文件装订要求：左侧装订，不掉页，两页页码之间误差不超过 4mm。裁切后的成品尺寸允许误差±2mm，四角成 90°，无毛茬或缺损。骑马钉装订或平装装订的文件应当做到：订位为两钉外订眼距版面上下边缘各 70mm 处，允许误差±4mm；无坏钉、漏钉、重钉，钉脚平伏牢固；骑马订的钉距均订在折缝线上，平订钉锯与书脊间的距离为 3mm～5mm；包本装订的公文的封皮（封面、书脊、封底）与书芯应吻合、包紧、包平、不脱落。

第四节 文件的核发

文件的核发，是指公文印制完毕，对公文的文字、格式和印刷质量进行检查后分发的活动。依据公文定稿印制的文本是公文的正本，是发往受文机关的文本。但是印制出的正本仍需再次予以认真仔细的质量检查，主要包括：一是公文内容，即检查正本内容文字是否与定稿的内容文字保持一致；二是公文格式，即检查公文格式编排和项目标注是否符合公文格式的标准规范；三是公文印刷质量，即检查文件正本是否整洁，无明显条痕、糊版、脏版，无缺笔断划、透印现象，是否符合公文用纸、用墨和装订的规范，等等。检查无误后，才能用印或签署，赋予正本文件法定效用，之后对外发出。

一、文件生效

用印、签署是文件生效的标志。印制完毕的文件正本只有加盖公章或者由法定的签发人签署后才能生效。签署或用章，都需按照法定的权限和程序进行。通常，以组织及其内设机构的名义的发文应加盖其公章，以组织及其内设机构负责人名义的发文由负责人在文件正本上签署。合同、协议书、意向书等文种通常同时是用印和签署两种生效标志同时出现，共同确认文件的法定效用。

（一）文件生效的条件

文件生效，是指文件在特定的时间和空间范围内针对一定的对象所产生的约束力、确定力和执行力。文件的约束力，即文件对相关组织或人员的行为产生的拘束作用。文件既对受文者有约束力，同时也对制发文件的组织自身有约束力。文件的确定力，对文件受文者而言，文件一旦发出，表明某一管理行为已经确定，必须承受或处理文件传达出的指令、决定或其他管理意图；对发文者而言，文件一旦发出，表明该机关对某事已经作出决定，不得再行变更。文件的执行力，即文件传达出的影响力。决策必须通过执行落到实处，在同一个组织系统中下级组织必须贯彻执行其上级组织的文件精神，同样，下级机关的文件发送到上级机关后上级机关也应迅速办理。例如：上级机关对下级发送"命令""决定"等领导性文件时，受文者应认真执行文件精神，而文件受文者如拒不执行时，有关机关有权强制其执行，这种效力就是文件的强制影响力。

文件的生效，通常要具备以下四个要件。

1. 行文主体必须合法，其管理职权必须是基于法律法规的授权或经国家有关部门批准或规范性文件允准的。这些行文主体应具有法律上的行为能力，而且能够在其权限范围内行使管理权限的组织或组织的负责人。在制发文件时不能逾越管理职权的范围和界限,否则其管理行为是无效的,而文件也就无法生效,无法对受文者产生影响力。

2. 文件的内容要符合其职权和身份。文件内容表达了一个组织管理活动的思想、策略、对象、方法、措施、程序、办法等内容,这些内容必须符合法律法规和行政规章等的要求,符合发文作者现实地位和职权权限,一切未被允准的管理内容都不得作为其文件内容,否则,文件无效。

3. 文件外在形式符合规范。即表达文件内容的各种数据项目在载体上的排版格式,可以是国家法定的文件格式,也可以是约定俗成的固定格式。例如,按规范,文件的生效标志在公文落款处,如果将其移至文件标题处或其他位置,使人一看就知道该份文件不符合规范,使人对文件的制作者、真实性产生怀疑,从而直接影响文件效力的实现。

4. 文件处理的程序符合要求。发文或收文处理、管理的诸多程序或步骤是使文件产生效用的重要环节,必须经过这些环节或按照特定的步骤进行才能保证文件的效用。例如:发文中经审核的文稿必须经领导人签发才能真正生效,缮印完毕的文件正本只有通过签署或用印才能最终确认文件的法定效用;收文中重要文件必须经领导人批办才能使文件的办理工作有效;呈报上级组织核准的文件只有得到审批核准后方能生效;等等。

上述的各种要件,是一般文件发生效力所必需的,是文件有效性成立的一般要件。但是,对有些已经成立的文件,如需要人们知晓的规范性文件(如法律、法规、条例、规定、办法等)、告知性文件(公告、通告、通知等)等要在一定时空范围内开始实施,还必须具备其他要件,以决定文件生效的发生时期,具体如下。

1. 公布或告知:规范性文件、告知性文件等要开始实施,必须由国家行政机关或其他文件制发组织通过一定方式(如口头或书面或媒体传播等)将内容先行告知相对人(一般社会组织、公众、不特定的多数人,或虽为特定的人,但人数太多或住所不明的人),使之了解文件内容。文件自公布或告知时起生效。

2. 受领:对于有特定的受文对象的文件,从相对人受领时起,即从文件的告知已达到受文者手中时发生效力,如给予某一位工作人员行政处分,只有当该人接到《行政处分通知》时该文件才生效。

此外,要注意区别文件的废止和撤销。

文件的撤销,是指对于已经生效的文件,因为其成立时有违法理由,所以由有关机关将其撤销。被撤销的文件原本是违法的,文件被撤销,视作自始不产生效力。撤销文件的机关可以是原发文机关,也可以是上级机关或者有权机关。至于原文件是否应溯及既往,应该视其对社会秩序以及对文件受文者利益的影响而定,不应硬性规定。

文件的废止,是指文件成立时并无瑕疵,只因后来情况发生变化,以不让其继续生效为宜,而将其废止的行为。被废止的文件原本是合法的,文件被废止,视作从被废止之日起不产生效力。废止文件的机关只能是原发文机关。

文件的无效,是指有些文件的形式虽然还存在,但因为缺乏文件生效要件,使得文件根本不发生法律效力。造成文件无效的原因一般有：由于没有相应的发文权限而无效；由于程序手续欠缺而无效；由于形式不规范而无效；由于内容不合法或不适当而无效；由于发文意图表达不清而无效；等等。文件无效与撤销不同，前者是根本没有发生效力，后者是发生了效力但因违法被撤销。

（二）用印

用印，指国家机构或其他社会组织为了表明对自身制发的文件的法律效力的认可和担当而在文件上加盖印章的活动。印章，是将文字、符号和图形等按照一定的规范格式或艺术风格刻制或铸造在相应载体上，形成的以盖制图形和文字标记为使用方式的标志性信物。印章分为两类：一类是实用印章，又称印信，是作为在社会交往中象征和证明身份、权力与地位，起凭证信物作用的印章；一类是艺术印章，又称文人印章，以欣赏和表现篆刻艺术为目的。本书所言的"印章"，仅指实用印章。

印章加盖在各类组织制发的文件文本上，是一个组织法定职权的凭证信物，是文件产生法定效力的重要标志。根据用途，印章一般可以分为三类：一是代表一个法定组织或其内部机构的名称印章；二是作为一个组织法定代表人（如政府部门行政首长、公司总经理等）的签名章；三是用于专门业务（如用于合同、财务、税收等）的专用章。以上三种印章作为一个社会组织或部门的身份、权力和地位的证明，各自具有不同的功能，其制发、使用和管理也必须按照有关的法规政策等严格执行，以保证组织管理的合法性和有效性。

1. 印章的制发与管理

为了保障行政组织以及其他各级各类社会组织的合法权益，国务院以及国家公安部、民政部等都相继制发了印章管理的规范性文件，如《国务院关于国家行政机关和企业事业单位社会团体印章管理的规定》（国发〔1999〕25号）《民办非企业单位登记管理暂行条例》《民办非企业单位印章管理规定》（2000年1月19日民政部、公安部令第20号发布）《国务院办公厅转发民政部、公安部关于规范村民委员会印章制发使用和管理工作的意见的通知》（国办发〔2001〕52号）等，对国家行政机关、企业事业单位、社会团体、民办非企业单位和村民委员会等机构的印章制发、收缴和管理等均作了明文规定。

（1）国家行政机关和企业事业单位、社会团体、民办非企业单位的印章为圆形，中央刊国徽或五角星。印章所刊汉字，应当使用国务院公布的简化字，字体为宋体。名称印章上的组织名称均为法定名称。如名称字数过多，可以采用规范化简称。实行民族区域自治的地方人民政府的印章，可以并刊汉字和相应的民族文字。民族自治地方的民办非企业单位的印章应当并列刊汉文和当地通用的民族文字；有国际交往的民办非企业单位印章，需要刻制外文名称的，将核准登记注册的中文名称译成相应的外国文字，并列刊汉文和外文。

（2）各省、自治区、直辖市人民政府和国务院各部委、各直属机构印制文件时使用的套印印章、印模，其规格、式样与正式印章等同，由国务院制发。国务院的钢印，直径4.2厘米，中央刊国徽，国徽外刊机关名称，自左而右环行，由国务院自制；地方外事机构、驻外使领馆钢印的规格、式样,由外交部制定;其他确需使用钢印的单位,其钢印直径不得大于4.2厘米,不得小于3.5厘米,中央刊五角星,五角星外刊单位名称,自左而右环行,报经其印章制发机关批准后刻制。国家行政机关和企业事业单位、社会团体的其他专用印章(包括经济合同章、财务专用章等),在名称、式样上应与单位正式印章有所区别,经本单位领导批准后可以刻制。

(3)印章制发机关应规范和加强印章制发的管理,严格办理程序和审批手续。国家行政机关和企业事业单位、社会团体、民办非企业单位刻制印章,应到当地公安机关指定的刻章单位刻制。其印章如因单位撤销、名称改变或换用新印章而停止使用时,应及时送交印章制发机关或登记管理机关封存或销毁,或者按公安部会同有关部门另行制定的规定处理。印章丢失,经声明作废后,可以按本规定程序申请重新刻制。

(4)国家行政机关和企业事业单位、社会团体、民办非企业单位必须建立健全印章管理制度,加强用印管理,严格审批手续。未经本单位领导批准,不得擅自使用单位印章。对伪造印章或使用伪造印章者,要依照国家有关法规查处。如发现伪造印章或使用伪造印章者,应及时向公安机关或印章所刊名称单位举报。

各类机构印章的规格、式样等见表3-1。

表3-1 行政机关和企事业单位等机构的印章规格与式样

机构名称或类型	印章规格	印章式样		制发部门
		中央图案	文字排列	
国务院	直径6厘米	国徽	自左而右环行	国务院自制
各省、自治区、直辖市人民政府和国务院办公厅、国务院各部委	直径5厘米	国徽	自左而右环行	国务院制发
国务院直属机构、办事机构	正部级单位的直径5厘米	国徽	自左而右环行	国务院制发
	副部级单位的直径4.5厘米			
国务院直属事业单位	正部级单位的直径5厘米	国徽(具有行政职能的)或五角星(没有行政职能的)	自左而右环行	国务院制发
	副部级单位的直径4.5厘米			
国务院议事协调机构和临时机构	直径5厘米	五角星	自左而右环行	国务院制发
国务院部委管理的国家局	直径4.5厘米	国徽	自左而右环行	国务院制发

续表

机构名称或类型		印章规格	印章式样		制发部门
			中央图案	文字排列	
国务院部委的外事司(局)		直径4.2厘米	国徽	自左而右环行	国务院制发
国务院部门的内设机构和所属事业单位,法定名称中冠"中华人民共和国"或"国家"的单位		直径4.2厘米	国徽	自左而右环行	国务院制发
自治州、市、县级行政单位和市辖区人民政府		直径4.5厘米	国徽	自左而右环行	省、自治区、直辖市人民政府制发
地区(盟)行政公署		直径4.5厘米	五角星	自左而右环行	省、自治区人民政府制发
乡(镇)人民政府		直径4.2厘米	五角星	自左而右环行	县级人民政府制发
驻外国的大使馆、领事馆		直径4.2厘米	国徽	自左而右环行	外交部制发
国家行政机关内设机构或直属单位		直径不得大于4.5厘米	五角星	自左而右环行或者名称前段自左而右环行、后段自左而右横排	国务院各部门和地方各级国家行政机关制发
企业、事业单位、社会团体		直径不得大于4.5厘米	五角星	自左而右环行	公安部会同有关部门另行制定
民办非企业单位	国务院民政部门核准登记的	直径4.5厘米,4.2厘米(办事机构)	五角星	自左而右环行	持登记管理机关介绍信及登记证书到所在地县、市(区)以上公安机关办理准刻手续后,方可刻制
	地方各级人民政府民政部门核准登记的	直径4.2厘米,4厘米(办事机构)			
	专用印章	小于名称印章且直径最大不超过4.2厘米,最小不小于3厘米	五角星下面	自左而右横排	
村民委员会(城市居民委员会参照执行)		直径不得大于4.2厘米	五角星	自左而右环行,或者名称前段自左而右环行、后段在五角星下自左而右横排	乡级人民政府负责制发

2. 用印的要求

印章是一个组织权力的象征、职权的标志，因此，在使用印章的过程中要符合以下要求。

（1）依照职权范围分层使用印章。

应按照组织机构的层次、不同的工作职能，在各自的法定权限内使用印章。通常情况下用印的要求是：以谁的名义制发文件，就加盖谁的印章；一般不准用其他机关的印章代替本机关的印章来为发文用印。特殊必要时，上级机关可用本机关的印章为下级机构或组织的文件"代章"，但代章时要求在用印位置标明"（代章）"字样。一般来说，完成综合性、职能性管理活动而制发的文件，可以选用组织或其职能部门的名称印章，而仅涉及某一项专项职责的业务性文件，则可使用专用章，需要负责人签署的文件则可使用负责人的签名章。

（2）用印之前，必须经审批同意后，方可用印。

文件在用印前须履行批准手续，不同的文件应送交其承担相应责任的领导者审批，不经规定领导者审批的文件一律不予用印。通常，以一个法定组织如政府及其职能部门、企事业单位等组织名义制发的文件的用印，应由机关或组织的领导人进行审批，如领导人不在，可以由其授权的其他副职领导人或综合办公部门的负责人等审批；以内设机构的名义制发文件的用印，应由该部门的负责人进行审批，使用领导的签名章应由该领导人审批。

在用印的审批时，各层审批人在审批或签发文件时应态度鲜明地表明是否同意用印，不得模棱两可，应批注用印的份数，并签注姓名和日期，以便为印章监管人执行用印活动提供准确的依据。

不经组织领导人审批，任何人无权要求使用该组织的名称印章或领导人负责审批的专用章。未经审批而使用组织中的各种印章，要追究文件制作者和印章保管人应承担的相应的行政或法律责任。

每年年初，如果领导人对常规文件的用印进行集中一次性批办，对该类文件就无须再行用印审批，印章保管人可以自行用印。

（3）用印登记，以备查考。

用印情况须在"用印登记表（簿）"上做好专门记录。登记项目应包括用印时间、用印事由、用印文件的标题与份数、用印部门、审批人与用印人（不得使用计算机打印姓名，需其亲笔签名）、备注等。其中，用印次数，以领导者批准印发的份数或常规规定的份数为准，不得随意增加，同时应严格检查发文稿纸或定稿上审批人的意见，并根据其意见用印。其目的在于对用印情况进行监测和控制，便于日后核查，并有效地保证用印的质量和效率。

口头同意的文件或空白介绍信、公文版头纸、有价证券（如空白支票、汇票、发票等）不得用印，因为空白印章极易为伪造印章提供可乘之机。

（4）专人保管印章。

一个组织的名称印章及供拼装在印版上使用的印模须保管在综合办公部门专人手

中,以照相、静电复印制成的印模用毕后,应尽快退回综合办公部门或就地监销。使用时,应在规定的办公地点用印,并由保管人监督印章使用,用毕迅速收回,不得将印章交由使用人取走自行用印。

一个组织中的内设机构的印章原则上不对外,如特殊情况须对外,由部门负责人审批签字并向分管领导报告后方可使用,印章一般不宜由各部室负责人直接保管,应指定专人管理。

有关专业或业务用印章,如某些单位审批专用章、财务专用章、合同专用章等,可以按业务审批权限审批后由所在业务部门管理使用;领导人签名章可由领导本人保管,也可授权综合办公部门或相关部门负责人保管。

为防止乱用印章,一般情况下,印章使用的审批人与印章保管人不应是同一人。印章保管人必须切实负责,不得随意放置或转交(借)他人。印章保管人因公短期离开工作岗位时,综合办公厅室负责人或部门负责人应指定专人代替;当保管人员调离时,须办理归还印章手续。

印章保管人必须妥善保管印章,不得遗失,如遗失,必须及时向综合办公部门或有关领导报告。对违反规定使用印章造成严重后果的,应当追究保管人或责任人的行政责任或法律责任。

(5) 印章字迹必须端正、清晰、完整。

印章字迹的颜色,除签名章外,应为红色,签名章一般为黑色或蓝黑色。应使用质量较好的印泥作为字迹材料,印迹必须端正、清晰、完整,即印章加盖在纸面上时,其字迹必须是端正地自左而右环行或横行,完整、清楚地表达发文机关的名称,禁绝出现印章字迹歪歪斜斜,缺字少划,或者模糊不清,或者自左而右颠倒字符的现象,以维护文件的严肃性和有效性。

3. 用印的方法

除"会议纪要"和以电报形式发出的文件以外,一般情况下,以组织机构名义的发文均应加盖印章。

文件用印的位置,一般应在文件的落款处。印章上边缘不得压住文件正文,下边缘一般应压住成文时间。文件中不得出现空白印章。如果落款处标注了发文机关名称,印章上的机关名称应与其保持一致。如果是联合行文,主办机关印章在前,其他机关印章按顺序排列;联合上报的,由主办机关加盖印章;联合下发的,所有发文机关都应当加盖印章。

依照《党政机关公文格式》的规定,文件用印位置、发文机关署名和成文日期三者的排布方法如下。

(1) 加盖印章的公文。

成文日期一般是右空 4 字编排,印章用红色,不得出现空白印章。单一机关行文时,一般在成文日期之上、以成文日期为准编排发文机关署名(如其全称或规范化简称过长,可分排两行),印章要端正、居中下压发文机关署名和成文日期,使之居印章中心偏下位置,印章顶端应当上距正文(或附件说明)一行之内。联合行文时,将各发文机关署名按照发文机关顺序整齐排列在相应位置,并将印章一一对应、端正、居中下压发文机关署名,最后一个印章要下压发文机关署名和成文日期;印章之间排列要整齐、互不相交或相切,每排印章不应超出版心,首排印章顶端应当上距正文(或附件说明)一行之内。

(2) 不加盖印章的公文。

单一机关行文时,在正文(或附件说明)下空一行、右空 2 字编排发文机关署名;联合行文时,应当先排主办机关署名,其余发文机关依次向下编排。成文日期标注在发文机关署名的下一行,其首字比发文机关署名首字右移 2 字。如果成文日期长于发文机关署名,应当使成文日期右空 2 字编排,并相应增加发文机关署名右空字数;如果成文日期短于发文机关署名,那么发文机关署名居右空 2 字编排。

(三) 签署

签署,是指承担文件行文责任的组织的负责人在文件正本上签注姓名,以使文件产生法律效力的活动。

签署的目的在于:赋予文件法定效力,并使签署人对文件发出后引发的各种行文行为所产生的管理效果(包括肯定性和否定性效果)承担相应的行政责任和法律责任。此外,签署有助于阅文人审查和确认文件的原始性和真实性,使之能够深信不疑地处理和承办文件,以保证文件法定效力的实现。

文件的签署权限:根据签署人的职权范围签署文件,不得越权签署文件。通常,一个组织对外发布文件的签署权由该组织的法定代表人执掌,如行政机关的总理、部长、省长、厅长、局长等,或者公司总经理,工厂的厂长,学校的校长等,副职领导不必联署。

签署文件时应注意以下问题。

1. 使用黑色或蓝黑色钢笔,或毛笔、专用签字笔等签名。不应使用红笔、铅笔或其他彩色笔签署文件,否则会影响文件的长久保存,也会影响文件的郑重性和严肃性。

2. 需签署的文件一般应由法定签署人亲笔签注自己的姓名。在公务信函,尤其在涉外政务和重要的商务信函中,由签署人亲笔签署姓名,以示对受文者的尊重和重视。

如需签署的文件数量大或者需要频繁签署文件,也可以通过加盖签发人签名章(根据签署人亲笔书写的姓名字迹而刻制的印章)来实现文件的签署工作。加盖签发人签名章的方法如下。

单一机关制发的公文加盖签发人签名章时,在正文(或附件说明)下空二行右空 4 字加盖签发人签名章,签名章左空 2 字标注签发人职务,以签名章为准上下居中排布。在签发人签名章下空一行右空 4 字编排成文日期。

联合行文加盖签发人签名章时,应当先排主办机关的签发人职务、签名章,其余机关签发人职务和签名章依次向下排布,与主办机关签发人职务和签名章对齐;每行只排一个机关的签发人职务和签名章,签发人职务应当标注全称。签名章一般为红色。在签发人签名章下空一行右空 4 字标注成文日期。

3. 利用机械设备打印出的签署人姓名不具有法定效力。

二、文件分发

文件的分发,指将已经登记封装完毕的文件以适宜的方式发送给受文者的传递活动。

文件分发前要装封。装封时,要将文件装入普通的或特制的信封中,封口(如是密件,需用印封或密封纸封)后在封面上注明收文单位、文件份数、发文单位或者秘密登记、紧急程度等项目,以方便收文单位的文件处理工作。文件装封时,应认真细心,避免发生错装、少装、多装甚至不装文件就封口发出的情况。

在现行机关中,常用的文件分发方式有以下几种。

1. 普通邮寄,即通过国家设立的公共邮递系统递送文件。普遍邮寄有平信、挂号信、特别挂号信、快递、航空信等多种形式,一般用于传递无保密要求的公开性、普及性文件。这种方式较之电报、传真更加经济划算,但送达速度较慢。

2. 机要通信,即通过我国邮政部门为传递党政机关保密文件而单独开辟的特种邮递系统来递送文件。这种方式保密性强、准确性高,但价格较高,时效性较之普通邮寄要快捷得多。发送秘密、机密文件一般采用此方式。

3. 机要交通,即通过专设的机要交通系统传递重要的保密性文件。服务的专门性,文件的保密性、准确性、时效性等方面都能得到很好的实现。我国党政各级领导机关均设有机要通信部门,负责涉密文件的分发工作。军队和外交系统也有专门的通信制度。

4. 文件交换。即通过设在城市(或地区)中心的文件交换处(站),定时定人集中相互收发文件。这种方式使收发双方直接见面,相互发出或收取文件,减少文件传递的中间环节,文件传递快速、经济,工作效率较高。同时专人收发文件,保密性较强。平件、秘密件、机密件均可借此方式传递。

5. 专人送达,即由发文机关派专人送达收文机关的分发方式。这种方式能保证文件的安全性、时效性,但需要投入较大的人力、财力和时间。主要用于需要确保高度机密文件的安全或需紧急处理的文件的传递。

6. 电信传递方式。即通过公共电信系统或专设电信系统以电话、电报、传真、计算机网络通讯等方式递送文件。其主要优点是时效性强,传递文件迅速、快捷,但其安全性、准确性方面无法完全保证。因此,凡是涉密文件应当通过机要交通、邮政机要通信、城市机要文件交换站或者收发机关的机要收发员进行传递,通过密码电报或者符合国家保密规定的计算机信息系统进行传输。

分发文件的要求:一是增强相关人员的时间观念,明确各自的责任,尽力加快文件的运转速度,保证文件在规定的时限范围内送达收文机关;二是增强文件分发过程中相关人员的安全意识,在文件装封、发送、传递等诸环节中确保文件实体和文件内容的安全和完整;三是根据文件和文件工作的实际情况,选择高效经济的适当传递方式,避免不分缓急、主次,不讲成本和效益,一概而论地实行"一刀切";四是收发双方应严格履行文件交接的手续,明确各自的责任,保证分发工作的顺利完成。

复习思考

一、名词解释

复核　发文登记　校对　骑马订　平订　用印　签署　文件分发

二、简述题

1. 复核工作的主要内容。
2. 发文登记的主要方法和内容。
3. 选择文件印制材料的原则。
4. 公文校对的方法和要求。
5. 公文生效的要件。
6. 公文用印的要求。
7. 文件分发的主要方式。

三、论述题

1. 如何提高发文办理程序的运行效率？
2. 如何选择高效安全的文件分发方式？
3. 如何理解文件对受文者的影响力？

案例研讨

3-1　章主任的发文程序

某市××局办公室章主任某日刚一上班，正要外出开会的周局长急忙叫住他，说本局所属G厂大量离岗职工再就业中遇到亟须解决的问题，必须向市政府请求指示。为使问题尽快得到解决，争取工作上的主动性，周局长交代章主任：尽快写一份《关于请求指示本局所属G厂大量职工离岗再就业问题的请示》，在文中重点写明并强调所属G厂离岗职工再就业中面临的各种问题的严重程度和可能对社会稳定带来的不良后果，然后直接报送市政府和副市长王××，同时将此份请示抄送给本局下属企业和各部门，以便使G厂和其他企业、部门了解事情的办理经过。由于是周局长亲自布置的工作，章主任不敢拖沓，上午加上中午加班很快将这份请示写好，直接送打印室排版印制，加盖公章后于下午三点派人将这份请示直接主送到市政府办公厅以及王副市长的秘书手中，同时打电话向下属企业和部门通报了请示的内容，讲明将陆续下发此份请示。

问题讨论

1. 周局长关于"请示"内容写作的指示是否存在不当？你认为这样的请示报送市政府后会有什么样的结果？请说明你的观点和理由。
2. 依据发文办理的规范，指出章主任"请示"办理的过程中存在的问题，并说明正确的做法。

3-2 写错两字免官三人

2008年9月9日,四川省B市人民政府办公室发布了"关于2008年中秋节放假安排的通知"。此份通知由该市政府办公室主任何×签发后予以发布。其正文内容如下:根据《四川省人民政府办公厅转发国务院办公厅关于2008年部分节假日安排通知的通知》安排,2008年中秋节放假三天……节假日期间,各地各部门要妥善安排好值班和安全、保卫等工作,遇有重大突发事件发生,要按规定及时报告并妥善处置,确保人民群众度过一个祥和平安的端午节。

"明明是中秋节的放假通知,咋个还确保人民群众度过一个祥和平安的端午节?"收到此通知的一位工作人员称,他感到非常纳闷,打电话一问,才知道通知出错了:通知中最后一句将"中秋节"错写成了"端午节"。9月10日,得知放假通知出错的B市人民政府办公室工作人员立即重新发布更正后的放假通知。但这还是引起网友们的热议。

事后,B市委常委会研究决定,对该市政府办公室主任何×停职反省,市政府办公室对综合科科长王××,副科长王×、何×予以免职处理。

问题讨论

1. 从发文办理程序的角度,剖析市政府办公室将中秋节放假通知中最后一句"中秋节"错写成"端午节"的主要原因。你认为发文办理过程中怎样才能避免此类现象发生?
2. 有网友认为,写错两个字不就是工作人员粗心大意的事儿吗?对此,四人被问责、三位被免职,这就完全是"小题大做"了。你同意网友们的意见吗?请说明你的观点和理由。

3-3 5万是如何变成35万的?

某市信访局的工作简报《信访情况》中摘要刊登了一封人民来信,该信反映:某国有企业在举办"五一"国际劳动节的庆祝晚会中铺张浪费,共花费5万元,建议上级有关部门派人查处。该局办公室文秘人员在核稿时将其改为"花费了5万元",结果在电脑录入打字时被打成了"花费35万元"。之后文秘人员校对时也未能发现、更正。简报发出后,引起市里领导的高度重视,责令该国有企业彻查、整顿。而事后调查才弄清楚,是办公室文秘人员在信息编制过程中的错漏。这一简报虽然是内部发行,但发行范围广泛,造成了一定的影响,引起该企业领导和职工的强烈不满,最后信访局不得不在另一期工作简报上做出更正和道歉。

问题讨论

1. 文件印制的基准本是什么?请以这一案例为例分析文件印制工作在发文处理程

序中的地位和作用。

2. 请分析"5万元变成35万元"这类现象背后的原因是什么？应当从哪些方面予以改进，才能避免类似情况的发生？

3-4 公章见证"私了"

2011年6月，号称"全国职业打假药第一人"的高××在H市天城路发现有一家药店卖假药，便向H市食品药品监督管理部门（以下简称药监部门）举报。H市药监部门并没有追查假药问题，而是让高××跟药店"私了"，并在"协商意见"上加盖公章，说是为"私了"做个见证。

记者从"协商意见"上看到，"甲方"是高××，"乙方"是H市江干区××保健用品商店，三条内容是："乙方向甲方赔偿购买产品的10倍赔款1200元，并保证绝不再经营类似产品；甲方领取举报奖励费4300元；甲方放弃以任何形式，包括投诉举报、诉讼、行政复议、向媒体曝光等各种形式就本案追究乙方、H市药监部门的责任。"协议最后，除了双方的签字外，确有"H市食品药品监督管理局江干分局"的红色公章，时间是2011年6月23日。

问题讨论

1. 文件上加盖公章有什么作用？H市药监部门在"协商意见"上的用印存在哪些问题？这样的用印行为可能会带来哪些危害？
2. 你认为H市药监部门的公章管理存在哪些问题，应当从哪些方面予以改进？

3-5 对外发文谁把关？

C市农林局办公室某日收到《S省农林厅关于上报国有林区防火与营林道路基础数据的紧急通知》，办公室许秘书将收文与办公室刘主任的拟办意见（"建议由综合信息处抓紧办理，请王局长阅示。"）一并送交王局长，王局长翻阅后对许秘书说："同意拟办意见，就按程序办吧。"随即将文件交给许秘书。于是，许秘书将文件转交综合信息处承办。三日后，该处孙处长将拟写好的上报文件呈送王局长签发。王局长的签发意见如下："拟同意发出，请办公室酌定。王，4月12日。"孙处长将文稿交由本处文秘人员小萧打印。在校对文稿时小萧发现遗漏了重要的数据，向孙处长请示，孙处长要求她尽快查找、补齐相关数据后上报。随后，小萧补充了数据，给文稿加套C市农林局的红色版头，再次校对文稿、加盖本部门公章后登记发出。

问题讨论

1. 根据《S省农林厅关于上报国有林区防火与营林道路基础数据的紧急通知》的实际办理过程，找出发文处理环节的错漏之处，并说明办理此文的正确程序及其主要工作内容。

2. 你认为哪一个部门是 C 市农林局文件管理的主控部门？在案例中它怎样做才能有效履行自身的文件管理职责？

3-6　快递文件为何丢失？

2007 年 10 月 18 日，位于纽卡斯尔市的英国皇家税务及海关总署（以下简称税务署）办公室工作人员应伦敦的审计署要求，向其寄送关于儿童福利信息的数据文件。该工作人员将所有英国儿童福利补贴申请者个人资料全部下载到两张光盘上，通过快递公司 TNT 寄往伦敦。办理快递业务时，工作人员没有按规定将包裹挂号注册，而是随意用普通邮件的方式寄出，这两张"完整数据光盘"始终没有抵达目的地。11 月 8 日，税务署署长保罗·格雷方才获知光盘丢失一事。两天后，保罗·格雷把光盘遗失的事上报英国财政大臣阿利斯泰尔·达林。阿利斯泰尔·达林深感事态严重，立即报告了首相布朗，布朗下令立即展开全面搜寻光盘的行动。

阿利斯泰尔·达林说："丢失信息涉及所有儿童福利补贴受益人，包括 2500 万人、725 万个家庭。这些记录包含受益人及其子女的姓名、住址、出生日期、儿童补贴受助号码、国家社会保险号码以及相关银行或抵押银行账户信息。"阿利斯泰尔·达林强调，光盘经过加密，伦敦警察局也介入调查。阿利斯泰尔·达林还证实，税务署弄丢两张重要数据光盘属"重大失误"，税务署署长保罗·格雷已宣布引咎辞职，距他当年 2 月上任仅 9 个月。

据悉，搜寻活动进行两个多星期之后，情况毫无进展，警方只好悬赏 2 万英镑寻求光盘。

问题讨论

1. 你认为案例中两张关于儿童福利信息的"完整数据光盘"应当选择哪种文件分发方式更加妥当？为什么？这一案例带给我们什么启示？
2. 案例中两张光盘文件在邮寄过程中被丢失可能会埋下哪些隐患？为防止这些隐患的发生，税务署应当采取哪些应对措施？

第四章　收文办理程序

> **学习引导**
>
> 收文办理是收受文件并从中提取有关信息来处理各种公务的活动，是收文机关履行法定职责、贯彻落实文件精神并使文件产生实际效用的过程。主要包括文件的接收、办件的办理、阅件的传阅和办理文件的处置等内容。
>
> 文件的接收，是收文管理的"入口"环节。要对收文进行签收、确认、登录，以备查考。
>
> 文件的分流：一类是办件，即需具体承办、贯彻落实的文件；一类是阅件，即需有关人员阅读知悉内容的文件。然后分别对办件进行办理、对阅件组织传阅。
>
> 办毕文件处置，需要根据其不同情况分别对待：整理归档、暂存、清退或销毁。

收文办理程序及其工作内容详见图 4-1 所示。

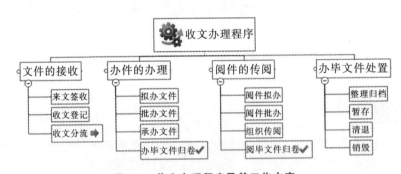

图 4-1　收文办理程序及其工作内容

第一节　文件的接收

文件的接收，是指受文机关对外机关发送来的大量文件进行签收、登记、核查的活动。这是收文办理的首要工作。接收文件时，应严格履行签收手续，审查文件内容的过程中准确判断文件的分流方向和阅办部门及人员，以提高收文接收和办理的效率。

一、签收

签收，是签收人对收到的文件进行逐件清点、核对，无误后，在交接凭据上签字或者盖章、注明签收时间的活动。它是收文处理程序中的首要环节，其目的在于明确交接双方的责任，保证收文办理后续环节的有效展开。

签收工作又具体分为外收发签收和内收发签收。两次签收的工作侧重点不同,但其目的都是为了明确交接双方的责任,保证文件的完整与安全。

1. 外收发签收,是由本机关的收发室人员(又称外收发)负责接收来自邮局、机要通信、机要交通、文件交换站或各机关专送的文件,经清点审核之后,在对方的发文簿或回执单上签字,以示负责的活动。

外收发的工作重点:检查信封或包封上的标记;核对收文是否是发送给本机关的,如有错发给本单位的文件,应当退回;查看"发文登记簿"和"回执清单"上登记的来文的件数、机关名称及日期是否与收文相符,如有不符之处,应立即查询;检查文件封套、封口、密封标签是否完好,如有拆动痕迹或其他疑问,需当即说明或拒收,并作相应记录备查。

2. 内收发签收,是机关的外收发人员与综合办公部门或职能部门的文秘人员(又称内收发)交接收文时进行清点、核对与检查,并履行签收手续的活动。

内收发的工作重点:检查外收发人员的签收登记簿与收文包封上各种信息的一致性,如检查文件封套、封口、密封标签是否完好,如有拆痕,应问明缘由予以妥善处理等。

签收的常用方式,是在"签收登记表"(包括收文时间、字号、份数、密级、收发人等)的相应栏目内签上收件人的姓名,或加盖收件人的名章(文件数量较多时),要求写清姓名全称、收件日期(快件和急件要写明收文的确切时间),以备查考。

二、登记

登记,即对收文的主要信息和办理情况分门别类地进行详细记载的活动。收文登记的目的在于加强来文信息的管理,便于文件平时的核对、统计、催办,以及日后文件的查找、利用。收文登记有助于文秘人员掌握文件自身信息及其以后文件运转过程中的有关情况,明确参与文件办理人员的责任。

收文登记的范围,包括:机关间正式往来的各种收文,如上级机关的政策性、指导性、执行性、参阅性文件;下级机关的呈请性文件;平行或其他不相隶属机关的商洽性、询问性文件;参加重要会议的通知、会上印发的会议文件及其他材料等;重要的、带有密级的刊物、资料以及具有政治、经济、历史、科学价值的文件、资料;重要的人民来信来访材料等。

不予登记的收文范围,包括:上级机关、下级机关发送的一般性抄件;一般性工作简报;同本机关无关的人事任免通知;纯事务性的通知,各种请柬、便函、贺信、介绍信等等。

1. 收文登记的常见形式

(1)簿册式登记,即使用装订成册的专用登记簿,在每页登记表上可登录若干个文件,易于保管,方便交接和统计。但是,由于需要办理与不需办理的收文按照收文时间排列,也容易混淆办文的主次和缓急;按大流水排序,也不便分类检索。这种方法主要适用于文件数量少的单位。

(2)联单式登记,即采用一次复写二联单或三联单的方式登记。其中第一联单由文书人员保存,第二联单随文件运转,随时记载办理、传阅的情况,第三联单可保存在机关档案室,作为检查归档文件是否齐全完整的依据,也可填写案卷号,作为文件与档案检索的工具。联单式登记法将多个环节和用途的登记一次完成,减少重复登记手续,便于提高效率;可以分类排列,或作为查阅文件的索引;还有利于归档文件的收集与查阅。缺点是易磨损、散失、不利长期保存。

(3) 电脑登记,即将文件的主要数据信息输入电子计算机。这是现代化的登记方式,优点是一次输入,可多次输出,便于多途径查找、储存文件,除机密文件外,其他文件皆可输入公用文件夹,实现信息共享。各单位可根据需要自行调阅文件目录,减少查阅文件环节,提高办文效率。随着办公自动化的日益普及,这种登记方式将成为主要的登记方式。

2. 收文登记的常用方法

(1) 按收文时间顺序依次登记。按照时间的自然推移顺序登录文件,统一编一条时间大流水号。

(2) 按收文内容性质登记。不同内容和性质的文件各自编制一条流水号。

(3) 按来文机关登记。不同机关的来文分别编制登记编号。

(4) 按文件类型登记。固定的数量较大的文件类型分别登记,并分别编制流水号。

前两种方法适用文件数量少的机关,后两种方法适用于有固定来文且收文数量较多的机关。

文件登记要求认真填写来文时间、来文标题、文件字号、收文时间等各种情况,不应删减项目,否则容易给日后查找、统计文件等工作带来困难。

三、初审

收文的初审,是对收到的文件进行认真检查核实的活动。

在分门别类地拟办文件之前,文秘人员应当认真地对收到的文件进行初步的审查。初审的工作重点如下。

1. 来文是否属于本单位职权范围内应办理的文件。
2. 来文内容是否符合国家法律法规及其他规章制度的规定。
3. 文种使用、文件格式、文件内容表达等方面是否符合要求。
4. 是否符合国家和专业系统发布的各种行文规则。
5. 涉及其他地区或者部门职权范围的事项是否已经协商、会签。
6. 来文是否符合文件起草的其他要求。

经初审,不符合有关规定和规范的文件,应报请本单位办公厅(室)负责人同意后,采用适当的方式与来文单位沟通后处理。其中,经初审不符合规定的文件,应当及时退回来文单位并说明理由。

四、分流

分流,是指按照文件的性质、重要程度、紧急程度、机关内各部门的职责等对文件进行分类,送交有关部门或人员阅知或办理的活动。分流的及时、准确,直接关系到文件办理的效率。

文件分流的主要内容如下。

1. 领导亲启件,送交领导者个人,如果亲启件是"公务"性质的,领导人应交由文秘部门按文件处理程序和相关制度予以办理。

2. 业务性文件,按业务分工转交各业务部门,如属于批复、复函、批示或根据要求送来的报告、统计报表等,送交本单位原发文承办部门或主办人。

3. 综合性文件,送交综合办公部门,如属于机关综合行政管理方面的文件,交由综合办公部门处理。

4. 只需阅知的文件,直接组织传阅;对发送份数少而需要阅知的人数较多的文件,可根据文件指定的阅读范围或主管负责人批示的意见,由文件管理人员负责组织有关部门或人员传阅。

5. 对于领导人已经作过批示,属于常规性处理的文件,应按既定的常规分送。

6. 需要办理而又不能判定由谁承办的文件或无明确办理办法、措施的文件,应直接送领导人或综合办公部门负责人进行批办或拟办,然后根据批示的意见分送处理。

7. 属于临时性的或与本机关主管业务无关、不需办理的文件,由文件管理人员视具体情况处理。

文件的分流工作要求:及时分送,紧急、重要文件随收随送,不得积压;分送给领导人和各承办部门(人员)的文件,应当履行签收手续,以明确各自的责任,保证文件的有效运转。

收文登记和分流工作并不一定是前后相承的单向运行,通常在登记时可以进行分流,而在分流中又需进行转文登记。如果将两项工作有机地结合起来,可使繁杂的工作变得主次分明,缓急有序,使各类文件尽快得到实质性的有效处理,收到事半功倍的效果。

第二节　文件的办理

文件办理阶段是文件真正实现其"生命价值"的主要阶段,是其"生命力"最旺盛的阶段。也就是说,文件对现行组织、单位或机构的影响力和约束力在此阶段达到最大化。因此,高效的文件办理是办文办事有机结合的真正体现,也是文件价值得以实现的关键。

一、拟办

拟办,是由综合办公部门或业务部门的负责人及有关人员对需要办理的文件提出建议性处理意见的参谋性活动。经审核,对需要办理的文件,文秘部门应当及时提出拟办意见。

拟办是文秘部门参与决策,发挥参谋和助手作用的重要途径。具体表现在:拟办提供的与办理有密切联系的各种资料,能为领导决策提供信息支撑;拟办人在系统研究基础上对文件如何处理提出的建设性意见,能为领导的批办提供初选方案,可以为领导节省大量的调研时间和精力,方便领导人批办文件时参考,提高批办的效率。因此,拟办工作是文秘部门挖掘自身潜力,施展自身才华,提供智力型、知识型服务的重要手段。

拟办人员,通常是综合办公厅(室)的秘书长(主任)或者业务部门的负责人,在必要时,也可由其授权部分有较高政策水平和较强文字表达能力、熟悉本单位业务的秘书人员来承担拟办工作。

要做好拟办工作,拟办人员需具备以下素质:首先,具有较高的理论水平,即需具备马克思主义哲学、政治学、经济学、管理学、组织行为学、决策学等方面的理论知识,并能够运用知识高瞻远瞩地分析研究问题,能站在全局的高度提出高质量的拟办意见;其次,了解与本单位业务活动相关的法律、法规以及规章制度,为拟办工作奠定良好的政策基础;再次,要熟悉本单位的组织机构及其领导人的构成、职权、职责,各部门的业务范围以及本单位与相关单位的业务关系等,以便提出的拟办意见切合实际,体现出较强的针对性和可操作性。

（一）拟办的范围

机关的收文并不是全都需要拟办,应根据文件的性质和内容划定一个拟办的范围。凡本单位及其各职能部门需要贯彻执行和办理的文件,均应划入拟办范围。需拟办文件可分为办理类、阅知类两大类文件。

1. 办理类文件,要求本单位贯彻执行的方针、政策、行政法规和规章,实施的行政措施,各种请示和问题答复,指导、布置工作,报告情况,协调和商洽问题,交流经验等方面的文件。例如:要求贯彻落实或办理的文件,或需本机关的领导或有关部门审查的重要文件;下级机关的请示及重要的报告;要求本机关办复的文件;几个业务部门共同办理的文件;重要的人民来信等。拟办时需要提出办理预案,并请求单位负责人进行批办。

2. 阅知类文件,只需通过阅读文件获取文件信息内容。阅文人员分为两种,一是领导人阅文,二是领导班子成员或其他人员均需阅文。拟办时主要指明阅文的人员范围,请领导批办。

（二）拟办的方法

拟办文件时,拟办人员必须认真研读来文,明确其主题,并根据具体问题具体分析,选用恰当的方法,不能千篇一律地写为:"请×××同志批示。"应针对不同情况、不同文件内容,有区别地提出有针对性的拟办意见。

办理类文件的拟办,应深思熟虑,区分情况予以处理,如注明哪位领导者阅示(如请主管的领导者阅后提出批办意见),或者提出建设性意见,以供领导者批办时参考,或者在提出建议的同时,提出适度得体的评议性意见。

阅知类文件的拟办,主要在于拟定阅文的对象范围,这些阅文人的确定通常是有明确制度规定可以依循的,因此,根据规定和职权分工可以直接指明阅文人,如"请王××局长阅"。

拟办的具体方法如下。

1. 对上级来文的拟办,应提出贯彻落实和办理的具体人员或部门、时限要求,如要呈送哪位领导批办的,可写为"请××同志批示";由哪个单位承办的,可写为"拟请××局研究办理";需某位或几位领导阅示的,可写为"请××局长阅示""请××局长阅示,拟请××处主办,××、××处协助办理"。

2. 对下级机关或平行、不相隶属机关来文的拟办,其意见应具有针对性和可操作性。应根据规定结合需办理的事项或需商洽的事项,提出办理的人员、方式和方法,如明确指定负责复文的业务部门或业务人员,必要时注明时限。如"拟请××处在×月×日办复","拟请××处××同志深入调查研究后回复办理"。

3. 对需要联合办理的文件的拟办,应明确指定牵头单位,以免机构之间互相争办或推诿,如"拟请××局牵头,××局会同办理"。必要时,在指定牵头单位的同时还可讲明如此安排的原因,便于主办和协办单位明确责任,相互协作,共同完成工作。

4. 对难以提出具体意见的文件的拟办,在拟办前可先和有关部门联系,听取意见后再提出拟办方案。如各部门意见不一,应分述各种分歧意见,认真研究其可行性,提出自己的倾向性意见,并说明理由,供领导批办时参考或定夺。

（三）拟办的要求

拟办是提高批办工作质量和效率的辅助性办文程序。拟办工作须围绕来文内容,提出切合管理实际、切实可行的办文建议。通常,应按照一定的工作要求有序有效开展拟办工作。

1. 详细地阅读来文。旨在准确地把握文件的内容、性质和发文机关的具体意图、行文目的及其精神实质,弄清文件的来龙去脉,以便有针对性地提出切实可行的拟办意见。如果只是草草翻阅文件或者只是一看标题就随意提出拟办意见,往往难以提出真正行之有效的拟办意见,也就无法实现参谋助手作用。

2. 拟办意见要有现实针对性。需掌握有关的方针政策及相关规定,必要时还需围绕来文内容进行细致的调查研究,或查阅有关文件资料,掌握本单位当前工作部署、进程、存在问题的症结和所属单位的业务活动的具体情况,研究提出答复或办理来文的具体措施与方案。如是过去曾经处理过的问题,应了解前案有关情况;如属新问题,则应在调查研究、分析论证的基础上,掌握现实情况,获得有价值的信息。之后,将相关的背景文字、图表等资料作为附件,附在文件之后,一并交由批办人,以方便其批办时查阅。

3. 拟办意见必须明确、具体、简要。拟办意见应具有充分的政策依据、事实依据、科学依据,做到言之有据,具有可操作性;语言务求简洁准确,言简意赅,切忌冗赘、言不及义;拟办过程要严谨精细,雷厉风行,力戒粗枝大叶、拖沓滞缓,如是紧急的重要的来文,要随到随拟办,对正常收文,也要突出时效性,使其快速进入收文运转流程。

4. 规范填写拟办意见及相关项目。这将有助于文秘人员组织和控制文件运转的方向和时间。拟办意见应工整清楚地书写在"文件处理单"（包括文件拟办、批办、承办等项目）的拟办意见栏内,并签注拟办人的姓名和日期,姓名签注要完整,日期要写全年、月、日。

二、批办

批办,是指由机关或部门的负责人对文件的办理提出最终处理意见的决策性活动。文件经拟办后,应呈送机关领导或部门负责人进行批示,以确认拟办意见是否可行,或者针对文件内容重新提出新的处理意见。

批办具有如下作用。首先,批办是各级领导行使职权、履行职责的重要手段。批办文件是各级管理者做出管理决策的一种具体形式。领导通过对文件的批示,指出其采取行动的原则,提出解决问题的方法和措施,在这一过程中领导人既依法行使其决策权、处置权,同时又依法履行其职责,完成各项管理活动。其次,批办是领导人及时阅示重要收文、了解有关情况的途径。各级领导人进行各种管理"决策"与"抉择"需要大量的信息。而批办文件,可以使领导人接触并获取来自不同单位和人员的文件信息,为其正确地做出决策提供充分广泛的信息支持。最后,批办有利于加强对文件办理的领导,防止失误,提高办文质量。批办对文件办理做出"终审判决",既是对拟办工作的把关,也能进一步补充和完善拟办意见或方案,保证办文办事的顺畅推进。

批办工作是有一定范围的,并非所有文件都需要批办。如果将所有文件一律提交领导批办,势必导致领导者陷入"文山"之中,造成文件办理的积压和迟缓。因而,必须明确划定批办的范围。一般来说,属于拟办范围的文件也就属于批办的范围,如上级颁发的重要指示、决定、工作部署,针对本机关的批示、批复、通报等;平行或其他不相隶属机关重要的协调性工作的文件;下级机关重要的请示、报告等。

(一) 分工负责的批办原则

分工负责的原则,是指不同层次的组织机构的负责人,根据自身的职权范围各负其责、各司其职地审批有关业务文件与行政事务性文件。分工负责制要求:上级领导一般不要代下级批办文件,尽量减少集体批办;对多头主送的来文,必须根据各位领导的分工,送交真正的负责人阅批;对法定负责人已有合法、明确、有效的批办意见的,不再送其他人重复批办。批办中坚持分工负责的原则,能够使各层次领导的批办工作分工明确,充分发挥各层级批办人的工作积极性、主动性和创造性,提高领导批办文件的效率。

根据组织机构的架构,不同层级批办人的具体分工如下。

高层决策层(一个组织的主要领导人或领导班子成员)应负责批办的文件包括:本机关重要决策、全面工作规划、计划以及关于人事、财务管理方面的重要决定;影响全局的管理制度,重要问题的指示、批示、批复;关于重要问题、人物、事故、案件处理的决定、重要会议决议、纪要等;本机关财务方面的预决算等。

中层决策层(一个组织内部机构的主要领导人)应负责批办的文件包括:本部门主管业务的规章制度、工作指示、决定;主管业务范围内有关问题、案件、事故以及人员的处理决定、批示、批复;部门工作方案、计划、报告、请示的批示。

基层执行层应负责批办的文件包括:高层或中层领导人交办的各种文稿的拟制与办理;一般问题、案件、事故与人员的调查、处理;行政事务性、临时性文件的审批与办理;

在既定方针政策范围内的各种业务文件的处理。

坚持分工负责的批办原则，并不是绝对的，有时也会采取集体批办。集体批办，是指在重大的、涉及全局性的问题上，组织中各个层次的领导班子（主要是高层决策层）的全体成员集中研究，共同讨论，最后形成一致的决议，做出批办意见。为避免失误，保证决策的科学性，做到集思广益，批办重要文件时可组织领导集体研讨或征询专家意见；同时，作为各层级的批办人，须勇于承担职责范围内的批办责任，避免事无巨细集中批办而导致批办工作的低效率。

（二）批办的方法

批办属于决策性活动，是执行和实施各项管理活动的前提，批办意见直接影响文件办理的质量，直接关涉组织管理的效率。为此，批办文件时应针对不同情况采用不同的方法。

1. 对于按常规传送的例行文件，如统计报表、临时性事务性文件等，应在年初做一次性批办，以后的来文依此办理，简化重复性批办手续。此项工作应由综合办公部门负责，在全面分析本机关收文的来源、行文关系、内容、种类、性质、数量以及以往文件处理的经验，了解本机关的职能、机构设置与业务分工、人员安排等基本情况的基础上，提出一次性批办的文件范围。

2. 对于已有具体请示事项或拟办意见中已提出具体办理方案的文件，主批人应当签批明确的意见，注明姓名和审批日期，其他审批人圈阅视为同意。没有请示事项的，圈阅表示已阅知。

3. 对于送达的非常规性文件，应认真研究来文内容，结合本机关工作实际，提出可行性方案，必要时，还需经过有关专家的论证，提出相应的、准确的批办意见。如对需要贯彻执行的上级文件要提出具体措施和方法；对需要具体办理的文件应批示承办的部门及承办的要求与时限等；对需要两个或两个以上部门会办的文件，应指明主办单位与协办单位以及承办要求等；对需要阅知的文件应批示传阅或传达的范围与时间等。

4. 批办人因故（如出差、生病等）不能批办文件时，应及时委托或授权其他领导人批办，以免积压文件。被授权的批办人，要勇于负责，大胆批办，不应只阅文不批办、只传阅不办事，影响办文办事效率。

批办的意见应明确、肯定、具体，前后必须保持一致，批示的执行方案必须明确肯定，切实可行，例如："同意拟办意见""请××同志办理""请××审阅（阅示）""请郑××查复""请××处在调查研究的基础上提出解决方案，于3月5日前提交局办公会研究"，等等。主批人不应仅仅画圈而不签署意见，批示意见的表达也不应模棱两可、似是而非。批办人应签署姓名与日期，以示负责。

批办意见应规范地书写在"文件处理单"的批办意见栏内。一般情况下不要将批办意见写在文件首页上方的白边处。批办时须选择利于字迹材料长久保存的适用耐久的书写工具，如碳素钢笔、签字笔等，不得使用铅笔、红笔、水溶性圆珠笔等书写工具。

三、承办

承办，是指通过对文件的阅读、贯彻执行与办理，而使文件内容所针对的事务与问题得以处理和解决的活动。

承办的作用如下。首先,承办是收文办理工作的中心环节。收文办理程序中,签收登记是否齐全,收文审核是否到位,拟办方案是否可行,批办意见是否正确,归根结底都是在为承办工作奠定基础。其次,承办使批办意见得以落实。只有在承办过程中才能发现批办决策的不足、错误,不断完善、及时纠正,离开了承办活动,批办意见就无法实现。最后,承办使文件实效得以实现。承办上级机关布置、询问和要求办理事项的文件,实际上就是在完成上级机关交办的政务、业务工作。通过承办文件来完成各项管理活动,保证各项工作顺利推进。

(一)承办的范围

承办工作主要由组织中内设的职能部门或文秘部门负责。

职能部门的承办,是文秘人员将收文与领导对此的批示,一并送交指定的职能部门,该部门工作人员研读文件和批办意见,领会批办意见之后提出具体处理办法和计划,并组织、指挥、调动各方力量切实贯彻执行并落实,最终完成承办任务,结束承办工作。

文秘部门的承办,主要针对本机关程序化工作的文件,或者已有既定的基本原则而只需履行手续的来文。如系年初领导者集中统一批办时明确规定由文秘部门负责办理的,则由文秘部门负责处理:负责召集会议传达文件精神,或者撰写答复文稿报经主管领导者审批发出,或者组织有关部门协商解决实际问题;等等。

通常,需及时承办的文件主要包括:上级机关或本机关的指示,有的需向下级传达贯彻,有的在本机关内部执行;上级领导交办的事项或需要办复的文件;来自下级机关的请示以及重要的报告;平行机关或其他不相隶属机关要求协作的函电、意见、合同等;人大代表的议案、建议和政协委员的提案,公民个人的申请和要求;等等。

(二)承办的要求

承办是要把文件内容落到实处,把决策转化为管理效益的关键环节。经济高效的承办工作,是办文单位良好工作作风、工作责任心和管理执行力的一种表现。通常,需要按照相应的工作要求来办理和处置文件,以确保承办工作顺利推进、圆满完成。

1. 按批办意见办理。承办部门(人员)收到交办的文件后,应认真阅读,掌握文件内容、发文意图及领导的批办意见,按照批办意见组织办理,不得抛开批办意见自行其是,或者寻找理由推诿拖延办理。如遇批办意见与现实情况存在不一致或随机出现了新情况而导致不能按批办意见办理时,应当向批办人汇报有关新情况、新变化,并按照其新的批示意见办理;如遇特殊或紧急情况,可在一定条件下自由裁量,灵活执行;如遇两个或两个以上单位或部门联合办理文件时,被指定为牵头单位者应担负起主办责任,负责组织协调有关事务,归纳整理有关单位提出的意见,草拟文稿,并报请有关领导审批,而协办单位应积极配合,不得借故推诿。

2. 及时快捷办理文件。承办部门工作人员接到来文和领导批件之后,一要看来文的时间要求,二要看领导批注的承办时限。如果在来文时限内承办公文确有困难或无法完成的,接到交办文件后应立即向文秘部门,或向批示的领导者(有时经请示后也可向来文机关),及时详尽陈述理由。任何文件都具有时效性,对需承办却无明确办理时限的文件,承办人员应根据文件的性质与重要程度以及以往惯例,确定办理的时限。

通常,承办部门办理文件的一般时限要求如下:特急件,应随到随办,尽快在当时或在当日内办理完毕;急件,原则上也是随到随办,最迟不超过三个工作日;对于限时办理的文件,应在规定的时限内承办完毕,不得延迟;对于没有标明办理时限的一般性文件,也应尽快办毕,不得无限期地延迟,否则会影响文件效用的实现。

3. 依职分类承办文件。承办中应遵循有关的方针政策、法律法规,依据惯例及实际情况,办理文件。同时,承办工作要实行岗位责任制,对文件承办人员要明确职责,提出具体的要求,做到目标明确、各司其职、权责相符、赏罚分明,以保证承办工作准确、及时、安全、有效。凡被指定为牵头单位者,虽有主办责任,但不得独自行事。此外,可以分门别类放置需承办的文件,使之井然有序,如将收文分为"办件""紧急办件""待办件""请示件""回复件"和"办毕件"等类别,并分类放入标注这些类别名称的文件夹(盒)。对承办者而言,一目了然,条理清晰,可以避免杂乱,方便办理、查找和补充文件。

4. 规范签注办文经过和结果。为了日后查考文件承办的过程、方式、结果以及承办的责任者,维护正常的承办秩序,防止出现重复办文的现象,需简要注明文件办理的经过与结果,如发文承办的,注明复文号、复文日期;会议承办的,注明会议名称、会议时间、议定事项;电话回复的,注明回复的时间、地点、人员、主要内容;当面解决的,注明时间、地点、解决方式方法、措施与结果;联合办文的,要说明联合办文的机构、经过和办结情况;等等。

文件办理完毕之后,承办人员应清晰、工整地在"文件处理单"的相应栏目内填写承办的经过与结果,并填写承办人姓名全称与日期(写全年月日),以备日后查询。此项签注备案工作又称为"注办"。注办,标志一份文件在收文办理程序上已经办理完毕,可作为办结文件予以归卷处理。

第三节　文件的传阅

传阅,是指根据工作需要将文件及时呈送有关领导或依据领导批示送达部门负责人阅知公文内容的活动。通常,传阅文件是各级管理者掌握政策、获取资讯、沟通意见的重要途径,是科学决策的主要信息来源之一。

阅知类文件应当根据文件内容、要求和工作需要确定传阅范围后分送。办理文件传阅应当随时掌握文件运转去向和时间,不得漏传、误传。

一、传阅方式

阅知类文件经登记、拟办(批办)后,文秘人员要组织有关人员进行阅文活动,通常采用如下的阅文方式。

1. 树型传阅方式,即以文秘人员为中心组织传阅,将文件依次传送给每一位阅文者,每一位阅文者阅毕后,均需将文件退回文秘人员,由文秘人员检查无误后,再传递给其他阅文者。这种传阅方式的优点在于，交接双方的责任分明，文秘人员自始至终都是传阅活动的中心（像树干），组织、协调、控制各位阅文者（像树枝）的阅文活动，以免传阅中文件积压或遗失，还能随机调整阅文的时间、速度、方向和顺序，保证文件信息传递、传阅的可靠性和有效性。树型传阅方式见图4-2所示。

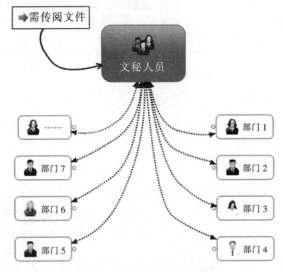

图 4-2　树型传阅方式示意图

2. 轮式传阅方式，又称横传，即一位阅文者阅毕后直接将文件转交另一位阅文者，依此类推。这种方式，文件在阅文人员之间运行，节省了文秘人员收转文件的中间环节，传阅速度理应加快，但是由于文件被送出后，就像接力棒一样在各位阅文者之间相互传递，呈放任自流状态，文秘人员不能有效掌控文件在阅文者手中运转的时间、速度、安全，一旦发生文件丢失、损坏、积压、泄密等情况，就不易明确责任。因此，此种方式只适用于阅文者范围较小的情况。同时，组织传阅的文秘人员还应随时查询和催促，以保证文件传阅的效率。轮式传阅方式如图4-3所示。

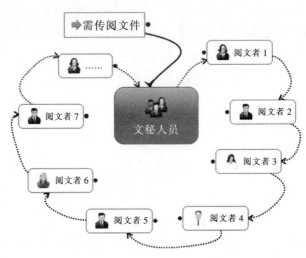

图 4-3　轮式传阅方式示意图

3. 交叉传阅方式,即文秘人员将文件传给第一人,第一人阅毕后再将文件随机传给第二人,第二人阅毕后再将文件随机传给第三人,依此类推,交叉传递。这种随机传阅,的确方便阅文者间就同一文件交流意见,沟通信息,协商事宜,有助于提高阅文效率。但是,这一方式与轮式传递一样,当参与阅文的人数比较多时,则易降低文秘人员对传阅工作的组织控制能力,难以保证文件传阅过程中的安全和效率。交叉传阅方式如图4-4所示。

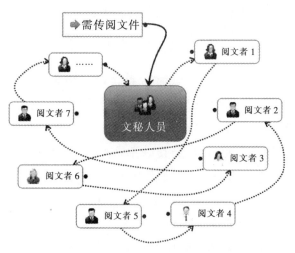

图4-4　交叉传阅方式示意图

4. 点面传阅方式,即文秘人员向领导人或其他多个需要阅知文件内容的人员传递文件信息的方式。如开辟阅文室,指定固定的时间接待多个阅文者阅读文件;利用各种会议集中传达文件精神;复制更多文件副本投入传阅过程,加快分散传阅的速度;利用内部刊物等方式公布文件内容,以便同一时间多人阅文;利用现代化技术手段与通讯设备如电视、传真、网络共享平台等传阅文件。点面传阅方式如图4-5所示。

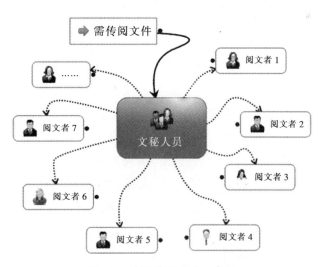

图4-5　点面传阅方式示意图

总之,为了加快传阅速度,提高传阅效率,各单位可根据本单位实际情况,采用多种方式组织文件传阅工作。

二、传阅要求

文件传阅的有效组织控制应符合要求：有序、安全、及时。

1. 有序。为加快阅文速度，组织传阅时应根据文件的信息内容、重要程度、紧急时限、密级等多种因素，制定一个比较稳定的机关常规文件运转次序，尽力使需传阅的文件制度化，不需领导人反复斟酌批办，文秘人员就可按照制度要求直接将其投入相应的传阅流程。确定传阅文件及其运转次序时，应依据阅文者的实际责任和需要，而不能仅仅看其级别和地位的高低。

通常，阅知类文件的传阅顺序安排如下：先送单位的主要领导人，次送主管领导人及其他副职领导人，再送有关业务部门负责人，最后送相关人员。当然，这一顺序并不是固定不变的，如遇阅知类文件又是紧急办理的文件时，可考虑由文件内容关涉的业务主管领导人先阅，主要领导人后阅，最后送其他领导者阅。这样做的好处在于，主管领导人与经办人首先阅知后能够尽快调查研究如何办理的意见和对策，便于分清主次缓急，使文件内容得到灵活及时的处理，避免按部就班的阅文顺序导致延时和误事。

2. 安全。文件的安全表现在实体和信息内容两个方面。传阅一般文件时，应注意不要损坏、污损、丢失文件，保证文件载体材料的安全。传阅秘密文件时，应尽量安排在办公室、阅文室里传阅文件，阅文者不应将文件，特别是机密文件携带至公共场合或者将其带回家，以免使文件丢失或泄密；阅文者已知的保密文件信息不得随意传播、使用、摘抄、保存或销毁，否则，应按照有关法律追究其相应责任；机密文件不得在网络中运用电子邮件等方式传阅。文秘人员对阅文人退回的传阅文件夹中的文件的份数、内容、载体等，应及时检查，力求做好传阅文件过程中的文件的安全管理。

3. 及时。阅知类文件按重要程度和发文单位或其他要素分类排列，填写"文件传阅单"（包括收文时间、来文标题、字号、份数、密级、阅文时间和阅文人员等），装入文件夹，按照常规传阅顺序或批办意见分送阅文者。为了提高阅文速度，对既需阅知又需业务部门阅办的文件，可以复制文件副本使其投入阅知和阅办过程中，这样阅文者和阅办者无需相互等待耽误办文时间；在报刊、电视等各种媒体上公布的领导已经知晓的文件，不应再装入文件夹传阅，避免造成重复阅文，浪费阅文者时间。

此外，在阅文中传阅者如果认为有些文件需要其他人员阅读或进一步处理，可以将其意见批注在"文件传阅单"的批注意见栏里，不应直接签注在文件首页。

文件传阅完毕，文秘人员应当及时查看、认真检查退回的传阅文件夹，了解掌握传阅人的阅读情况与结果，对一些领导批示需要有关部门或人员阅知或办理的文件，应迅速转送，使之能尽快落实有关领导的批示意见。文件传阅中，文秘人员还应督促各位阅文者及时阅文，以免传阅文件滞留。

传阅工作中，还应注意把需阅知的文件、需办理的文件以及需领导阅示后办理的文件加以区别，通过不同的文件夹进行传递，也可以在文件上、文件夹上附加醒目的不同颜色的标记，或者通过明确的拟办意见说明所阅文件的要求，以提高传阅工作的效率。

第四节 文件的处置

文件的处置,主要针对办结文件而言。所谓办结文件,是指文书处理程序已经履行完毕的文件。

对收发文机关来说,文件"处理程序完毕"只是本机关办文程序(发文办理程序或收文办理程序)工作的结束,并不完全意味着所布置的工作(文件内容)完全办理完毕。如一份发文,对发文机关来说,其处理程序已经完毕,即可作为办结文件处置;而对于收文单位来说,此份文件才刚刚开始办理,就不能归入办结文件。又如,对一些现行效用期比较长的法规性、规划性文件,当收文单位完成处理程序后即可归入办结文件,而实际上这些文件的内容在相当长的时期内还在贯彻执行,继续发挥着作用。

办结文件的处置,指对已经发出或承办完毕的文件,根据其不同情况予以分门别类决定其归宿的活动。办结文件的妥善处置,有助于充分发挥有用文件信息的效用,防止无用信息对各项工作活动的干扰。在各级各类单位中,处置办结文件的主要方法如下:整理归档、销毁、清退、暂存。

一、整理归档

整理归档,是文秘人员依照分类方案(或立卷类目)的条款对已经办理完毕的、具有查考价值的文件材料进行整理,编制案卷,或者组合成有机联系的文件组合,而后将其移交给档案部门的活动。其目的在于:维护文件之间的联系,防止文件的磨损、散失,保护文件的安全、完整,方便管理,有利于检索、保管与利用。同时,整理归档也为国家档案事业奠定了坚实的基础。文件整理归档是文件运转处理的最后终点,也是一切重要文件的最后归宿。

通常,文件办理完毕之后,需要按照既定的分类方案,对其进行系统化的分类整理,即将已经办理完毕的、经过鉴定并确认具有长久保存价值的文件,分门别类进行系统化的整理,组成基本的保管与检索单位,再通过编目固定它们在机关文件存储系统中的位置,排列上架,精心保管。当人们查考利用文件时,可借助于编制好的各种检索工具,按照原先分类、编目逆向追溯查取文件。

文件整理主要包括案卷级整理和文件级整理。有关文件整理归档的原则、方法与程序等详见第五章有关文件整理归档的具体内容。

二、销毁

文件的销毁,是指经鉴定确认已不具备留存价值的文件材料所做的毁灭性处置。对无用信息的销毁,可以避免无用信息给各项工作带来干扰,更好地保存、保管和利用有价值的文件信息,使文件管理更加经济有效。

销毁范围:凡无留存价值的文件材料均属销毁范围。具体包括:重份文件、多余的复印件;外机关抄送本机关参考的文件或本机关内部机构之间互相抄送的一般性文件;临时性事务性文件;外出参加会议带回的无留存价值的文件;一般文件的草稿、校样与其他已使用过的会议讨论稿、征求意见稿等;一般性的群众来信与来访记录;无留存价值的信封;不销毁即会失密或泄密,造成严重损失的各种文件材料;失去留存价值的统计报表、登记簿册、简报;等等。

销毁文件,必须经由有关领导批准。通常,销毁文件的审批权限分工如下。

一般文件的销毁,由文秘部门与业务部门负责人审核,经机关保密部门审查批准,定期销毁;秘密文件及重要文件的销毁,应填写"文件销毁清单"(包括销毁文件标题、字号、份数、密级、销毁审批人和销毁日期等),由各机关文秘部门负责人审核,机关保密部门与分管领导人审查批准;计算机储存文件材料的销毁,应经有关部门或领导人审查批准后定期清洗软盘。未经审查批准,任何部门和个人均不得私自销毁文件。待销文件应由文秘部门妥善保存。

文件销毁的方式:用销毁机具销毁,或送造纸厂制作纸浆,或用火焚毁等。销毁文件时,至少有二人监销,必须确认文件已被彻底毁灭。同时,要严加保密,防止失泄密。

三、清退

清退,是指文秘部门按照有关规定或要求将办结文件退还原发机关或由其指定的其他机关的活动。文件清退工作的目的在于保证重要文件或机密文件信息内容的安全,确保文件的郑重性、严肃性、权威性与有效性,以免文件的丢失或失泄密现象的发生,或者无用的、错误的文件信息扩散后给各项工作造成的负面影响。

1. 一般情况下需要清退的文件种类

(1) 涉密文件,标注绝密、机密、秘密等密级字样的公文,根据需要阅办完结后须收回由文秘人员统一保存。

(2) 发文单位指定限期清退的内部文件材料。

(3) 限定在一定范围内讨论修改或征求意见使用的文稿、校样或者未经领导人本人审阅的讲话稿。

(4) 需清退的会议文件。

(5) 调离岗位的工作人员在原职位中保存的文件。

(6) 供本机关内部领导传阅的文件。

(7) 发文机关明确要求退还的文件材料。

(8) 有重大错漏情况或被明令撤销的文件,等等。

2. 清退文件的方法

(1) 对注明清退日期的绝密文件及其他文件材料,应由机要部门或文秘部门按制发机关要求的清退时限核退。清退时应对照清单逐件核对清点、退还,同时要在"文件清退清单"(包括清退文件标题、字号、份数、密级等)上注明清退日期和清退编号;下级机关报送的绝密文件,一般不予退回,由上级机关销毁或暂存备查。

（2）对虽未注明清退要求但属不宜在收文机关久存的重要文件材料，收文机关文秘部门应及时主动与文件制发机关联系，按制发机关的意见处理。传阅后需清退的文件，在送领导人和有关部门传阅时，应限定阅文时间，及时收回。

（3）需清退的会议文件（包括征求意见稿、讨论稿），由会务组负责通知持件人清退。可开具应退文件目录，发给与会人员，请其照单清退；本机关内部征求意见稿，由承办单位的承办人或文件管理人员直接清退。外单位征求意见的文件（文稿），由本机关的文秘部门定期或不定期地统一清退。

需清退的文件（文稿）一般应与其他文件（文稿）分别保管；任何人不得私自翻印、摘录、复印。清退文件时，应认真清点、防止夹带其他文件，交接双方应履行交接手续，出具书面凭据。成批清退时，应附文件清退清单一式两份，双方均应在此清单上签注姓名和时间，双方各执一份，以备查考。

四、暂存

暂存，是指对既不需整理归档或清退，又暂时不宜销毁的文件，需再留存一定时期以备查用。部分文件暂时留存保管，能方便日常工作中的查阅参考，可以减轻业务部门频繁查找归档文件时带给档案部门的压力，以及对档案文件本身的磨损，还可以节约大量的人力和时间。

暂存文件的范围：凡不需整理归档或清退，对本机关工作仍具有一定参考利用价值的文件材料，均可列入暂存文件范围。具体包括：日常工作中需频繁查阅的已归档文件的重份或复印本；具有参考、查阅价值的其他文件、简报；一时难以准确判定其是否留存或销毁的文件；反映社会各方面综合情况的文件、统计报表；等等。

暂存文件可由各单位的文秘部门统一、集中保管，并按一定的方法加以管理，重要的、常用的暂存文件，应根据文件整理的原则与方法进行系统分类，整理立卷，如遇不便或不能装订成卷（册）的，也应置于文件盒（夹）内妥善存放，防止散失。当暂存文件数量比较大时，可编制简便的案卷目录或文件目录，以便日常的查找利用。在提供利用时，须建立必要的借阅制度，严格办理借阅登记手续。

复习思考

一、名词解释

签收　登记　审核　拟办　批办　承办　整理归档　清退　销毁　暂存　文件处理单

二、简述题

1. 签收时内收发和外收发的主要职责和工作内容。
2. 收文登记、文件分流的作用和方法。
3. 收文审核与发文审核的主要区别。
4. 拟办的作用、要求和方法。

5. 批办的范围和方法。
6. 承办的作用和方法。

三、论述题

1. 如何处理好集中统一批办和依职分层批办的关系？
2. 文秘部门如何在拟办环节发挥参谋助手作用？
3. 为什么说承办工作是文件办理工作的中心环节？

案例研讨

4-1 "日批15斤文件"的追问

2013年6月6日，G市市长程××在本市召开的"两建"（即社会信用体系建设和市场监管体系建设）工作会议上多次提醒领导干部要提高行政效率。他坦言："在我的工作日志中，原则上文件批复不过夜，哪怕早上早起，晚上到凌晨两点才睡，一天批10到15斤文件，也不能拖延工作。"

"文件不过夜""日批15斤文件"等体现了程市长勤政高效的敬业精神，市民自然高兴。但在高兴之余也有许多网友不断追问：市长为什么要每天批这么多文件材料？"10到15斤文件"究竟都是什么内容？市长每天批的文件越多越好吗？10到15斤文件，1000多张纸，每天这么多的文件，不仅需要阅读还需要斟酌和批复，市长能忙得过来吗？真的有那么多事要写、要报、要批？如果市长每天批的文件太多，会不会因为大部分时间都在看文件，而没有时间认真思考？

问题讨论

1. 依据收文批办的规范，简要分析程市长批复文件不过夜、不拖延行为带给文件管理哪些启示？
2. 材料中网友们的追问反映了对政府办文的质疑和担忧，你认为这些追问的本质是什么？如果要为市长办文减负，从哪些方面改进能优化和提升政府文件工作？

4-2 文件不落实的代价

早在2006年，财政部就对财政系统"专户过多、重复设置、管理分散"的问题进行过集中整顿，并发出相关通知，要求将各类财政资金专户统一归口到同级财政国库部门管理，逐步实现财政资金专户的"集中管理、分账核算、统一调度"。江西省财政厅也于2006年6月20日发出通知，要求各级财政部门加强财政资金专户的国库统一集中管理。然而，鄱阳县财政局直到2010年2月16日才下发文件，要求各有关股室于2011年2月 日前（文件中日期处为空白——编者注），将分管的财政专项资金专户移交财政局国库股，由国库股实行集中管理。

文件就要落实的最后时限"2011年2月 日"的前夕，该县财政局经建股股长李华波等人,转移套取专户资金后逃出境外。据调查,正是从 2006 年开始,李华波利用职务之便,用私盖伪造的公章("鄱阳县基本建设财务管理专用章")、提供虚假对账单等手段,不断顺利"穿越"财政资金划拨的七个环节:由用款单位提出申请、业务股室出具意见、预算科室核定指标、分管领导审核签字、局长签字批准,然后由业务股室开具支票、加盖公章和经手责任人私章,支票最终送达银行进行资金划拨,从而成功套取了 9850 万元的公款。

财政部的文件旅行了 5 年,李华波的套取资金的行动就持续了 5 年。鄱阳县是国家级贫困县,2010 年地方财政收入仅为 4.1 亿元。

问题讨论

1. 文件承办应当遵循哪些要求?鄱阳县财政局承办财政部文件过程中存在哪些问题,从而导致财政专户资金被套取?
2. 该县财政局和农信社都说,他们对资金有"严格的监管制度",而李华波还是成功突破七个办文环节套取了巨额资金。你认为这其中的原因何在?

4-3 办文流程应当如何设计?

H 市政府办公厅收到省政府转发的《国务院批转财政部关于严格财政管理,制止乱开减收增支口子的报告的通知》后,分送各单位,并批示由 H 市财政局主办。H 市财政局一开始认为,市内 6 个县、6 个区都已经有了省政府发的文件,不用再转发了。于是就在财政局内部(只 1 份纸版文件)传阅起来:先由本局的 5 位局长传阅了 8 天,接着又批示给有关的 9 个科的科长和 18 位主办科员传阅,花费近 50 天。到 8 月 19 日,市财政局预算科一位科长出差回来看到文件,认为乱开口子的问题还比较普遍,建议还是以市政府名义转发一下,以便表明态度,督促检查。他们拟写了一份很短的稿子,经局长审核签发同意,8 月 28 日呈送市政府办公厅,在市政府办公厅又周转了 1 个月时间:先是办公厅秘书处改稿,办公厅主任审核,接着送 3 位副市长审批,第一位副市长批示"同意",第二位副市长提出一点修改意见,办公厅和财政局层层商量、修改,又周转了 10 多天,第三位副市长当时不在,3 天后回来批示"同意发文",但又要求送另一位常务副市长阅。这第四位常务副市长外出开会,5 天后回来批了两个字"已阅"。国务院的文件是 3 月 27 日发出的,H 市转发的文件印出来时已是 9 月 29 日,离国务院发文已经过了 6 个月了。

问题讨论

1. 案例中 H 市财政局与 H 市政府办公厅在转发文件的办理过程中存在哪些主要问题?请分析问题产生的主要原因。
2. 如果你是 H 市财政局办公室主任,请为该份收文的办理重新拟定一套更加经济高效的办文流程。

4-4 "机关病"与办文效率

2010年3月中旬,浙江省交通厅厅长赵××到温州市交通部门调研,当地一位负责人不经意说起的一桩事,引起了赵厅长的注意:该县一个公路工程建设项目的报批文件,历经一个多月时间,才拿到省里批下来的"红头文件"。回到杭州,赵厅长就这一份文件办理的来龙去脉进行详细询问,了解到该呈报文件办理过程如下:首先,主办单位收到呈报文件后,由科员起草批复文件初稿,送科长阅;然后,逐级上报分管副处长、处长、副局长、局长、省厅秘书、办公室副主任及主任、副厅长直至厅长签发,前前后后经过了11道"关口",历时45天。

对此,赵厅长愣住了。在一次厅直机关干部大会上,他毫不客气地痛斥这种典型的"机关病":"高高在上,繁文缛节,拖拖拉拉;看似个别,其实普遍;看似层层负责,其实不负责任,害人误事……"并将其当成"教材",在全省交通系统掀起了一场"效能革命"。现在,同样是这样的报批文件,从呈报到省厅正式行文批复,不到10天就能完成。

问题讨论

1. 收文办理与赵厅长所说的"机关病"之间是什么关系?如何理解机关办文过程中"看似层层负责,其实不负责任"的意蕴?
2. 同样报批文件,同样是从呈报到省厅正式行文批复,现在已经从原来的45天变为不到10天,你认为这种变化是如何发生的?它带给我们什么启示?

4-5 "公文旅行"334天

海南省重点工程琼州大桥工程建设指挥部某年10月20日向海南省电力公司发送《关于加高跨越琼州大桥高压线的函》,要求在本年年底完成琼州大桥高压线升高或迁移工程。孰料,这份文件,先后在省、市政府与企业之间经历了七个"回合",历时334天才办理完毕:首先,在海南省电力公司与海口市供电局、海口市规划局之间往来了77天;由市规划局报市政府历时33天;在市政府内部"运转"55天后回到市规划局;在市规划局内部"休克"21天回到海南省电力公司;在海南省电力公司又"减速运行"70天回到市规划局;市规划局有关科室又分3次要求申报单位补报有关材料,"折腾"了51天,包括其间主管科长赴兰州休假等待的时间。在海口市政府开展政务大整改的环境下,这样一份函件又"旅行"了27天后,海口市规划局终于批发了《规划临时许可证》。得知《规划临时许可证》好不容易批发下来,琼州大桥工程建设指挥部的上级主管部门——海南省交通厅的厅长亲自致电海口市请速将其传真至省交通厅。不料,接受传真方工作人员对急件"置若罔闻",又"延误"了1天。

问题讨论

1. 琼州大桥工程建设指挥部制发的《关于加高跨越琼州大桥高压线的函》在海南省

电力公司、海口市供电局、海口市规划局、海南省交通厅之间"公文旅行"334 天的根本原因何在?
2. 从收文办理的角度来看,案例中的函件办理哪些办文环节可以精简?为什么?

4-6　办文程序符合规范吗?

某日上午,L 县政府办公室的收发室收发员小齐接收到省里的一份急件,小齐忙启封查看,见是《D 省人民政府关于上报整顿非法煤矿工作情况的紧急通知》,急忙送到县政府办公室李主任手中。李主任阅后,在该文首页上方的空白处写下拟办意见:"请顾县长阅示,建议由县安监局办理。6 月 12 日,李。"随后,李主任让办公室鲁秘书将文件交给正在参加县委常委会会议的顾县长,请他尽快批示。顾县长匆匆审阅后,顺手抓起桌上的铅笔做出批示:"事关重大,请县政府办公室、县安监局承办,按照省里要求查清情况后以县政府名义立即上报。顾。"接着,李主任着手撰写汇报材料,6 月 14 日李主任将撰写完毕的《L 县非法煤矿整顿情况反映》的文稿直接报送顾县长签发后印制发出。

问题讨论

1. 请指出 L 县政府办公室在办理省政府急件的过程中存在哪些不当之处,并说明其正确的做法。
2. 李主任认为,县政府办公室是综合办事枢纽,在办理急件时重要的是考虑和掌控办文时限,因而可以减少或省略一些办文程序。你同意李主任的观点吗?请谈谈你的观点和理由。

第五章　文件整理归档

> **学习引导**

文件办理完毕后,应当根据《中华人民共和国档案法》和其他有关规定,对本机关或对社会具有查考利用价值的文件予以及时整理,并定期向档案部门移交归档。

一个单位的文件管理部门,负责制定统一的文件归档范围、文件保管期限表和文件分类方案。本单位的文秘部门和业务部门据此做好日常文件的分类整理、有序管理工作。

文件整理的方法:一是案卷级整理方法,是以"卷"为保管单位,卷内文件间的联系紧密,且装订成册,便于族性检索和文件保管;二是文件级整理方法,是以"件"为保管单位,文件间的联系相对松散,且按"件"整理、装订,查阅、复制利用灵活方便。

文件整理归档的知识要点如图 5-1 所示。

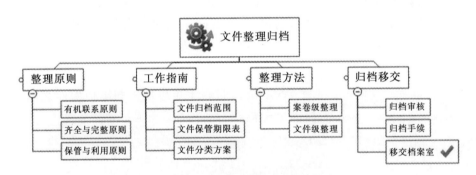

图 5-1　文件整理归档的知识要点

第一节　整理归档的要求

文件的整理归档必须坚持一定的文件整理原则,制定科学合理的归档范围,这是文件整理归档的首要的基础工作,是归档文件完整、齐全的根本保证。原则和范围一旦确定下来,应具有稳定性,不应朝令夕改,否则,就无法保持一个机构或单位文件信息的系统性和连续性,人为地制造文件检索的障碍。

一、整理归档原则

文件整理归档的原则是:遵循文件的自然形成规律,保持文件之间的有机联系,区分不同价值的文件,保证文件的完整与安全,便于保管和利用。具体包括文件有机联系原则、完整与安全原则、保管与利用原则,其中,坚持文件之间的"有机联系"是文件整理的核心原则,"完整与安全"是文件整理的保障条件,"保管和利用"是文件整理的目标导向,三者是相互联系、彼此制约的辩证关系。

(一) 有机联系原则

文件之间的有机联系,是指文件诸要素或者文件之间按照一定的秩序结合在一起形成一个新的文件体,其内部的文件之间或者文件的各种要素之间具有相互影响、相互作用的关系。坚持有机联系原则,即要遵循文件材料自然形成的客观规律和特征,按照文件材料之间的有机联系来对文件进行整理归档。

从文件形成过程来看,任何文件的形成都不是随意的,总是伴随着各种管理活动"同步"产生的。一项管理活动从开始到结束的过程,也是有关该项活动的文件从无到有的"自然生长"过程:前一份文件引出后一份文件,而后一份文件又推动下一份文件的产生,依此类推,围绕着某一项管理活动逐步形成了一组具有密切联系的文件体。这一文件体的形成,就像有机生命体一样,是一个不断生长发育的过程,因而文件之间存在一种内在的、天然的"血脉"联系,体现为文件自然形成的内在规律和特点。某一事物或某一事项的管理或办理情况的真实反映,往往是通过一系列文件形成的文件体来记录和反映,是在文件与文件之间的相互指引、相互关联中来体现的。单份文件可以反映某一问题,但难以反映整个事物或事项的全貌。在整理归档时,如果随意割断这种历史联系,那么也就无法保持和维护一个机关单位管理活动的真实的历史面貌。

从文件查找利用来看,利用者总是希望能够全面了解事物全貌,在事物的联系中,从整体上去观察、分析和研究事物,把握事物的本来面目,揭示出事物的本质特征。这从客观上对文件整理归档工作提出了要求:整理归档工作要尊重和维护文件之间自然形成的历史联系,否则就会割断事物发生发展的过程,破坏文件之间的关联性、继承性以及事物运行的完整性和记录性,也就无法为利用者提供经济、有效的文件信息服务。为此,文件整理必须坚持联系原则,按照历史的本来面貌收集、整理文件。

(二) 完整与安全原则

文件的完整与安全,是指文件在内容和形式上没有残缺或损坏,不受自然灾害、管理人员工作失误、保管设施隐患等的威胁。坚持完整与安全原则,即要充分考虑文件的完整程度,正确评估文件价值和管理风险,并选取适宜的措施和方法对其予以整理归档。

文件内容与其形式是一个有机整体,内容决定形式,形式表达内容,形式的完整和安全直接影响到内容信息的完整和安全,要保证归档文件的完整,就必须保证这两个方面的完整和安全。从文件内容的完整与安全来看,要求整理归档文件时必须忠实地保存原文原意,尊重文件本来面目,不得随意增加、更改或删除文件内容;要确保文件内容不丢失、不泄密,确保文件信息的可靠性和可读性。从文件形式的完整与安全来看,要求整理归档文件时重视其外在格式、载体材料、书写材质与制作技术手段、处理标记、生效标记等的完整安全,使之免受自然灾害、环境因素和人为因素的不良影响。

为了保证文件的完整与安全,通常根据文件的价值,划定不同保管期限,并将不同保管期限的文件从实体上区分开来管理。对于保存价值大、保管期限长的,重点整理和保管;对保存价值较小、保管期限较短的文件,根据条件区别对待;对无保存价值、不需整理归档的文件,则予以销毁。将不同价值的文件区别开来分别整理,有助于合理使用人力、物力、财力和时间,同时也使相同价值的文件相对集中,为日后档案部门进行保管利用,以及到期移交给各级国家档案馆的工作提供了良好的整理基础。因此,整理归档时要始终坚持文件的完整与安全原则,只有这样,才能确保文件的原始凭证性和真实可靠性。

(三)保管与利用原则

保管与利用原则,即按照不同的保藏和管理的要求、方式和方法分别整理归档文件,提供及时、准确、有效的利用服务,使文件信息充分发挥其效能。这是归档文件整理最基本的原则,是检验归档文件整理方法实用性和有效性的唯一标准。

文件保管,要根据不同文件有区别地选择保藏和管理的方法和条件,其目的在于节约管理资源,降低保管成本,同时在遭遇突发事件时能有效地保护和抢救具有重要价值的文件,降低各种灾害带来的损失。为此,文件整理归档时,针对不同价值、不同要求、不同类型的文件要具体情况具体分析,灵活采取不同的保藏和管理措施:具有重要价值的、保管期限长的文件,应放在一起保管,并优先保证其安全和完整;涉密类或不宜公开的文件,要提供安全的保管环境,以免保管中发生失密泄密而带来损失;以胶片、磁带、光盘、磁盘等非纸质载体记录的各种文件,应当根据其温湿度、设备、技术等方面的专门要求提供适宜的保管条件,确保文件的可读性、可用性和长久性。

文件利用,从文件管理的角度,是指向利用者提供文件信息咨询、检索、查找、使用等的信息服务活动,其目的是最大限度地满足利用者的文件信息需求,通过提供利用服务来发挥文件信息效能,以便帮助利用者解决工作、学习和生活中的各种问题或者处理各项工作。文件利用是文件整理归档的"最终目的"。文件整理归档时所考虑的维护文件之间的有机联系、保证文件的齐全完整和安全、选择相适应的保管条件等等,都仅仅是文件整理归档的"手段",它们始终都是围绕"便于利用"而开展工作、提供服务的。文件整理归档中如果不坚持便于利用的原则,那么,文件整理归档工作也就失去了存在的意义和发展的基础。

二、文件归档范围

每一个社会组织,为了留存反映自身组织产生发展的历史真实面貌的文件信息,就应制定一份明确的具有可操作性的文件归档范围(也称立卷计划)。这是因为,现代信息技术的发展引发了信息爆炸,其中,组织管理中的文件信息数量也在急剧增长,但并不是所有的文件信息都有必要或都有能力得到全部整理和保存。2006年12月18日,国家档案局公布了《机关文件材料归档范围和文书档案保管期限规定》,自颁布之日起施行。2012年12月17日国家档案局又公布了《企业文件材料归档范围和档案保管期限规定》,自 2013 年 2 月 1 日起施行。上述规定,为各级党政机关、企事业单位等划分文件归档范围和确定文件保管期限提出了依据。各单位可以依照国家档案局规定的通用归档范围,结合自身职能和业务活动的实际情况,制定本单位的文件归档范围。

文件的归档范围,是指应予整理归档的文件的范围。一个单位或机关制定了本单位文件的归档范围,其文书人员或档案人员就有了整理文件的操作指南,使收集、整理和归档工作有规可依,避免文件取舍、鉴定、分类等工作过程中的主观随意性,保证归档文件的有效性,提高整理归档工作的效率。

对一个具体的单位或组织来说,划分文件的归档范围的原则是:凡是反映本机关职能活动的、已经办理完毕的、具有查考利用价值的文件都应予以整理归档。也就是说,判定一份文件是否属于归档范围时应重点考虑以下三个方面。

一是文件是否反映组织的主要职能活动。反映本机关主要职能活动和基本状况的文件是文件整理归档的重点。其中"本单位形成的文件"真实反映了工作活动的过程和结果,理应优先予以选取、整理归档。当然,"主要职能活动的文件"也并不仅仅包括"本单位形成的文件",还应包括本机关为了实现自身职能活动而接受的上级机关、下级机关和其他机关的来文,因为本单位职能活动的实现往往是在与各级各类社会组织的相互配合与协同中完成的。

二是文件是否办理完毕。"文件办理完毕"并非指文件的"信息内容"已经完全办理或处理完毕,而更多是强调"文件处理程序"的完成。文件在签收、登记、拟办、批办、承办等收文办理程序上已经结束,或者文件在拟稿、会商、审核、签发、印制、用印、复核、分发等拟制程序和发文办理程序上业已完成,此时,这些文件才能被纳入归档范围。

三是文件是否具有查考利用价值。归档文件必须对本机关日后的工作具有查考凭据作用,或者对社会某一方面的工作具有参考利用价值。查考利用作用是文件具有保存价值的前提。只有具有保存价值的文件,才能划入文件的归档范围。

(一)机关文件材料的归档范围

1. 一般机关文件材料的归档范围

机关文件材料,是指机关在其工作活动过程中形成的各种门类和载体的历史记录。根据国家档案局发布的《机关文件材料归档范围和文书档案保管期限规定》的有关规定,一般机关文件材料的归档范围如下。

(1)反映本机关主要职能活动和基本历史面貌的,对本机关工作、国家建设和历史研究具有利用价值的文件材料。例如:本机关关于重要问题的请示与上级机关的批复、批示,重要的报告、总结、综合统计报表等文件材料,本机关机构演变、人事任免等文件材料,等等。

(2)机关工作活动中形成的在维护国家、集体和公民权益等方面具有凭证价值的文件材料。例如:本机关房屋买卖、土地征用、重要的合同协议、资产登记等凭证性文件材料,等等。

(3)本机关需要贯彻执行的上级机关、同级机关的文件材料,下级机关报送的重要文件材料。例如：上级机关制发的属于本机关主管业务的重要文件材料，或者同级机关、下级机关关于重要业务问题的来函、请示与本机关的复函、批复等文件材料，等等。

（4）其他对本机关工作具有查考价值的文件材料。

确定本单位文件的归档范围时，各机关还要特别注意以下情况的合理处理。

一是联合办理的文件：原件由主办机关整理（立卷）、归档，其他协办机关保存复制件或其他形式的文件副本。

二是兼职过程中形成的文件：本机关负责人兼任其他机关职务，在履行所兼任职务过程中形成的文件，由其兼职机关整理归档。

三是内部文件：内部文件尽管不具备正式文件的格式，如工作计划、总结、会议记录、调查报告等，但因为真实地记载了机关的工作活动，也应划入整理归档范围。此外，在应归档纸质文件材料中有文件发文稿纸、文件处理单的，也应与文件正本、定稿一并整理归档。

四是常用资料：机关业务工作接收和收集的有关资料，如重要的文件汇集、资料汇编、统计数字、大事记、刊物和有关书籍等，是日常机关工作的重要工具，其本身并未反映本机关主要职能活动，因此不属于归档范围，但它是日常工作的工具和资料，为方便利用可将其单独整理，保存备查。

2. 不予归档的文件范围

为了更好地保证应予归档范围的文件的完整和齐全，有必要清楚了解不予归档的文件范围。根据国家档案局的有关规定，不予归档的文件材料如下。

（1）上级机关的文件材料中，普发性的、并不需本机关办理的文件材料，任免、奖惩非本机关工作人员的文件材料，仅供参考的抄送件，等。

（2）本机关文件材料中的重份文件，无查考利用价值的事务性、临时性文件，一般性文件的历次修改稿、各次校对稿，无特殊保存价值的信封，不需办理的一般性人民来信、电话记录，机关内部互相抄送的文件材料，本机关负责人兼任外单位职务形成的与本机关无关的文件材料，有关工作参考的文件材料。

（3）同级机关的文件材料中，不需贯彻执行的文件材料，不需办理的抄送文件材料。

（4）下级机关的文件材料中，供参阅的简报、情况反映、抄报或越级抄报的文件材料。

鉴于各级各类机关各自业务职能、机构性质、文件状况等实际情况的差异，为增强其对本机关文件整理归档工作的指导性、针对性和实用性，各机关可根据国家档案局关于归档范围的通用范围，结合本机关职能和各部门工作实际，编制本机关的文件材料归档范围，经同级档案行政管理部门审查同意后执行。有垂直领导关系的中央、国家机关可依据通用范围，结合本系统工作实际，编制本系统的文件材料归档范围和文书档案保管期限表，并经国家档案局审查同意后执行。

（二）企业文件材料的归档范围

1. 一般企业文件材料的归档范围

企业文件材料，是指企业在研发、生产、服务、经营和管理等活动过程中形成的各种门类和载体的记录。

根据国家档案局发布的《企业文件材料归档范围和档案保管期限规定》的有关要求,一般企业文件材料的归档范围如下。

(1) 反映本企业的研发、生产、服务、经营、管理等各项活动和基本历史面貌的,对本企业各项活动、国家建设、社会发展和历史研究具有利用价值的文件材料。例如:本企业设立、合并、分立、改制、上市、解散、破产或其他变动过程中形成的文件材料,本企业董事会、监事会、股东会的构成、变更、召开会议、履行职责和维护权益的文件材料,本企业的发展规划、战略决策、重大改革、年度计划和总结等文件材料,内部管理制度、规定、办法等文件材料,等等。

(2) 本企业在各项活动中形成的对维护国家、企业和职工权益具有凭证价值的文件材料。例如:本企业资产和产权登记、评估与证明等文件材料,资产和产权转让、买卖、抵押、租赁、许可、变更、保护等凭证性文件材料,对外投资文件材料,本企业资本金核算、确认、划转、变更等文件材料,企业融资文件材料,等等。

(3) 本企业需要贯彻执行的有关机关和上级单位的文件材料,非隶属关系单位发来的需要执行或查考的文件材料;社会中介机构出具的与本企业有关的文件材料;本企业的下属企业和控股企业报送的重要文件材料。例如:本企业关于重要问题向有关机关和上级主管单位发送的请示、报告、报表及其复函、批复,有关机关和上级单位制发的本企业需办理的重要文件材料,行业协会、中介机构等对本企业做出的重要决定,出具的审计、公证、裁定等重要文件材料,本企业与其他组织和个人形成的重要合同、协议及补充协议等文件材料;本企业直属、所属、控股、参股、境外企业和机构报送的关于重要问题的报告、请示和批复等文件材料;等等。

(4) 有关法律法规规定应归档保存的文件材料和其他对本企业各项活动具有查考价值的文件材料。

凡属上述企业归档范围的文件材料,必须按有关规定向本企业档案部门移交,实行集中统一管理,任何个人不得据为己有或拒绝归档。企业档案的保管期限定为永久、定期两种,定期一般分为 30 年、10 年。企业应归档纸质文件材料中,有重要修改意见和批示的修改稿及有发文稿纸或文件处理单的,应与文件正本、定稿一并归档;对于无相应纸质文件或确实无法输出成为纸质的电子文件,企业应纳入归档范围并划分保管期限;企业对归档的电子文件的元数据要进行相应归档。

2. 不予归档的文件范围

企业文件材料中可不予归档的文件材料如下。

(1) 有关机关和上级主管单位制发的、普发性的、并不需本企业办理的文件材料,任免、奖惩非本企业工作人员的文件材料,供工作参考的抄件等。

(2) 本企业文件材料中的重份文件,无查考利用价值的事务性、临时性文件,未经会议讨论、未经领导审阅和签发的文件,一般性文件的历次修改稿、各次校对稿,无特殊保存价值的信封,不需办理的一般性来信、来电记录,企业内部互相抄送的文件材料,本企业负责人兼任外单位职务形成的与本企业无关的文件材料,有关工作参考的文件材料。

(3) 非隶属关系单位发来的不需贯彻执行和无参考价值的文件材料。

(4) 所属和控股企业报送的供参阅的一般性简报、情况反映,其他社会组织抄送、不需本企业办理的文件材料。

(5) 其他不需归档的文件材料。

各类企业应当依据本规定和国家及行业的相关规定,结合本企业生产组织方式、产品和服务特点,编制本企业的各类文件材料归档范围。企业应按资产归属关系,指导所属企业根据有关规定规范各类文件材料归档范围的编制,并审批所属企业的文件材料归档范围。中央管理的企业(包括国务院国有资产监督管理委员会监管的中央企业、金融企业、中央所属文化企业等)总部的文件材料归档范围,报国家档案局同意后执行。地方国有企业总部编制的文件材料归档范围,报同级档案行政管理部门同意后执行。企业资本结构或主营业务发生较大变化时,应及时修订和完善文件材料归档范围与档案保管期限表。

三、文件分类方案

文件分类,是将文件按照一定的特点分成若干部分,其结果是将具有不同特点的文件分别集合为不同类别。任何一个单位,保存其现行文件时,主要关心的是能否及时、准确地查找到所需文件,这就要求文件管理工作必须有条不紊。而要对本单位文件实现有序管理,就必须选取一定的分类方法对文件进行正确的分类。文件的分类方法,是划分文件类别的原则、标准和依据,一般在文件整理之前予以明确。

文件分类方案,是依据本单位职能活动、文件和文件工作实际情况,预先编制的整个组织文件分类归卷的条目体系,是文秘部门和业务部门收集整理文件的指导性文件。分类方案的制订,有助于加强文件管理工作的规范化、科学化,也为档案部门的各项工作奠定良好的基础。因此,制订分类方案是做好文件管理的一项重要的基础性工作。

文件分类方案的制订,一般由一个单位的综合文件管理部门、档案部门共同合作研制,报送机关综合办公部门的领导人审阅同意后施行。其主要工作内容包括:确定分类方法、编写分类方案、送审批准后印发实施。

(一) 确定分类方法

现行组织中,常用的文件分类方法有年度分类法、组织机构分类法、问题分类法、保管期限分类法。

1. 年度分类法

年度分类法,即按照文件形成、处理的年度特征将同一年度的文件分为一类,不同年度的文件分为不同的类别的文件分类方法。在现行各级各类组织管理中,大多是将自然年度(1月1日—12月31日)作为计划、总结、安排工作的周期,与管理活动同步产生的文件材料也自然而然以年度为单位形成了一个个独立的类别。按年度分类,能够使一个机构的文件材料反映其工作逐年变化、发展的特点和内容,符合文件自然形成和运动的规律,分类简单明了,便于文件的查找利用。

年度分类法要求不同年度的文件一般不得放在一起立卷,否则会打乱文件的时序,给日后查找利用文件带来不便。运用年度分类法时,要根据文件的不同情况正确判定文件的日期并归入相应年度。

(1) 针对一份文件的多个时间特征(成文日期、签发日期、批准日期、会议通过日期、公布日期、发文和收文日期等)的情况,一般应以文件成文日期(即落款处的日期)为准,据以判定文件所属年度。

(2) 针对跨年度文件,可按照下列方法处理:跨年度的同一事由的请示与批复,归入批复年度;跨年度的规划、计划,一般归入文件内容针对的第一个年度;跨年度的总结、报告,归入文件内容针对的最后一个年度;跨年度的会议文件,一般可归入会议开幕的年度;跨年度的非诉讼案件材料,应归入结案年度;法规性文件归入公布或批准年度;教学类文件按学年归档,财会档案文件按会计年度归档,等等。

(3) 针对没有标注日期的内部文件(白头文件),需要分析文件内容、制成材料、格式、字体以及各种标识,通过对照、比较等手段来考证和推断文件的准确日期或近似日期,并据以按年度合理归类。

2. 组织机构分类法

组织机构分类法,即按照文件形成和处理的组织机构进行分类。在文件由各机构分工整理的情况下,每个机构向档案室移交的归档文件,就自然构成一类。

各级各类社会组织中内设的组织机构的框架,是依据职能分工设立的,每一个内设的组织机构都具有相对独立的职权、职责,其形成和处理的文件材料也是其业务和职能活动的记录,形成相对独立的一个类别。组织机构分类法,将组织机构作为文件分类标准,使反映其职能活动的文件集中归类,有助于按照组织机构查找利用文件材料。组织机构分类法,以组织机构名称作为类别名称,使一个机关的党、政、工、团等不同性质的机构及其下设的组织机构的文件相互分开,各自形成不同的类别,从各个方面和层次清楚地反映出整个机关各项工作活动的历史面貌。

采用组织机构分类法,原则上以哪个组织机构名义制发的文件就应当归入该组织机构的文件类别中。有些文件是由几个机构共同处理的,如何归类则须视具体情况而定:联合召开会议、联合行文所形成的文件材料,原件由主办机关归档,其他机关以相应的复制件或其他形式的副本归档;内设组织机构起草、以本单位名义发出的文件,则归入本单位形成的文件类别中;业务部门起草、以办公厅(室)名义发出的,应当归入办公厅(室)的文件类别中。

3. 问题分类法

问题分类法,即按照文件所反映的主要职能活动的具体事由或内容特征来划分类别。

问题分类法,其类别是根据本单位的中心任务和主要业务活动来设置的。这种分类方法有助于反映一个单位主要职能活动的全貌,使同一性质、同一事项的一组文件相对集中，保持同一事由文件之间在内容上的关联性，便于某一问题、事件或人物等的文件保持系统性、完整性。

对问题分类法中的"问题"的判断，人们基于不同的知识水平、认识角度，往往容易掺杂个人主观成分，使同一份文件的分类和归类呈现多种结果，难以准确定位。因此，运用问题分类法时应遵循"问题"的伸缩性规律，即文件数量多时，可将一个大问题分解为几个小的具体问题，分成不同类别；文件数量少时，又可以将几个具有密切联系的较小的具体问题概括为一个大问题，合并成为一个类别。

在实际工作中，一些大、中型组织机关，其内部组织机构较多且相对稳定，各部门职能相对独立，文件数量较多，一般先按组织机构分类，再按问题分类。如果是一些内部机构设置比较简单或者不太稳定、机构分工不明确、文件内容交叉较多且数量较少的机关，也可在第一层次选用问题分类法来分类整理文件。

4. 保管期限分类法

保管期限分类法，即按照文件的不同保存价值，将其划分成不同的类别。

保管期限，是根据各类文件客观存在的保存价值来确定的。国家档案局《机关文件材料归档范围和文书档案保管期限规定》中将应归档文件的保管期限定为永久、定期两种。定期一般分为30年、10年。如本机关制定的法规政策性文件材料，本机关召开重要会议、举办重大活动等形成的主要文件材料，本机关主要职能活动中形成的重要业务文件材料等，保管期限应定为"永久"；本机关主办的典型材料、代表发言材料、交流材料、简报，本机关协办的请示、批复、通知、名单、日程、报告、讲话、总结、决议、决定、纪要的复制件或副本等，保管期限应定为"30年"；同级机关制发的非本机关主管业务但要贯彻执行的文件材料，一般活动的总结、一般问题的调研材料，年度以下的计划、总结、统计材料等，保管期限应定为"10年"。在实际工作中，各机关、各单位可以根据上述通用规定，结合自身职能和工作实际，编制本机关、本单位的文件保管期限表，以便有效执行。

运用保管期限分类法时，需考虑有关同一事由、同一问题的文件是否完整齐全。这是因为，文件的现实凭证价值和历史参考价值总是在相互联系的一组文件中体现出来的。一般情况下，如果文件完整程度较高，划分保管期限应从严，反之，则应适当提高残存的不完整文件的保管期限，从宽处理这些文件。

上述四种文件分类方法，在现行组织的文件分类工作中可以单独使用，但实际工作中往往并不是单纯采用一种分类方法，更多数情况下是将几种分类方法结合起来使用，在不同分类层次上采取不同的分类方法，从而构成了复式分类法。其中，年度分类法大多在第一层次分类中使用，组织机构分类法、问题分类法大多在第二层次分类中使用，保管期限分类法大多在第三层次分类中使用。目前，现行机关文件整理归档工作常用的复式分类法如下。

一是年度分类法—组织机构分类法—保管期限分类法，即先将归档文件按年度分类，每个年度下按组织机构分类，在组织机构下面再按保管期限分类。其优点在于能尊重内设组织机构对文件类别划分的稳定性和客观性，类别名称也能体现文件来源。这种方法主要适用于内设组织机构较稳定、机构规模较大、文件数量较多的组织。

二是年度分类法—问题分类法—保管期限分类法，即先将归档文件按年度分类，每个年度下按问题分类，在问题下面再按保管期限分类。其优点是文件类别名称能够体现出单位主要职能和业务内容。这种方法多适用于内部组织机构不稳定，或因组织机构之间分工不明确、文件工作不正规等原因难以区分文件所属机构，以及内部组织机构非常简单的组织。

三是组织机构分类法—年度分类法—保管期限分类法，即先将组织机构分类，在每一个组织机构内再按照年度分类，每一个年度内再按照文件的保管期限分类。这种方法适用于内部组织机构和文件数量较少的组织。

四是保管期限分类法—年度分类法—问题分类法，即先将归档文件按保管期限分类，每个保管期限下按年度分类，再在年度下面按文件内容所反映的问题分类。这种方法适用于不宜按组织机构分类的情况。

选用复式分类法时，同一机关应保持分类方法的相对稳定性。鉴于组织发展中文件管理人员的不断变动和更新，就需将选定的分类方法嵌入整个组织的文件分类方案中，使之统一化、制度化。只有这样，才能保持本单位文件分类方法的前后一致性，形成一个分类一致、前后相承、便于查找利用的文件系统。

（二）编写分类方案

编写分类方案，是依据一个单位内组织机构和文件工作的实际情况，结合文件自身的各种主要特征，预先制定文件分类的具体方法、范围和框架的系列活动。

在编写分类方案前，应当深入调查，收集情况，分析研究，综合掌握本单位的组织机构和文件工作的实际，主要考虑以下情况：内部机构的数量、层次、隶属关系、办公地点，各内部机构的职能分工等机构设置的情况；各机构的常规业务活动，可能出现的非常规的业务活动以及交叉性的业务活动，与机关外部之间的业务来往；机关常用的文件及其数量，各种文件的利用频率、利用角度，主管机关对文件和档案工作的有关规定与要求；等等。文件的各种特征，主要是指文件的作者、事由、文种、时间、文号、地区、通讯者、载体、保存价值等特征。上述情况关系到分类方案规模和层次的确定、各类别文件的划分标准、类别名称的确定和选择，它们对文件分类方案的拟订具有重要的参考价值。

文件分类方案的结构一般由类别名称、条款和顺序号组成。

1. 类别名称

即反映同一类别文件的概念。文件类别名称的拟写与分类方案中文件分类方法的选用是密切相关的。如前所述，文件的分类方法有年度分类法、组织机构分类法、问题分类法、保管期限分类法，根据不同分类层次选用不同分类方法，形成本单位的复式分类方法。在现行机关，文件分类大多是在同一个年度内进行的，年度分类法成为一种默认设置，其分类标准的意义已不明显。因此，在大多数现行机关中，同一个年度内文件的分类主要选用组织机构分类法或者问题分类法。

同一年度内按组织机构分类，即按机关内部机构来设置类别，组织机构的名称即是文件的类别名称。这种方法设置的类别名称简便明了,如文件类别名称标为"党委办公室""人事处""党委宣传部"等,可直接反映此类文件的组织机构来源。如果要在每一个组织机构类别之下继续分类,一方面可继续按照同一组织机构中的下一层次内设机构来划分文件类别、标明文件类别名称,如在"人事处"之下用"工资科""调配科"等标示其下一层次的文件类别名称;另一方面也可根据组织机构类别中文件的作者、事由、文种、时间、文号、载体等主要特征和有机联系来设置属类,如将同一作者、同一事由、同一文种、成文日期相近或相同、先后相续的文号、同一种载体形态、同一种保存价值的文件分开,作为不同类别进行整理,并据此来标明类别名称。在职能独立或复杂、分工明确、文件数量大的大中型机构中,同一个年度类文件分类的第一个分类层次,通常采用组织机构分类法。

同一年度内按问题分类,即根据文件所反映的不同主题内容(问题)设置类别,主题概念即为文件的类别名称。这种方法设置的类别名称,通常是依据文件内容之间的逻辑联系中分析、提炼出的具有包容性的主题概念,如文件类别名称标为"人事类""会议类""教学类"等,可集中概括并反映出某一个主题内容。如果要在每一个问题类别之下继续分类,一方面可以继续按问题分类,即在这一主题内容之下继续划分出更小、更细的问题类别,如在"会议类"下设"重要会议""一般会议"等来继续分类;另一方面也可根据每一个问题类别中的文件的作者、文种、时间、文号、载体等主要特征和有机联系来设置属类,如将同一作者、同一文种、成文日期相近或相同、先后相续的文号、同一种载体形态、同一种保存价值的文件分开,作为不同类别进行整理,并据此来标明类别名称。在业务单一、部门分工不明确、文件数量不大的小型机构中,同一个年度内文件分类的第一个分类层次,常采用问题分类法。

现行机构选用上述哪种分类方法作为本单位文件分类的第一个层次的分类,应当体现在其文件分类方案的各类别及其类别名称的设置中,以便指导下属部门的文件分类工作。

2. 条款

是在最低一级类别名称之下预先拟定的需整理归档的文件材料的条目。它是分类方案的核心部分。每一条款均是密切相关或相近的一组或系列文件材料,可以组合成一个或多个案卷(卷盒)。

条款的拟写必须粗细得当、简明扼要,力求每一条款能反映出该条目下文件的一些主要特征,如文件的责任者(作者)、问题(内容)、文件名称(或类型),等等。例如:在"人事处"类别之下的一个条目——"本单位有关人事任免、调配、考察等问题的决定、通知、调查报告",其中,"本单位"是作者特征,"人事任免、调配、考察等"是文件的问题(内容)特征,"决定、通知、调查报告"是文件名称特征,这种条目表述能使人更清楚条款包括的是谁制发的、什么内容的、何种文件,便于指导人们收集整理文件。

目前,一些单位的文件分类方案同时还将文件的保管期限标注于条目之后,直观说明条目中文件的保存价值,便于对文件进行分类和整理时查阅文件的保管期限。

3. 顺序号

即依照类别与条款有序排列的先后次序而编定的顺序号。目的在于固定每一类别与条款的排列顺序。在文书处理时使用的文书处理号通常就是条款顺序号,因此,它又可以作为文件平时归卷时查阅与管理的代号。

顺序号的编制方法:一是整个分类方案的所有条款统一编制大流水号,各类别中可以适当留空号,以备增加条款时使用;二是在每一类别内的条款依次编顺序号,即每一类别中的条款都从1号开始编流水号;三是分层编号,即每一个分类层次依次编顺序号且分层表达,如"2.4.5"是指第二类(第一层次分类)下的第四类(第二层次分类)下的第五个条目。

编写分类方案需注意:类别的划分是以本机关职能活动为基础的,不能够想当然,凭空杜撰一些根本就不存在的类别;掌握类别和条目延展限度,详略得当,不能太过笼统或者太过烦琐,应以便于准确查阅文件类别与条目为限度;条目内容的拟制应反映出文件之间的主要特征,不应只简单标出问题或名称,而应标明文件的作者、问题、名称,必要时还应在三者之间的适当位置加上时间、通讯者等其他的立卷特征来提示或限制条目内容;注意分类方案的调整和修正,以保证分类方案的时效性,更好地适应现实工作的需要。

(三) 印发实施

分类方案编写完毕后,应当将其报送本单位负责人审查,或者报送同级档案行政管理部门审查,经批准后印发实施。

分类方案的种类,除各机关各部门自行编制使用的外,也有在本系统、本行业、本级机关统一编制使用的通用分类方案,如我国的司法、基建、会计等行业都制定了本行业(系统)的分类方案,专业性和行业性很强。一般的机关单位或企事业单位、人民团体等可以根据本单位实际情况,参照各类通用的分类方案,自行制定更加详尽的分类方案。

文件分类方案大多采用表格方式编排,以便阅读和查找,如表5-1和5-2所示。

表5-1 ××大学文件分类方案

序号	类别名称	条款内容	保管期限
1	行政综合	1 上级有关高校行政管理的综合性文件	30年
		2 全校性的规章制度	永久
		3 学校年度、学期工作计划、报告、总结	永久
		4 校长办公会、校长书记碰头会议记录、纪要	永久
		5 校务委员会委员名单、会议记录、纪要	永久
		……	

续表

序号	类别名称	条款内容	保管期限
2	人事	1 上级机关有关人事工作的文件 2 本校人事工作的规章制度 3 人事工作计划、报告总结、调查材料、会议记录 4 关于机构、编制规划、计划报告及上级批复 ……	10年 永久 永久 永久
3	监察审计	1 上级有关监察、审计工作的文件 2 本校监察、审计工作方面的规章制度 3 监察、审计工作计划、总结、调查报告 4 监察、审计工作统计年报及重要报表 ……	10年 30年 永久 永久
……	……	……	

表5-2 ××局文件分类方案

序号	类别名称	条款内容	保管期限
1	办公室	1.1 全国科技工作会议材料 1.1.1 领导讲话、典型发言材料 1.1.2 会议简报 1.2 全省科技工作会议材料	 30年 10年
		1.2.1 本局领导的讲话材料 1.2.2 会议简报 1.3 全国、全省科技工作表彰会材料 1.3.1 有表彰我市集体或个人 1.3.2 无表彰我市集体或个人 1.4 局关于科技工作的计划、总结 ……	永久 10年 永久 10年 永久
2	人事处	2.1 本局年度考核、表彰工作的通报、请示、批复 2.2 本局关于表彰系统先进单位和个人的通知、通报 2.3 本局关于办理死亡、抚恤等有关问题的文件材料 2.4 本局职工花名册、干部职工人员、工资统计报表 2.5 本局职工调动工作的人事、工资介绍信及存根	永久 永久 永久 永久 永久
3	政策法规处	3.1 省市科技(厅)局关于软科学项目管理方面的通知、评审、公告等 3.2 省市科技(厅)局有关科普工作的批复、奖励等 3.3 本局国际科技合作工作的项目申报、组织实施等方面的通知、报告等 3.4 本局有关科技政策法规的请示、报告、通知和调研材料 3.5 本局有关推进校市共建工作的请示、报告、通知等 ……	30年 30年 30年 30年 30年
……	……	……	……

第二节　案卷级整理方法

案卷级整理方法，是我国沿用多年的"文件立卷"方法。这种整理方法的目标是按文件自然形成规律和文件特征将分门别类的文件组成若干个文件保管与检索的基本单位——案卷。案卷，是由若干具有共同点和密切联系的文件组合而成的文件集合体。案卷一般包括案卷封面、卷内文件目录、卷内文件、卷内备考表等部分。案卷级整理工作的主要依据，是从文件自身结构中概括提取的作者、问题、时间、名称、通讯者、地区等诸要素，它们体现了文件在这些方面特有的联系性及形成规律。

案卷级整理（文件立卷）归档的基本工作流程及其工作内容如图5-2所示。

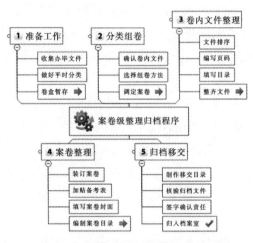

图 5-2　案卷级整理流程及其工作内容

一、组卷方法

案卷级整理工作是文件分类与组合的过程，即按照一定的分类方法对文件进行分类后，各个类别中的文件再按照立卷特征来组合编立案卷。所谓立卷特征，是指一个案卷中可供识别的特殊的标志，是一个案卷区别于其他案卷的特点。根据有关规定和文件的实际情况，文件立卷特征主要包括文件的作者、问题、时间、名称、地区、通讯者等特征。组合案卷时正是基于一组文件共同具有的立卷特征来决定选择一种或者几种组卷的方法。

1. 按作者特征组卷

即将同一作者制发的文件组合成案卷。作者指制发文件的机关、部门及其领导人或者其他合法的文件制作者。特别强调"同一作者"，本机关的发文，直接领导机关、某一个下级机关的来文，都可以采用作者特征组卷。按此特征组卷，有利于反映同一文件作者的工作状况及本机关与某机关之间的工作联系，有利于依据文件作者来源确定文件的重要程度和保存价值。

2. 按问题特征组卷

即将反映同一事件、案件、人物、问题、业务活动和同一性质的工作所形成的文件集中在一起组卷。此处所言的"问题",是指文件内容反映的主题,包括事件、案件、人物的处理、具体问题的发生与解决、某项工作业务活动的开展等。按问题特征组卷,将同一主题的关系密切的系列文件组合成一个整体,正好反映了"同一问题"发生发展的全过程,既能保持文件之间自然形成的有机联系,又符合利用者按问题(主题)检索文件的习惯,从而使之成为文件组卷的主要方法之一。

3. 按时间特征组卷

即按照某一主题之下的文件产生的时间先后顺序来编立案卷。时间特征,是指文件形成的时间(如同一年度、同一时期、同一月份、同一日期等)。按时间特征组卷,可以反映出一个机关(部门)等在不同时期的工作特点和发展状况,有利于保持同一时间中文件之间的"共时"联系和时间演进中文件之间的"历时"联系,从而更好地把握与认识事物的状态和变化发展,也能为人们按时间特征查找利用文件提供方便。

4. 按名称特征组卷

即将文件名称相同或性质、作用相同或相近的文件集中组卷。文件名称即文种,它反映了文件的性质、效能和价值,因此,按文件的名称特征立卷,可适当区分文件的重要程度和保存价值,还可以把名称相近、保存价值相近的文件合并在一起组卷。需要注意那些文件名称相同但性质不同的一名多用的情况。按名称特征组卷,有助于更好地满足人们从文种角度查找利用文件的需求。

5. 按地区特征组卷

即将文件内容涉及同一地区或者作者所在同一地区的文件集中在一起立卷。此处所言的"地区",是指我国的省级、地(市)级、县级、乡(镇)级等各级行政区域。这种方法多用于上级机关对下属机关的来文、调查统计材料和某些专门文件的组卷中。按此组卷,能够反映某一地区的工作情况或有关该地区问题的处理,方便人们按地区特征检索利用文件。

6. 按通讯者特征组卷

即将一个单位与另一单位之间就同一问题进行沟通联系而形成的来往文书集中在一起立卷。通讯者特征,是两个机关之间针对同一个问题的问复性质的往来文书,一般与名称特征的统称"往来文书"同时使用。通讯者特征是前述作者特征的一种特殊表现形式。

上述六种组卷方法,虽然可单独使用,但是在大多数情况下是两种或两种以上方法结合使用,这是由文件之间的多维联系性所决定的。通常,根据卷内文件的联系和人们检索文件的习惯,结合运用多种组卷方法的情况如下:作者—问题—名称、时间—问题—名称、地区—问题—名称,等等。结合几个特征立卷,卷内文件就具有几个方面的共同点和联系。立卷特征结合得越多,说明这一组文件之间的联系的紧密性、专指性就越大,卷内文件的内容和成分就越单一,特点就越明显。因此,在组卷时应认真分析文件的立卷特点,发现文件的联系,尽量结合多种方法来编立案卷。

二、文件修整

文件修整，是指对不符合要求的归档文件材料进行必要的修裱、复制、折叠等工作，主要包括对破损文件进行修裱、对字迹模糊或易退变的文件进行复制、去除文件上易锈蚀的金属物、对过大的文件进行折叠等，以便保证文件能够长期保存和有效地提供利用。

修裱破损文件，恢复文件的原有面貌。即使用黏合剂和选定的纸张对破损文件进行"修补"或"托裱"，以增加文件强度，延长文件寿命。其中，修补主要针对一些有孔洞、残缺或折叠处已被磨损的文件，如把文件的破损或撕裂处补好、把过于窄小的文件页接宽，以便装订或阅读；托裱，是在破损文件的背面托上一张新纸，以加固文件。修补或托裱时应综合考虑纸张的厚度、材料的吸水性、浆糊的黏性与浓度等因素，避免文件字迹的扩散。

复制字迹模糊或易退变的文件，这是关系到文件寿命长短的重要因素。在环境条件相同时，一般来说，最耐久的是以炭黑为色素成分、以结膜为转移固定方式的字迹材料，包括墨和墨汁、黑色油墨等；比较耐久的是以颜料为色素成分，以结膜或吸收方式转移固定字迹材料，包括彩色油墨、蓝黑墨水、印泥等；不耐久的是以染料为色素成分的字迹材料，如纯蓝墨水、红墨水、复写纸、圆珠笔油、印台油等，或者以黏附为转移固定方式的字迹材料，如铅笔芯。对字迹易模糊或易退变的文件，一般应在形成或收到文件时采用复印方式进行复制文件。比如感热记录传真件字迹耐久性差，须复制后才能归档。但复印件本身也存在耐久性方面的问题，如易粘连等，需要采取一定措施加以防范，故应选择优质的复印纸和以炭黑为色素的墨粉，复印时墨粉浓度不宜太大，颜色不宜太深，且最好采用单面复印。

超大纸张的折叠，以整齐文件便于保管为目标。文件用纸幅面规格一般为 A4 纸型。但实际工作中，某些特殊形式的文件，如报表、图样等的纸张幅面大于 A4。为保持卷内文件的整齐、方便文件装盒，需要对超大纸型的文件加以折叠。折叠的操作要求比较简单，但要注意尽量减少折叠次数，同时折痕处应尽量位于文件、图表字迹之外。此外文件页数较多时，宜单张折叠，以方便归档后的查阅利用。

去除易锈蚀的金属物，避免文件受侵害。文件制作时普遍使用的装订用品，如订书钉、曲别针、大头针等，其材质以铁、铝等化学性质活泼的金属为主，容易被空气中的二氧化碳、二氧化硫等物质氧化和腐蚀，危及纸张材料安全。因此文件整理归档时需去除这些易锈蚀的金属物，消除危害隐患。

三、组卷程序

基于平时归卷的良好基础，组卷程序主要包括：排列卷内文件、编定卷内文件页码、填写卷内文件目录、装订案卷、加贴卷末备考表、填写案卷封面等。

（一）排列卷内文件

排列卷内文件，是对已经分类到适宜数量的一组文件进行认真分析，寻找出它们之间的主要特点，并按照其主要特点来排定它们的先后顺序，以固定每份文件在卷内文中的位置。卷内文件排列是为了使一组文件变成有序的相互联系的有机体。排列卷内文件,常用的方法有如下几种。

按时间先后顺序排列,在拟组合为一卷的系列文件中按照其立卷特征下文件形成时间的先后顺序排列。由于不同年代的文件不得放到一个案卷中,因此,一个案卷中"时间顺序"主要是考虑同一年度中的"月"和"日"的先后顺序。在按地区特征、名称特征、作者特征、问题特征等组合的案卷中经常使用此种排序方法。

按文件重要程序排列,即拟组合为一卷的系列文件中将重要的文件排在前面,次要的文件排在后面。因为重要文件经常查阅,排列在前,清楚醒目,方便查阅。在按照作者特征、内容特征等组合的案卷中常使用此种排序方法。

（二）编定卷内文件页码

编定卷内文件的页码,即按卷内文件系统化排列后确定的先后顺序在文件正面的右上角、背面的左上角依次按页编写的顺序号。卷内文件按"卷"编制统一的大流水号,目的在于固定每页在卷内排列的位置与顺序,方便卷内文件的保护、统计和检索。文件页码编号使用阿拉伯数字。空白页不编页码。

（三）填写卷内文件目录

卷内文件目录,即用以揭示卷内文件的内容与成分的一览表,主要是为了便于查阅、统计卷内文件。"卷内文件目录"置于卷首。卷内文件目录中主要包括以下项目:顺序号、文号、责任者、题名、日期、页号、备注等。

1. 顺序号,以卷内文件排列先后顺次填写的序号,亦即件号。

2. 文号,即文件制发机关的发文字号。发文字号是指发文机关按发文次序编制的顺序号,一般由机关代字、年度、顺序号组成,如"中办发〔2013〕1号"。填写文号项时应照实抄录,代字、年度、顺序号都不能省略,否则将给查找和利用带来困难。如无字号,该项目空缺不填。

3. 责任者,是指对文件内容进行创造或负有责任的组织和个人,亦即文件的作者（署名者）。责任者对于确定文件来源有着重要的作用,也是检索利用归档文件的重要途径。填写责任者项时,责任者是社会组织的,可著录全称,也可著录统一规范的通用简称,但不能使用"本部""本局""本公司"等含义不明、难以直接判断的简称;责任者是个人的,一般只著录姓名,必要时在姓名后著录对文件负有责任的职务、职称或其他身份,并用"（　）"表示。联合行文的责任者,应著录列于首位的责任者,立档单位本身是责任者的必须著录,两个责任者之间的间隔用";",被省略的责任者用"〔等〕"表示。机关内部形成的非红头格式的文件,因各种原因文中未署明责任者的,编目时应尽量根据文件内容、形式等特征加以考证并填写。

4. 题名,即文件标题,它是直接表达文件内容和中心主题的文件特征,是了解归档文件内容的关键数据项目。实际工作中,题名是最重要的检索途径,文件利用者和文件信息服务者多以此为查找线索。完整的题名由责任者、问题、文种三个部分组成,如"国家××部关于进一步加强保密工作的通知"。

一般情况下,文件只有一个题名(正题名),填写卷内文件目录中的题名项时应照实抄录。有的文件还有副题名或并列题名。正题名能够反映文件内容时,副题名一般无须抄录;并列题名以其他语言文字书写的,需要时与正题名一并抄录。

没有标题的,或标题含义不清,不能揭示或不能全面准确揭示文件内容的文件,应当根据文件内容重新拟写或补充完善标题,外加"[ ]"号。如"××市档案局关于转发档发〔20××〕99号文件的通知"应重拟题名并抄录为"[××市档案局关于转发××省档案局关于加强汛期档案安全管理的几点意见的通知]"。此外,如遇会议记录,应写明每次会议的时间和主要内容;如遇带有附件的文件,仅著录文件题名不能准确反映其附件内容而可能造成漏检的,在文件题名后也可抄录其附件题名,外加"( )"。

5. 日期,即文件的形成时间(成文日期)。填写日期项时,应以8位阿拉伯数字标注,其中前4位表示年,中间2位表示月,后2位表示日,月、日数字不足两位的,前面补"0"。例如:2014年9月10日标注为"20140910"。文件上未注明形成时间的,应根据文件内容加以考证并填写。为避免日期项占用的列宽过长,影响其他项目的填写,可将表示月、日的数字回行填写在第二行。

6. 页号,填写每件文件首页所对应的页号,最后一件文件,填写该件起止页号。卷内文件页号应从1开始编制通号。

7. 备注,留待对卷内文件变化时作说明之用。可填写卷内文件需要补充和说明的情况,包括密级、缺损、修改、补充、移出、销毁,等等。如果有些条目须说明的情况较多,备注栏难以填写时,可在备注栏中加注"＊"号,将具体内容填入卷末备考表中。

(四) 装订案卷

装订案卷,是将组合完毕的卷内文件去掉金属物并装订成册的活动。其作用在于避免卷内文件散失和损坏,对文件起到固定和保护作用。

案卷装订的方法,按"卷"装订时,应下齐(地脚整齐)、右齐(翻口整齐),在订口处采用"三孔一线"的方法装订。必要时,不能按标准案卷规格装订的不规则文件,如会计凭单,也可采用上齐左齐、在左上角装订的方法。

(五) 加贴卷末备考表

卷末备考表,是用以注明卷内文件立卷与利用状况的一览表。其作用是供档案保管人员与利用者日后查考。加贴于卷内文件最末一页之后,卷内备考表包括:本卷情况说明、立卷人、检查人、立卷时间。

1. 本卷情况说明:填写卷内文件缺损、修改、补充、移出、销毁等情况。案卷归档移交档案部门后所发生或发现的问题,由有关的档案管理人员填写并签名、标注时间。

2. 立卷人:由责任立卷者签名。

3. 检查人:由案卷质量审核者签名。

4. 立卷时间:立卷完成的日期。

一般情况下,有关卷内文件材料的说明,都应逐项填写在备考表里,若无情况说明,也须填写立卷人和检查人的姓名、立卷时间,以示对案卷负责。

(六)填写案卷封面

案卷封面项目包括:全宗名称、类目名称、案卷题名、时间、保管期限、件、页数、归档号、档号。

1. 全宗名称:立档单位的名称。填写全宗名称必须用全称或通用简称。如"中国共产党中央委员会"简称为"中共中央","中华人民共和国外交部"简称为"外交部","青岛市人民政府财政局"简称为"青岛市财政局",不得分别简称为"本部""本委""本市财政局"等。

2. 类目名称:指一个单位文件分类方案的第一级类目名称。在一个单位内应按统一的方案分类,并应保持其分类体系的稳定性。

3. 案卷题名:即案卷标题,用以概括揭示案卷内文件的主要内容与成分,一般由立卷人拟写。案卷题名有助于文书部门快速处理文件,作为文件检索的重要标识,是案卷编目和编制各种检索工具的主要依据。

拟写案卷题名,要求文字简练,表达准确,基本结构力求完整。

案卷题名的基本结构为:责任者—内容—名称。在此基本结构的基础上,可依据需要适当增加相关立卷特征,如(地区)责任者(通讯者)—(时间)—(地区)内容—名称。其中,责任者、内容、名称的表达方法如下。

(1) 责任者,必须用全称或规范化简称,不得简称为"本部""本局"等;两个或三个责任者应直接列出,多个责任者无法一一罗列的,可适当概括,写出2~3个常用责任者,其后加上"等"字,或者使用统称;如果责任者是领导者个人,应标明其职务、机关。责任者一般位于案卷题名的开首。

(2) 内容,是卷内文件内容的集中概括,是案卷题名的主体部分。对卷内文件内容的概括要全面、恰当、确切清楚,使人能够一目了然地判断出卷内文件内容中是否有自己要找的文件。内容结构的表达,往往借助于"有关""关于""对"和助词"的"构成一个偏正词组"关于(有关、对)……的……"来表述,但不是所有案卷题名都必须用这种结构,应根据内容情况而定。

(3) 文件名称,反映了文件的性质和查考价值,也应在案卷题名中予以揭示。案卷中有多个不同文种时,应标明卷内主要文种2至3个,其后加上"等"字,文件名称之间可按重要程度排列,并兼顾不同性质的文种。必要时,部分案卷题名的名称部分可按规定使用"文件""材料""案卷""来往文书"等概括文件名称的专用术语表示。

——文件,适用于会议活动中形成的一系列文件。

——材料,适用于正式文件以外的一些辅助性、原始性、参考性材料。

——案卷,适用于围绕某一案件、事件或某人的某方面问题进行调查处理过程中形成的所有文件材料。

——来往文书,只适用于机关之间商洽某项工作形成的问文和复文,这类案卷往往都是按通讯者特征立卷。

  4. 时间：卷内文件所属的起止年月。

  5. 保管期限：立卷时划定的案卷保管期限，一般由立卷人填写。

  6. 件、页数：装订的案卷要填写本案卷的总页数，不装订的案卷要填写本案卷的总件数。

  7. 归档号：填写文书处理号，由立卷人填写。

  8. 档号：一般由档案部门接收案卷后统一编制。

  填写案卷封面要求格式规范、页面整洁、文字简练，使用简称应规范易懂，并应用毛笔或钢笔书写，字迹要工整清晰、易于阅读，便于查找文件。

  档案案卷卷皮分两种：一种是硬卷皮，一种是软卷皮。使用硬卷皮组卷，无论装订与否，其案卷各部分按照"案卷封面—卷内文件目录—归档文件—备考表—封底"的顺序排列；使用软卷皮组卷，其案卷各部分按"软卷封面（含卷内文件目录）—归档文件—封底（含备考表）"的顺序排列。

  上述流程完成后，文件立卷工作结束。此时，负责文件立卷的文书处理部门或业务部门还需编制一式三份的案卷目录。

  案卷目录，是将案卷按照组织机构、保管期限或主题等分类方法系统化排列后，对其依次登记形成的案卷名册。案卷目录的作用在于：固定了案卷排列顺序，使立卷工作最终得以完成；概括地介绍了案卷的内容与成分，是文件与档案检索最基本的检索工具，也为档案工作各环节奠定基础。案卷目录既是文书处理部门向档案部门进行归档时的移交目录，也是双方交接的凭据。

  案卷目录主要包括案卷题名、卷内文件日期、保管期限、份数、密级等项目。

第三节 文件级整理方法

  文件级整理方法，是指将归档文件以"件"为单位进行装订、分类、排列、编号、编目、装盒，使之有序化的过程[①]。与案卷级整理方法相比，文件级整理方法的优点在于：整理程序更简化，便于各类机关和组织的实际操作；能兼顾计算机立卷和手工立卷两种方式，在简化机关档案室操作的同时，也兼顾了档案馆档案管理的需要。

---

  ① 2000 年 12 月 6 日中华人民共和国国家档案局发布了中华人民共和国档案行业标准《归档文件整理规则》（DA/T22—2000），并于 2001 年 1 月 1 日起实施。《规则》从我国档案工作改革的现状出发，适应档案管理现代化的需要，在借鉴传统立卷方法合理性的基础上，对归档文件整理工作的原则和具体方法做出了规定，弥补了我国档案工作标准体系中归档文件整理工作方面的空白，为新形势下规范、高效地进行归档文件整理工作提供了依据，对我国机关档案工作以及档案馆工作的持续发展具有重要意义。

文件级整理的流程及其工作内容如图 5-3 所示。

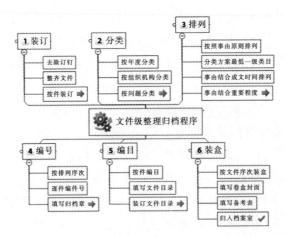

图 5-3　文件级整理流程及其工作内容

一、装订

(一)"件"的概念

文件级整理方法取消"案卷"这一实体整理的基本单位,而将归档文件整理的基本单位还原到文件本身的"自然件"。此处"件"即"一件",指单份文件,文件级整理,是以工作中自然形成的单份文件为整理单位。

在实际工作中,有些种类的文件是密不可分的整体,如果彼此间相互脱离,在检索利用上往往没有太大价值,而且会增加大量不必要的编目工作,影响到整理和利用时的工作效率,如正本与其不同稿本、原件与其复制件等;有些文件关联性强,在查找利用时通常需要相互查证,实体不宜分散,如同一事项的请示与批复、报告与批示等。因此,针对上述情况,应将这些密切联系的两份或多份文件作为"一件"整理。此处"一件"是指在实体上装订在一起,编目时也只体现为一条条目。此类文件主要包括以下情况[①]。

——文件正本及其不同稿本:同一文件除正本外,在撰写、印刷过程中形成的不同稿本,包括历次修改稿、讨论稿、征求意见稿、定稿等,也可能需要留存。一般来说,文件的正本与定稿为一件,但定稿过厚不易装订的,也可单独作为一件;重要文件(如法律法规等)须保留历次修改稿的,其正本与历次稿本(包括定稿)各为一件。

——正文与附件:附件是指附属于正文之后的其他文件材料,作为正文的补充说明或参考材料,如附带的图表、统计数字,正文批准或发布的法规文件等等。一般来说,正文与附件为一件;如果附件数量较多或者太厚不易装订时,也可各为一件。

——正文及其文件处理单等:文书处理较规范的机关,文件在运转过程中一般都附有文件处理单或者发文稿纸,有的还附有领导批示的签批单等。这些表单真实地记录了文件的形成、办理过程,是归档文件不可分割的重要组成部分,应与文件合并在一起

---

① 郭树银.归档文件整理工作指南[M].北京:中国大百科全书出版社,2001:71.

作为一件。

——原件及其复制件：制成材料、字迹材料等不利于档案保管的文件（如热敏纸传真件、铅笔书写的重要文件），以及使用中出现破损的文件，应复制后归档。复制件包括复印机制作的复印件以及手工誊写的抄件等。这些复制件应与原件作为一件。

——转发文与被转发文：转发文与被转发文是一份文件的不同部分，前者往往包括贯彻意见及执行要求，后者则是具体内容，它们在发挥文件效力方面难以分割，因此也应作为一件。

——报表、名册、图册等：报表、名册、图册等一般每册（本）内容都相对完整，具有独立的检索价值，因此应按照其本来的装订方式，一册（本）作为一件。

——来文及其复文，这是比较特殊的一种规定。"来文"与"复文"是对联系密切的来往性质的文件材料的概括性表述，也包括"去文"与"复文"，从文种上看包括请示与批复、报告与批示、来函与复函、通知与报告，等等。根据检索需要的不同，此类文件可以作为一件，也可以分别作为一件整理。

（二）文件装订

文件级整理也需要使用符合文件档案保护要求的装订材料重新加以装订，以从实体上最终确定"件"的形态，同时，也可以起到固定文件页次、防止文件张页丢失、便于归档后保管和利用的作用。

单份文件作为"一件"的，直接将此份文件各页装订在一起即可。

多份文件作为"一件"的，如正本与定稿、原件与复制件、来文与复文等，装订前必须对它们进行排序：正本在前，定稿在后；正文在前，附件在后；原件在前，复制件在后；转发文在前，被转发文在后；复文在前，来文在后；汉文本在前，少数民族文字文本在后；不同文字的文本，无特殊规定时中文本在前，外文本在后。有文件处理单的，可放在最前面，这样可以作为首页加盖归档章，从而更好地保护正本的原始面貌。

装订前，应把件内各页对齐，便于将来翻阅利用。一般来说，采用左上角装订的，应将左、上侧对齐；采用左侧装订的，应将左、下侧对齐。装订方式和用品的选择，应符合文件与档案保护的要求。

目前常见的装订方式，除传统的线装外，还包括：粘接式，如用裱糊糨糊装订；穿孔式，如用钉书钉、铁夹背装订；变形材料，如钢夹、塑料夹装订；铆接式，如热压胶管装订。从文件档案保护的角度看，线装仍是最佳选择。线装的常见做法，一是使用缝纫机在文件左上角或左侧轧边，但这种方式易出现针脚过密、纸页装订处折断的问题，设备成本也相对较高；二是在文件左上角或左侧穿针打结的，但操作比较烦琐。如果装订器材能够有所改进，线装仍然是最好的装订方式。

装具上还可选择无酸纸封套，即使用80克左右无酸纸制成的右上两侧开口的封套，将归档文件以件为单位夹装其中。封套上可以印制归档章，方便整理工作，而且利用时也能起到保护文件的作用。但是，使用无酸纸封套同时也会增加档案的厚度，占用存贮空间，因此一般只适用于永久档案。

二、分类

分类，是指将归档文件按其来源、时间、内容和形式等方面的异同，分成若干层次和类别，构成有机体系的过程。机关文件分类的方法很多，文件级整理方法主要选择年度、组织机构（问题）和保管期限作为通用的分类方法。

关于文件分类工作的具体内容参见本章有关文件分类方法、分类方案的相关内容。

三、排列

排列，是指在分类方案的最低一级类目内，根据一定的方法确定归档文件先后次序的过程。通过文件分类，归档文件整体上已具有了一定的系统性，但具体到每一个类别中的文件，仍处于零散杂乱状态，需要进一步排列使之有序化、系统化。

（一）按"事由原则"排列

文件级整理中对归档文件的排列强调"事由原则"，即同一事由的相关文件应当排列在一起。通过界定"事由"，使密切相关、参照性强的文件在实体上相对集中，可以进一步体现出分类方案中最低一级类目内的归档文件之间的有机联系，方便检索利用。

"事由"是一个比较原则性的概念，可以指一件具体的事，或一个具体的问题，或一段较紧密的工作过程，等等。因而"事由"的界定具有较大的灵活性。例如：一份划拨经费的请示，收到上级的批复后，就可视为事由办理完毕。一项工程、一次活动或一次会议，可以视为一个事由；一项工作如果办理时间长，需要跨年度，也可以按不同阶段分为几个事由；一次会议，也可以分为筹备、开幕、不同议程、闭幕等几个事由。可见，"事由"划分的具体尺度，往往是由整理者本着便于整理和利用的原则，根据办理时间的长短、形成文件的数量以及文书处理程序的差别等自行掌握和处理。

按"事由原则"排列归档文件，是"遵循文件的自然形成规律，保持文件之间的有机联系"这一整理原则的体现。按文件办理过程的先后顺序，将"同一事由"形成的文件排列在一起，可以客观地反映出某一事由的发生、发展、结束的全过程，反映出这些文件之间的客观联系。这种有机联系，对充分体现文件的价值，尤其是凭证价值是十分必要的；这种有机的历史联系，是现有条件下各种人工智能设备难以模拟的。如果不是人为地在文件形成过程中加以记录或描述，或在文件信息整理过程中加以排列和处理，那么随着时间的推移，这种历史联系就不可能保持或检索出来。

从实际工作看，归档文件的排列直接影响到目录检索和实体存取工作。在计算机检索条件下，如果归档文件随意排列，可以做到"查准"，而族性检索时的查全率则难以保证。即使是计算机"模糊检索"或"智能检索"，也只是依据利用者输入的检索条件对数据库内的数据进行机械匹配。如果文件条目与输入的检索条件有较大差异，就肯定会造成漏检。在手工检索的条件下，难度就会更大。如果排列时将相关的文件相对集中，那么只要找到其中部分文件的条目，通过对其上下条目的简单审阅和判断，就可以查找到那些可能漏检的文件，从而提高查全率。实体存取同样如此，如果相关文件分散在不同档案盒内，必然会大大增加提供利用时的调阅和归位的工作量，如果将它们相对集中地排列，就可以避免这些问题。

（二）排列方法

归档文件的具体排列方法是指，在分类方案的最低一级类目内，按事由结合时间、重要程度等排列。会议文件、统计报表等成套性文件可集中排列。这里的"最低一级类目"，是指分类时所确定的类目体系中设在最低一级的类目，如按照"年度—组织机构—保管期限"分类，"保管期限"即为最低一级类目。当最低一级类目内文件数量较大时，也可用时间、重要程度等因素作为进行事由之间有序排列的参考依据。

排列的实际操作体现为两步：第一步，按照"事由原则"，将属于同一事由的文件按一定顺序排列在一起；第二步，采用成文日期或重要程度等排列方法对不同事由的文件进行排序。

同一事由内的归档文件的排列，最简单的方法是按文件形成时间的先后顺序，成文日期在前的排列在前，成文日期在后的排列在后；或者按文件的重要程度排列，相对重要的文件排放在前，次要的文件排放在后。

不同事由间的归档文件的排列，可以按照时间、重要程度等多种方法排列，具体选择何种方式，应根据机关的文书处理程序、归档制度、文件与档案管理的现代化水平等的不同情况来选择。

第一，按成文日期或不同事由办结日期的先后顺序排列。这种方法只要求将不同事由的文件，按其成文日期或办结日期的先后顺序排列，而不必考虑其他因素。这种方法比较简单，更适用于实行"随办随归"的机关。一般同一事由的文件形成或办理完毕后，就可以将相关文件整理完毕归档保存。这样，不同事由的归档文件自然就按照形成日期或办结日期的先后排列起来。

第二，按事由的重要程度排列。将主要职能或重要活动形成的文件排在前面，其他工作形成的文件材料排在后面，或将综合性工作排在前面，具体业务工作排在后面。例如，某局法规处，可将本年度通过的各项法规文件的相关材料排在前面，然后再排监督检查等其他工作形成的文件材料。

第三，按事由具有的共同属性分别集中排列。一般来讲同一个部门形成的文件材料其业务活动具有共同属性，按责任者或承办部门分别集中排列。如"××部"下设各个"司"，一般就以"司"为单位整理归档，不同事由的归档文件进行排列时，可以将"司"下设立的不同处（室）形成的文件分别集中排列。

第四，按照不同问题分别集中排列。采用此方法，一般都是为了在手工管理条件下为检索提供更多的方便。这里的"问题"是指"小问题"，与文书立卷时分类方案中的细类条目内容比较相似，如同一机构的不同职能。此类问题相对固定时，机关档案部门可事先规定各问题间排列的先后顺序。例如，机关人事部门，可以将干部调配、职称评定、出国审查等问题所属的不同事由形成的文件分别集中排列在一起。

此外，会议文件、统计报表等成套性文件可集中排列。这里的"成套性"是指某些文件形成时比较分散，文件具有各自的独立性，但这些文件之间却是围绕着某一个事由产生的，相互之间又呈现出较密切的联系。例如，一次会议往往包括许多事由，它们形成的文件在时间上可能跨度很大，但表现出较强的系统性，利用时需要相互参照、查证，集中排列更方便检索。统计报表、内部刊物等在形式上较为特殊，成套利用的情况也较普遍，因此也宜于集中排列。

四、编号

编号，是指依照归档文件分类方案和排列顺序逐件编号的工作。此项工作是将归档文件在文件分类体系中的位置标识为符号，并以归档章的形式在归档文件上注明。编号是编目工作的起点和基础，其目的是反映文件的分类、排列等工作的成果。通过编号，使归档文件的位置得以确定，并为后续的编目工作以及将来查找利用时的实体存取提供条件。

"编号"中的"号"并不是一个简单的数字，而往往是包括全宗号、年度、保管期限、机构（问题）、件号等分类排列要素在内的一组数字和字符的集合，统称为编号项目。编号项目分为必备项和选择项，其中的必备项是根据归档文件整理和管理工作的基本需要设置的；选择项则可根据本单位实际需要选择使用。

（一）必备项

包括全宗号、年度、保管期限、件号。

1. 全宗号：是档案馆对其接收范围内各立档单位所编制的代号。填写此项是便于档案馆对各单位移交进馆的档案进行区别管理。实际工作中，全宗号往往由各级档案馆按照进馆计划给定，有些新组建单位或暂未列入档案馆接收计划的单位，可将此项空置，留待同级档案馆给定全宗号后再行填写。

2. 年度：指归档文件的形成年度，即形成和处理归档文件的年度。形成年度的判定方法，具体可参照本章中有关"年度分类法"部分的有关内容。填写此项时，应采用公元纪年，以4位阿拉伯数字表示。如2014年表示为"2014"，不能简化为"14"。

3. 保管期限：是指机关文书处理和业务部门或者档案部门在整理归档文件时给归档文件划定的保管期限。按照国家档案局有关规定，机关文书档案的保管期限定为永久、定期两种。定期一般分为30年、10年。

4. 件号：即归档文件的排列顺序号，它是反映归档文件在全宗中的位置和固定归档文件的排列先后顺序的重要标识。由于文件级整理是以"件"为基本单位，件号也就应当逐"件"编制，以保证归档文件目录的完整，反映一个组织归档文件的全貌。

件号分为室编件号和馆编件号。室编件号项，是机关档案部门在文件材料整理归档阶段编制的。馆编件号项，是在档案移交进馆时按照档案馆的有关规定填写的。

一是室编件号，即归档文件在分类方案的最低一级类目内的排列顺序号。应在分类方案的最低一级类目内，按文件排列顺序从"1"开始标注。以采用"年度—组织机构—保管期限"进行分类为例，室编件号应在同一年度内、同一组织机构的一个保管期限内从"1"开始逐件流水编号。例如：办公室2014年形成的归档文件分为永久、30年、10年三个保管期限，编号时永久、30年、10年三个保管期限分别从"1"开始编一个流水件号，形成三条流水号。

二是馆编件号，是出于档案室、档案馆衔接的需要而设计的。通常，各档案室的档案移交进馆时，由于各种原因往往需要进行入馆鉴定、整理等局部调整，如将部分档案抽出、补入等等，使目录中的件号出现断号、跳号等现象，从而增加了档案馆管理工作的难度，因此有必要重新编制件号。在归档章和档案盒盒脊等处预留出"馆编件号"的位置，供需要时直接填写，就不必重新盖章或更换档案盒。

（二）选择项

选择项为机构（问题）项。之所以将其列为选择项，是因为在选择分类方法时，对于文件数量少或内部机构简单的机关，只选择年度、保管期限两种分类法就能满足整理工作的需要，无须再分机构（问题）。但对许多机关来说，选择机构（问题）进行分类还是必要的，在编号时也应相应编制机构（问题）项。

填写机构项时，应按照分类方案填写其类目名称。如机构名称太长，可使用机关内部规范简称，如政策法规司可简称为"法规司"，经济贸易处可简称为"经贸处"，但不能使用"一司""一处"等难以判定的简称；填写问题项时，则可根据分类方案，直接填写"党群类""行政类""业务类"等类目名称。

（三）归档章

以上编号项目确定后，要编排在归档章中。归档章，是指逐件标识在每一归档文件上，以示归档文件分类状况和排列位置的专用戳记。归档章能准确提示归档文件的"坐标"位置，保证归档文件快速定位查找和借阅后的准确归位。

归档章上的项目包括全宗号、年度、保管期限、件号、机构（问题）等项目。

填写归档章时，应使用符合档案保护要求的字迹材料，如碳素墨水等，也可使用打号机打号。禁止使用圆珠笔、铅笔、纯蓝墨水等不耐久的书写材料进行填写。归档章中有些项目比较固定，如全宗号、保管期限、机构（问题）等，有条件的单位可以直接刻在归档章上进行加盖，以减少填写项目的工作量。此外也可在归档章上增加收文日期、收文号等，将收文章与归档章合一。

加盖归档章并填写相关项目，一般须在归档文件编号后进行。但在实际工作中，可以适当改进工作方法，通过对工作制度、工作程序进行调整，从而提高盖章工作的效率。一方面，根据归档文件整理的需要，对机关文件管理制度进行一些修改，例如：在由外收发或内收发负责文件签收的单位，如果在收文尚未流转、办理前，由收发部门在文件首页上端的居中位置加盖空白归档章，就能有效避免领导批示等占用盖章位置。另一方面，在文件形成量较大、实行文书处理或业务部门整理归档或者随办随归档的单位，可给每个部门负责文件整理归档工作的文书人员分别配置一套归档章，文书人员每形成一件文件，可及时在文件首页上加盖空白归档章，有助于将盖章分散到日常工作中，减轻集中盖章的工作量。

归档章的一般格式，其规格为长45mm、宽16mm，分为均匀的6格。归档章上设置的项目主要为编号项目中的必备项。鉴于选择项中的机构(问题)项使用率较高,在归档章中也为其预留了位置。在填写这些项目时,应严格按照顺序进行,各项在归档章中的位置不得打乱,以适应标准化的需要。

归档章的格式如图 5-4。图 5-5 的样例表示,加盖此归档章的文件是属于 2013 年的人事处永久保管的文件,369 为此份文件的室编件号,左上角方框(全宗号位置)和右下角的方框(馆编件号的位置)空置,待文件移交国家档案馆后再行编制。

全宗号	年度	室编件号
机构或问题	保管期限	馆编件号

图 5-4　归档章的格式

	2013	369
人事处	永久	

图 5-5　归档章的样例

机关单位根据各自的不同情况,可能需要在归档章上增加其他选择项目,这时可在归档章的右侧按 8mm×15mm 规格增加空格填写,或填入归档章中机构(问题)或馆编件号等已明确空置而不用的空格位置中。

归档章一般应加盖在归档文件首页上端居中的空白位置。如果领导批示或收文章等占用上述位置,可将归档章盖在首页的其他空白位置,但以上端为宜。如果文件加贴了"发文稿纸"或"文件处理单"的,也可将其放在最前面作为首页,在其上加盖归档章,以更好地保护文件正本的原始面貌。文件首页确无盖章位置或重要文件须保持原貌的,也可在文件首页前另附纸页加盖归档章。归档章应尽量不压住文件字迹,也不宜与批示文字或收文章等相互交叉。

五、编目

编目是指编制归档文件目录。编目是归档文件整理工作的重要内容之一,也是其他各种编目工作的起点和基础。编目是以系统化工作为前提,以反映全宗内归档文件的体系结构为目的。

归档文件目录,即依照归档文件分类、排列的顺序,逐类逐件登录归档文件信息,用以揭示归档文件的内容与成分的一览表。

归档文件目录的编制原则如下。

1. 以"件"为单位进行,在目录中"一件"也只体现为一条条目。如来文与复文作为一件时,在归档文件目录中只对复文进行编目,通过检索复文来实现对相应来文的查找。

2. 条目顺序受到前期文件分类、排列方法的制约,因而应依据分类方案和室编件号顺序编制归档文件目录,以系统、全面地揭示归档文件的全貌。

3. 条目要力求涵盖归档文件的主要内容和形式特征,以便为日后文件检索与查找利用奠定良好的基础。

归档文件目录的格式，包括目录表头、目录表格形式、各项目在目录中的位置等。其具体格式，各机关单位可以根据需要，在一般格式的基础上自行确定。同一立档单位的目录格式应一致，不得随意更改变换，使之保持美观和便于使用。

归档文件目录包括件号、责任者、文号、题名、日期、页数和备注等项目。其中，件号，包括室编件号和馆编件号两种，两者的具体编制方法在前面已作介绍。页数，应填写一件文件的总页数，用于统计和核对。计算页数时以文件中有图文（指与文件内容相关的文字、图画等）的页面为一页，空白页不计。大张的文件或图表折叠后，仍按未折叠前有图文的页面数计算页数。来文与复文、正本与定稿等作为"一件"时，统计页数应将构成该件的各文件页数相加作为该件的总页数，如关于××问题的请示和批复分别为3页和2页，作为"一件"时，该件页数应为5页。有关责任者、文号、题名、日期和备注等项目的具体填写要求，请参见本章有关"卷内文件目录"填写的相关内容。

填写归档文件目录项目时，应使用符合档案保护要求的字迹材料，如碳素墨水等，禁止使用圆珠笔、铅笔、纯蓝墨水等不耐久的书写材料进行填写。

归档文件目录应单独装订成册并编制封面，这样既整齐美观，不易损坏，又便于传递、携带和阅读。目录编制成册的方式视需要而定，可以与分类方案一致，也可以有所不同。归档文件目录封面的格式应与目录的编制方式一致，设置全宗名称、年度、保管期限、机构（问题）等项目。其中全宗名称栏填写立档单位的全称或规范化简称，其他栏目根据目录编制成册的具体方式选择设置并填写。

六、装盒

装盒工作包括将归档文件按件号顺序装入档案盒、填写备考表、编制档案盒封面及盒脊项目等内容。

归档文件应严格按照件号的先后顺序装入档案盒，与归档文件目录中相应条目的排列顺序相一致，保证检索到文件条目后能对应地找到文件实体。利用完毕归位时，同样要注意将其按件号顺序装入相应档案盒中。否则，在以"件"为单位进行管理的情况下，一旦归位错误，将使日后的保管和利用工作难以顺利开展。

（一）装盒要求

文件装盒时，应按照分类方法的不同，将不同类别的归档文件装入不同的档案盒中。这是因为：文件实体查找时是由归档文件目录条目对应到档案盒盒脊项目，再由盒脊上的项目对应到盒内文件归档章上的项目，因此盒脊上的项目设置必须与盒内文件上归档章的项目一一对应，才能反映出归档文件的存址。如果不同类别的归档文件混装在同一盒中，必然会造成盒脊上项目设置的混乱，同一栏目填写时内容也会杂乱。同时，在档案馆接收档案进馆时，按照进馆计划和接收范围的不同，对移交档案的年度和保管期限都有相应的要求。如果同一盒中不同年度和保管期限的档案混放，移交时就必须按照档案馆接收标准进行再加工，重编目录、重新装盒，这将会带来大量重复劳动。

在文件级整理中,档案盒只是归档文件的装具,不具备保管单位的作用。因此,并不要求同一事由的归档文件必须装在同一个档案盒内,只须按照排列的先后顺序依次装盒;一盒装满后,顺次装入下一盒即可。

装盒的具体要求如下。

1. 不同形成年度的归档文件不应放入同一档案盒。需注意的是,形成年度并不等同于文件落款的年度,因此分年度装盒并不意味着同一档案盒内的文件都是一个年度写成的。

2. 不同保管期限的归档文件不应放入同一档案盒。主要是为了在紧急情况下可以优先抢救和保护那些最有价值的文件,也方便向档案馆移交归档文件。

3. 分机构(问题)的情况下,不同机构(问题)形成的归档文件不应放入同一档案盒。即使某些机构(问题)形成的文件数量少,装不满一盒时,也不宜将其混装入其他档案盒,而应视这组文件的厚度选择适宜的档案盒,尽量做到文件装盒后与档案盒成为一个整体,竖立放置时不至于使文件弯曲受损。

档案盒既是归档文件的装具,也是反映盒内归档文件位置的载体。制作良好、封面和盒脊项目编制规范的档案盒,不但能很好地起到保护盒内文件的作用,也为检索、利用的顺利进行提供了保证。

档案盒的外形为长 310mm、宽 220mm 的长方体,厚度一般为 20mm、30mm 或 40mm,此规格是按照可放入纸张幅面为国际通用 A4 型(297mm×210mm)的文件,并能够较方便地抽取盒内文件而设计的。厚度允许不同的尺寸,以方便放置不同厚度的文件。同一机关档案部门使用的档案盒厚度应相对统一。按照档案盒摆放方式的不同,可以分为竖式和横式两种,盒脊上项目的位置设置也相应发生变化。同一机关档案部门,只能选用一种档案盒摆放方式,以保持档案盒上架后整体的整齐、美观。

(二)填写档案盒封面

档案盒的封面包括以下项目。

1. 全宗名称:即立档单位名称,使用全称或规范化简称标明下加双横线。无进馆任务的单位(如某些企事业单位),也可不印制全宗号一栏。

2. 年度:填写盒内文件的形成年度。

3. 保管期限:填写盒内文件所属保管期限。

4. 机构(问题):填写分类方案中相应机构(问题)的类目名称,具体填写方法参见"编号"部分有关内容;不按机构(问题)分类的单位,盒脊上可以不印制机构(问题)项。

5. 起止件号:填写盒内排列最前和排列最后的归档文件的件号,其间用"—"号连接,如"100—150"。检索时在归档章上其他项目的配合下,将件号与档案盒盒脊上的起止件号相对应,即可确定该份归档文件所属的档案盒。起止件号分为室编件号和馆编件号两栏,归档文件整理阶段只填写室编件号,馆编起止件号栏空置,待归档文件进馆后再填写。

6. 盒号:指档案盒的排列顺序号,在进馆时按进馆要求编制。盒脊上各项目的填写规范应与盒内所装的归档文件上加盖的归档章的主要项目保持一致。

文件装入文件盒中,还应填写备考表。备考表,是放在盒内所有归档文件之后,用以对盒内归档文件进行必要的注释说明。备考表是机关文件与档案管理部门对归档文件进行动态管理的有效措施。备考表上设置的项目包括盒内文件情况说明、整理人、检查人和日期,其填写方法请参见本章案卷级整理中"卷末备考表"的相关内容。

第四节　归档文件的交接

为便于就近利用,经整理的归档文件通常要在文书处理部门或业务部门保存一定的时间,当这些文件不再作为常用办事依据和工具时,再按照有关规定向档案管理机构移交。《中华人民共和国档案法》第十条规定:"对国家规定的应当立卷归档的材料,必须按照规定,定期向本单位档案机构或者档案工作人员移交,集中管理,任何个人不得据为己有。"移交工作一般由文书处理部门或业务部门负责。向档案部门移交文件档案资料时,交接双方应履行交接手续。任何个人不得保存应当由档案部门保存的归档文件。

一、归档内容

归档,是指文书处理部门或承办部门将整理完毕的归档文件定期向本机关档案部门移交的活动。归档作为一项制度,各机关必须贯彻执行。机关档案室负责集中统一保管本机关的档案材料。通过归档,有价值的文件源源不断地从文书处理部门或各业务部门汇聚到机关档案室(馆),为档案工作奠定了坚实的基础。如果没有"归档",也就没有档案财富的积累和集中,也就无法客观地反映各级各类社会组织真实的历史面貌,档案工作也就成了"无源之水""无本之木"。因此,必须建立健全归档制度,做好归档工作。

归档工作的内容主要包括归档范围、归档时间、归档案卷的质量要求。

归档范围,即文件应归档的范围,也就是哪些文件需要转化为档案的范围。请详见本章有关"文件归档范围"的内容。

归档时间,即文书立卷部门或各业务部门向本机关档案部门移交归档案卷(卷盒)的时间。根据《机关档案工作业务建设规范》的要求,一个机关中的文件处理部门或各业务部门应在次年6月底以前向档案部门移交整理完毕的归档文件。一些专门文件和不同载体的文件应根据有关规定执行,如教学文件可以按照教学年度移交,会计文件可以在会计部门保存一年后移交,照片文件也可随时移交。

归档要求,是针对归档案卷提出的质量要求。根据有关规定,对归档案卷(卷盒)的总体质量要求是:反映文件材料的自然形成规律和特点,保证文件的齐全、完整,维护文件之间的有机联系,区别不同价值,便于保管和利用。移交归档文件时,档案部门应按照上述要求对案卷(卷盒)进行认真检查,查看归档文件的整理结果是否符合规范。对不符合规范的,不得接收,应退回文书处理部门或者各业务部门重新整理规范后,再行归档移交。一般情况下,档案部门不应当接收未经文书处理部门或者各业务部门整理的零散文件。

二、归档手续

文书处理部门或承办部门向档案部门移交案卷（卷盒）时，经档案部门工作人员审查无误之后，交接双方须在移交凭据上签注姓名、时间，以示对归档移交工作负责。

首先，检查案卷（卷盒）中是否属于归档范围的文件，对照归档案卷（卷盒）的移交目录或者一式三份案卷目录进行文件质量、数量的全面检查。

其次，对检查无误的案卷（卷盒）可办理移交手续，即双方都在移交目录上签字之后，各执一份移交目录，文书处理部门或业务部门可留存一份备查，档案室的一份应归入全宗卷。如果档案部门是按组织机构编制目录的，还可直接将第三份移交目录装订成档案室的案卷目录，作为平时查找档案文件的检索工具。

归档手续办理完毕后，文件管理阶段结束，文书处理部门或业务部门承担的文件管理任务已全部完成。文件生命周期中的档案管理阶段正式开启，档案部门接替文件处理部门或业务部门成为档案管理的主控部门。因此，人们通常又将归档看成文件管理与档案管理工作的分水岭。

复习思考

一、名词解释

有机联系原则　归档范围　分类方法立卷特征　分类方案　案卷　卷内文件目录　问题分类法　组织机构分类法　归档章

二、简述题

1. 整理归档文件的基本原则。
2. 文件分类的常用方法。
3. 案卷级整理的主要步骤。
4. 文件级整理的主要流程。
5. 文件归档交接的主要内容。

三、论述题

1. 文件整理归档为什么要始终坚持有机联系原则？
2. 案卷级整理与文件级整理各有什么优点？
3. 判断一份文件属于归档范围的依据是什么？
4. 为什么说归档是文件管理与档案管理的分水岭？

案例研讨

5-1　文件材料是信息资产

20世纪80年代初，某市A公司将一块面积约100亩的土地借给该市的一个机械厂。90年代末，随着公司规模和人员的不断增长，公司领导层打算尽快收回借出的土地,但是公司总经理办公室(负责公司文件处理的综合办公部门)翻遍了公司上上下下的文件柜,怎么也找不到借出土地时双方办理借地手续所形成的各种文件材料。找到几位当时知情的老同志了解,据他们回忆,当时将土地借给机械厂时,是由当时在任的黄经理签字同意的,有关材料也一直保管在黄经理手中,当时办公室的文书人员也没有对这些文件材料进行及时收集、整理和归档保存。80 年代末,黄经理调离了本公司,离职时并没有移交借地等文件。由于该公司拿不出借地证据文件,机械厂又不肯承认借地,因而无法收回那块借出的土地。按照现在的市场价格估算,A 公司白白损失了近千万元。据悉,与过去相比,A 公司现在的文书工作仍是各自为政,各部门的工作人员各自负责处理和管理自己履职过程中的文件材料。

问题讨论

1. 请指出某市 A 公司在办理文件收集整理和归档管理中存在哪些问题,并分析引发这些问题的主要原因。
2. 假如你是 A 市某公司总经理办公室文件管理的负责人,你要采取哪些措施来改进本公司的文件管理现状,以确保本公司信息资产的齐全完整和安全?

5-2　亨利·福特的文件观

美国汽车大王亨利·福特最不喜欢把任何东西写成书面的。据与其共同管理福特公司近八年之久的雅科卡讲,他所保存的文件档案中几乎没有什么文件上有亨利·福特的签名。亨利·福特经常对人讲,他从不保留任何文件材料,而是将所有这些东西统统烧掉。他认为:"这些东西只会给你带来损害,任何人保存自己的文件档案都只是在招惹麻烦,最后会有个坏蛋来阅读这些东西,那么,不是你,就是公司,将为此付出代价。"

发生于 1972 年 6 月 17 日的"水门丑闻"(安装窃听器并偷拍竞选文件)带给亨利·福特深刻影响,同时也更坚定了他对文件材料的上述认识,他常对雅科卡讲:"看到了吧,我说过了,你要那些东西迟早会触霉头,等着瞧吧。"亨利·福特难得到雅科卡的办公室去,有一次来时,他四处望了望,看到了剪贴本和一些文件,他大骂道:"你们是笨蛋!有朝一日你们会因为保存这些东西而受折磨!"

据知情人讲,亨利·福特这种处世风格是遵循其祖父(亨利一世)的座右铭——"历史是骗人的鬼话"。他不仅对这句箴言信得着了迷,而且还有更直接的表述:"毁掉你能破坏的一切。"

问题讨论

1. 亨利·福特认为任何人保存自己的文件档案都只是在招惹麻烦,会让保存者为此付出代价。你如何评价亨利·福特对文件档案的上述认识?

2. 面临当今这样一个信息时代,如果你是亨利·福特办公室的主任,你将如何开展自己的工作?

5-3 文件立卷为何让她头痛?

B市金桥制药厂是该市知名企业。随着生产规模的不断扩大,业务活动的日益拓展,其内部组织机构也不断增加。现设总经理办公室、开发部、生产部、质量部、市场部、销售部、财务部、人力资源部、行政部等等,其中总经理办公室负责全公司文件与档案工作的组织和领导。

为了维护文件之间的有机联系,便于保管和利用,该厂坚持传统的以"案卷"为单位进行文书立卷工作,编制了文件分类方案,按问题分类排列第一级类目,并采用集中式的组织方式:每年年末或下一年初,各部门将自身工作中形成以及处理完毕的文件材料集中到总经理办公室,由总经理办公室的文书人员王晓栗统一进行分类整理。而每当这时王晓栗就发愁,尤其是文件的分类,是她最头痛的事。

通常,她需要按照下列步骤整理立卷:首先,根据分类方案按问题进行第一层次的分类,然后再按问题或保管期限进行第二层次的分类,直至分类到适宜组合成一个个案卷的层次;其次,按文件的重要程度或时间先后顺序将文件组合成案卷;第三,按照案卷的重要程度编制案卷目录;第四,将案卷在立卷部门保存两年后移交给公司综合档案室,同时履行归档手续——在移交目录上签字,以示负责。此时文书立卷工作结束。

由于文件数量大,文件内容和成分比较复杂,王晓栗在年终文件分类整理时得花费很多时间,往往效果仍不理想,如出现内容交叉、联系分散等情况,给查找文件带来许多困难。王晓栗一直在思考:如何才能使文书立卷简便高效、得心应手呢?

问题讨论

1. B市金桥制药厂以"案卷"为单位整理文件,其组织方式和分类方法的选择与该厂的实际情况是否合适?为什么?
2. 王晓栗整理文件的程序和方法是否正确?存在哪些问题?请你为该厂文件整理工作设计一套规范合理的组织形式和立卷程序。

5-4 文件级整理能如此变通?

为了执行国家档案局的《归档文件整理规则》(以下简称《规则》),T市卫生局特制发通知,要求局属各单位从2001年开始以"件"为单位整理归档文件。局办公室考虑到从传统的"案卷"级整理突然改为"文件"级整理,许多文书人员还不了解改革的思路和具体操作规程,根据《规则》的要求,结合本机关的实际,在通知中对其作了如下的变通处理,以期提高文件整理效率:

一是允许将内容相关或相近的文件合并作为"一件"处理;

二是除《规则》规定的年代、保管期限、组织机构（问题）外，可以选择使用文号、机构级别等其他分类方法；

三是各部门可以按照文件形成的时间或收发文字号的顺序排列归档文件；

四是在填写归档文件目录时，会议文件、报表、刊物等成套文件只需填写一个总名称即可，例如"第十届职工代表大会文件"。

问题讨论

1. T市卫生局制发"通知"变通处理"文件级"整理规范的做法是否符合国家档案局发布的《归档文件整理规则》的精神？为什么？
2. 如果T市卫生局要坚持执行通知中有关归档整理的变通方法，是否会对其文件管理系统带来影响？请说明你的观点和理由。

5-5 整理方法选择妥当吗？

某县教育局设有10个内部机构，且相对稳定，职能分工明确。该局文书立卷的做法是：按教学年度立卷，即每年暑假期间对上一个教学年度的文件进行整理立卷；立卷时由局档案室的工作人员进行指导与监督；由局办公室集中立卷；要求所有文件均按问题分类，一律按问题特征组卷。

某商贸公司刚刚创立5年，规模较小，内部机构分工时常变化，一个机构如经理办公室等往往承担多项工作职能，几个部门协同办文较为普遍。公司采用的是组织机构分类法，每年年终，公司各部门分别整理自身收集积累的文件材料。平时，各部门负责收集业务活动中办理完毕的文件，并按照文件形成时间的先后顺序依次排列整理。各部门整理完毕的文件材料，整齐地分别叠装在不同的大纸箱里，在大纸箱上写上箱内文件形成的起止时间，查找利用时搬出纸箱翻找即可。

问题讨论

1. 某市教育局的文件整理方法是否妥当？请说明你的观点和理由。
2. 某商贸公司的文件整理方法是否妥当？请说明你的观点和理由。

5-6 如何撰写案卷题名？

A案卷内有下列文件：

(1) M市化工局关于将金星化工厂职工李××调回M市工作的函

(2) M市劳动局同意金星化工厂职工李××调回M市的复函

(3) M市化工局请求将实验农场职工王××调入金星化工厂工作的函

(4) M市劳动局同意实验农场职工王××调入金星化工厂的复函

B组文件中有一些属于归档范围，也有一些不属于归档范围，请在下列属于立卷范围的文件后（　）内划"√"：

(1)《N市税务局第十五期税务干部专业培训班作息时间表》（　）

(2)《N市税务局第十五期税务干部专业培训班报名须知》（　）

(3)《N市税务局第十五期税务干部专业培训班"五一"节放假的通知》（　）

(4)《N市税务局第十五期税务干部专业培训班学员登记表》（　）

(5)《N市税务局税务干部专业培训工作计划》（　）

(6)《N市税务局税务干部专业培训工作总结》（　）

(7)《N市税务局关于做好税务干部考核工作的通知》（　）

(8)《N市税务局关于成立税务干部考核工作领导小组的通知》（　）

(9)《N市税务局关于印发税务干部考核等级标准的通知》（　）

(10)《N市税务局税务干部考核情况登记表》（　）

问题讨论

1. 请为A案卷拟写案卷题名，指出A案卷运用了哪些文件特征？
2. B组文件材料中属于归档范围的文件将要组成B案卷，请为B案卷拟写案卷题名，并指出其立卷特征。

5-7　归档手续的用处

舒宁与郭玲同在某局办公室工作，舒宁是秘书科人员，郭玲是档案科人员，二人关系十分亲密。但不久前二人却因一份文件而变成了陌路人。

今年5月23日，舒宁将已整理完毕的去年的八盒文件送交档案科归档，当时郭玲正在为后勤处一位工作人员查找系列基建项目文件，腾不出手来，就对舒宁说："你整理的文件肯定没问题，你就先把卷盒放在这里，等我这里办完后打电话给你，再与你办理归档手续吧。"舒宁听后放下卷盒就回自己办公室了。之后，郭玲直接将八盒文件上架，也没与舒宁办理交接手续。9月20日，舒宁急匆匆来到档案室，要为局长查找一份去年上级部门的批文，舒宁告诉郭玲就在自己上半年移交的卷盒中。然而，郭玲将那些文件翻了好几遍，也没有查找到批文（倒是找到了本局就同一事项的请示件），郭玲说："你肯定没交过来！"舒宁一听急了："我将批件与请示件放在一起归档的，肯定是你弄丢了！"郭玲说："你把我们双方签字的交接清册拿来查对！"这一句话，提醒了舒宁，她忽然记起来了，郭玲一直没有与她办理归档文件的交接手续，她拿什么凭据来核实！

问题讨论

1. 归档手续的作用是什么？作为文件部门与档案部门的工作人员，舒宁与郭玲交接归档文件必须按照什么规范程序进行？
2. 如果上级部门的批文确已丢失，这会给归档文件带来怎样的影响？如果你是舒宁，你将用什么办法来予以补救？

第六章 文件效率管控

> **学习引导**

文件效率管控,是指对文件运行过程中各种管理要素和程序、方法等进行科学有效的设计、组织、协调与控制的系列活动,包括对文件运转过程中涉及的人员、资金、物质条件和时间等的有效配置,对文件管理的流程、环节、程序、方式的科学设计,对文件信息的流向与流速、数量与质量等的合理管控,等等。

文件效率管控,不仅要关注文件管理要素、各工作环节,而且要重视文件管理要素之间、各工作环节之间的相互关照、配合与协作,使各种文件管理资源充分整合、管理程序精简优化、管理过程高效协同,提升文件管理的整体功效,切实服务于现行组织的各项管理活动。

文件效率管控的主要举措有:文件督办和答复、文件平时归卷与调整定卷、文件数量与质量控制、办文过程和关键程序控制、文件信息公开和信息挖掘服务等。

第一节 文件答复与督办

一、文件的答复

文件的答复,是指将文件办理的结果及时回复来文单位或者告知其他需要知悉办理结果的相关单位的活动。

"答复"是一种办文回应机制。这种办文回应机制,实际上是一种办事机制,是办文机关的责任性、回应性、公众本位、行政效率等方面的具体表现。《党政机关公文处理工作条例》第一次将"答复"纳入办文程序予以明确规范,具有重要的现实意义:一是有助于增强公文处理的回应性,实现收文与发文双方的高效沟通,克服文牍主义、形式主义等不良工作作风;二是有助于办文办事过程的公开,便于发文机关或社会公众及时了解收文机关解决各种现实矛盾与问题的态度、行为和过程,增加办文办事程序的透明度,有助于政府与社会公众间建立相互的信任与认同;三是有助于收文机关更快捷、更确切、更真实地从民众对办文的反馈意见中发现自身工作中存在的不足和问题,推动政府部门不断改进工作,提升自身的办文办事效率。

收文答复一般有以下三种方式。

1. 当面答复,即办文双方(或多方)直接地、面对面地就有关内容进行沟通、洽商、解释,予以现场办复。当面答复的优点:双方(或多方)面对面交谈,可以通过对方的表情、动作、语言、语气等得到更多的信息;双方(或多方)都能够集中精力沟通问题,不受其他因素影响,能够积极有效互动和深入透彻地交换意见,容易把问题沟通清楚,沟通效率较高;双方(或多方)直接接触,彼此面对面的沟通容易增进了解,联络感情,拉近距离,增强亲和力,这对于建立和谐合作的关系具有积极意义。由于受到空间距离、投入时间、交通费用等因素的制约,此种办文方式主要适用于一些重要的、多方的、距离较近的答复对象。

2. 书面答复,即以文字为媒介制作不同种类文本(如批复、报告、通知、公函、决定等)来进行解答回复。书面答复的优点:较之当面答复的实时性,书面答复则更具间接性,因而可使文本撰写人有比较充足的时间深入思考文本内容,从容表达思想和主题,如文本中的遣词用语可仔细推敲、不断修改,直至准确精练;书面文本"白纸黑字"逻辑清晰,真实可信,具有良好的规范性和证据力;书面文本表意稳定,易于复制传递,便于向多人传达相同的信息,同时不需考虑双方的空间距离、时间和差旅费的投入成本,是一种比较经济的答复方式。书面答复的文本一旦作为正式文件发出,文本中的内容就是确定的,不能灵活变通,收文者往往也无法获知其中的诸多细节,因此,必要时书面答复还需要采用其他答复方式来进行补充说明。书面答复主要适用于需要深思熟虑反复斟酌的,或短时间很难有结果的等答复事项。书面答复可呈现为多种载体形式,既可表现为传统的纸质公文,也可表现为电子政务平台上传输的电子公文,后者使答复更加及时高效。

3. 电信答复,即通过电话、传真、电子邮件等电子通信工具进行解答回复。

电话答复,是实时交流的一种口头答复方式。其优点是能使答复具有良好的时效性。但同时容易导致电话中的一些承诺因"口说无凭"而无法得到保障,因此采取电话答复时,可启动电话的录音功能录制答复的内容,来保证答复的真实性和有效性;也可做好书面的电话记录,便于日后查询和执行。

传真答复,是应用扫描技术,把固定的图像(包括文件、照片、图表等)转换成电信号传送到接收端,以记录形式复制文件的一种书面答复方式。其优点是实现文件的真迹传输和保真,确保接收文件一方对文件格式和内容传递的真实性和凭证性的确认。当然,有时也会因为电信号不畅通、机器故障等原因影响文件传输。

电子邮件答复,是利用网络实时进行的一种书面答复方式。其优点是能及时快捷传输答复内容,同时电子邮件系统后台会自动生成其答复文本的邮箱地址、发送时间和过程等相关信息,使答复的结果和承诺更易查询,并留下凭据。当然,由于传输渠道的开放性,电子邮件答复一般适用于非涉密的文件的办理。

上述方式各具特点、各有优势,在收文答复中应结合实际情况选用适宜的答复方式。同时,收文答复方式必须与答复内容相结合,答复的内容应从实际出发,实事求是,认真调研、办理、答复,切实解决收文中提出的事项或问题,积极回应社会组织和公民等提出的各种意见、建议和诉求等。只有这样,才能确保收文答复真实准确、及时高效。

二、文件的督办

文件的督办,即对文件办理进程或文件内容的贯彻实施等进行检查、监督、推动的系列活动。

文件督办的主要作用体现在三个方面。

一是有助于跟踪文件内容的办理进度和办文实效。督办可以更好地控制文件运行的时空范围,确保文件在不同部门、不同地域运行的过程中达到办文办事的高度融合,使办文过程与办事的事理逻辑统一起来,更好地实现发文机关的发文目的,充分发挥文件的现实执行效用。

二是能及时纠正文件办理的偏差失误。督促各单位及其工作人员依法依规办文,既能保证文件办理行为的合法性和实效性,也能及时发现并有效惩治以"文"谋私的腐败现象。

三是有助于克服文牍主义和形式主义的工作作风。督办有助于正确认识文件信息价值,树立文件信息意识,处理好办文办事的关系,提高文件管理能力,避免出现有令不行、有禁不止等问题。

文件督办,主要包括文件的催办和查办工作。

(一)催办

催办,指对文件处理过程所实施的督促与检查的活动,即对文件办理处置执行情况的反馈信息进行实时监控,及时发现办文工作中的偏差,防止办文的迟缓与延误。催办工作是文件管理系统的一种自我预警机制,它将文件管理中各程序的处理纳入即时监控中,随时发现办文中的问题,分析原因,纠正解决错漏,避免进一步扩大办文办事的失误,以免造成无法弥补的严重后果。

催办作为一项文件管理的监督检查机制,是一项重要的控制环节,它不仅仅针对文件承办环节,而应该包括对文件拟办、批办及承办等各个环节的督促检查。这是因为文件办理是一个完整的有机系统,是各个环节之间彼此关照、相互联系的统一体。系统中任何一个环节的工作都是整个工作链条中的一环,如果只是承办一个工作环节顺畅完成,拟办、批办等环节却延误、拖拉,这同样会降低整个文件办理系统的效能。因此,对文件办理系统来说,有效催办是保证文件办理各环节和谐、准确、协同运行的重要控制手段之一。

1. 催办的范围和方式

根据文件工作不同的组织形式,各个专职或兼职文件管理部门,如综合办公厅(室)或业务部门的文件管理部门应是文件催办工作的具体实施机构。它们负责一个机关文书工作的组织与运转,是各种信息的枢纽,这些文秘部门(人员)熟悉文件办理来龙去脉,由其负责催办,能从整体上全面系统地把握整个组织或组织机构中各项管理活动的动态和进展,有助于发挥文件催办工作的作用。特别重要的文件,也可由各级领导人亲自负责。

催办工作是有特定的对象的,并不是所有的文件都需要催办。在一个组织中,通常要产生和使用数量巨大的文件材料,其中需要催办的文件包括以下几种。

(1)上级领导、本机关领导交办的事项或需要办复的文件。

(2)同级或其他不相隶属机关要求答复与办理的事项,如请求批准函、合同协议书、要求答复与处理的重要来信来访等事项。

(3)下级机关的请示;会议决议中需要办理落实的重要事项。

(4)其他组织交代的需要办理的各种事项,如人大代表的议案和政协委员的提案;重要事故、事件、人物等专案的处理等。

针对文件的不同种类,可以采取不同的方式。根据其内容、对象、手段的不同,催办的形式可以多种多样。

(1)就催办对象而言,催办的形式可分为以下两种:对内催办,是指针对收文的催办,对本机关各承办部门的文件办理工作进行督促与检查,如对负责人的签发或批办、办公室主任的文稿审核或拟办、文印部门的印制和校对、承办人员的办理等各项工作的敦促和催询;二是对外催办,是针对本机关发往外机关请求予以办理的发文的督促,是对本机关的发文在受文机关进行办理情况所进行的催询或检查督促。

(2)就催办手段而言,催办的形式可分为以下几种:文字催办,是以发送催办单或便函的形式进行书面催办,有根有据,但所需时间长,适用于一般性文件的催办;登门催办,是催办人员登门走访口头催询,效果明显,但耗费人力和时间较多,适用于对重要文件的催办;会议催办,是召开会议集中宣讲实施催办,参与人员和时间较多,适用于催办对象数量校多、催办内容一致的情况;通信催办,是利用电话、电报、传真、电子邮件等手段进行催办,催办速度快,但机密性文件不宜采用。

(3)依据文件紧急和重要程度,可将催办形式划分为以下几种:跟踪催办,是针对紧急文件紧随其后随时关注文件的办理情况,随时即时督促办理;重点催办,是针对重要文件将其放在众多工作中的优先突出位置,重点催办办理;定期催办,是针对一般文件设定固定的时限按时督促办理,如规定每三天催办一次正在进行办理的各类文件。

2. 催办的要求

(1)选择催办方式。根据文件的实际情况选用具体催办方式,对一般性文件采用如口头催办、电话催办、电子邮件等经济、高效的催办形式,重要文件采用跟踪催办或登门催办等方式。切忌事无巨细、不分缓急一律选用文字催办方式或者登门催办方式。

(2)确定催办的适当时间。催办工作需在期满之前至少提前一至二天查询、督促有关承办部门,保证文件在有效时限内办毕,已经到期或期满后再行催办就失去了催办工作的检查控制作用。

(3)做好催办登记。为了备查和明确办文各方的责任,催办应填写"催办登记表(单)"(包括催办的文件标题、办毕时间等项目),对催办中各项情况进行登记。其登记的常用方法有:一是簿册登记,即将需要催办的文件登记在收文登记簿册上,分送文件同时,文秘人员再填写一张催办单,注明承办要求(如"请于×月×日办毕"),随文件一起交给承办人;二是催办卡(凭单)式登记,即填写一式二联的催办卡(凭单),一联附在文件前面转送给承办单位,另一联催办部门(人)留存备查,并随时检查文件办理情况,并通过其他方式再行催办;三是电脑登记,即将催办事项输入电脑,同时填写一份催办单,设置催办时间,催办时限一到,电脑会自动显示当天需催办的文件,或自动再将已填写好的催办单发给承办单位进行自动催办,或文秘人员自行催办。

(4)建立反馈机制。建立催办的目标并提出具体落实的要求和标准,以灵敏及时的反馈机制迅速将监督对象的实际情况反馈给文书处理部门或有关领导,比较反馈的信息,找出存在的问题和差距,请示有关领导或会同有关方面经协商形成解决问题的办法,指导或帮助承办或执行文件精神的部门解决问题,完成文件的办理工作。催办中,及时督查、及时反馈,无论是成绩与经验,还是失误与教训,均应如实反馈。催办人发现自身确实无法解决的问题,应及时向领导汇报,请求指示,以便及时、准确、有效地办理文件。

(5)注销办结文件。当所催办的文件办理完毕后,催办人员应在"催办登记表(单或卡)"的催办结果登记栏中简要注明文件办理的方式、文件办毕的时间等情况,以备日后查询。

(二)查办

查办,是指对重要文件的实际内容全面落实、办理的核查、督促控制的活动。

查办是综合办公部门辅助领导决策付诸实施的一项重要服务工作。组织的管理决策通过文件的形式发出后是否真正得到切实执行,应当及时监控和检查。这项工作在很多组织内都是一个比较薄弱的环节,布置多、检查少,或者有布置、无检查。因此,综合办公部门作为一个机关的信息枢纽,应发挥督促检查作用,协助领导,推动决策落实,以适应领导工作以及其他各个部门管理活动的需求。

查办的主要工作内容是对反映一个组织管理活动中的重大决策活动的监督检查其落实情况,也就是人们常说的对"大事要事"的督查。

1. 查办和催办的区别

查办与催办都是对文件办理进行督促检查,在督办的目的、方式方法等方面都具有一致性,但二者也存在着不同的差异,主要表现在以下几个方面。

一是督查内容不同。催办是对需办理的文件或有明显时限要求的文件的办理情况的督查,主要针对文件办理中拟办、批办、承办等各个处理程序是否履行,每一个程序是否按照文件的处理时限按时完成,侧重于办理"时限"和"程序"的检查、催促;而查办主要针对承办环节,是对具有典型性、代表性的重要文件的正文信息内容的具体贯彻执行情况进行的全面、彻底的督查,应实事求是地查办大事、要事或大案、要案,侧重于确保文件精神得以贯彻实施而产生"实效"。

二是督查方法不同。催办由文秘部门(人员)通过口头、书面或电话、电子邮件等方法催促各部门及时处理文件;而查办除了可以使用催办的方法外,通常由领导人授权专门人员(可以是文秘人员,也可以是其他人员),针对专门事项,组织专门力量,调查研究,认真核查、督查该事项的贯彻执行经过和状况,检查结束之后,应向其领导部门或领导人如实反馈督办过程和结果。

2. 查办工作的步骤

(1) 立案。明确哪些文件所涉及的事务处理的结果应作为核查的对象,指定或授权专门的机构或人员负责查办工作,提出查办工作的任务和要求等。

首先,注意寻找筛选重点事项,并把它们单独归纳出来,有所侧重地实施督查。如从各类组织关注的"大事要事"的重叠和交汇点上筛选确立重点事项。

其次,"大事要事"中有很多关键性项目和量化目标,这些目标的落实效果,影响和制约"大事要事"的整体落实质量。因此,应科学分解量化事项,落实具体承办单位,确立一批负责"大事要事"落实的承办单位、承办牵头单位及分管领导,使方方面面都确认自身担负的相应督查任务。

(2) 督查。具体向承办部门(人员)或者向与这项工作的办理密切相关的部门(人员)查询文件的办理情况。不掺杂主观好恶,实事求是地反映、核实办理的结果,同时,对核查文件办理中发现的问题、不足或困难,需提出相应的解决方法和措施,予以修正或完善承办执行活动,指导、协助承办部门具体贯彻和落实文件精神。

针对"大事要事"的督查,要根据承办单位的突出特点,以横向网络为主,重点加强对有关部门督查工作的协调引导,采取集中调研、联合督查等形式,调动承办部门督查的积极性,利用与部门督查机构的业务联系,了解掌握其承办要事的落实情况。

在督查的方式方法上,要注重实效。对一些层次高、事关全局的事项,可采用由高层领导授权、综合办公部门(或其他部门)牵头,结合其他相关部门组织成联合调查组的督查方式;属于社会热点和难点问题的事项,可协调有关部门,借助新闻媒介,实施跟踪系列督查。

(3) 反馈。将已核查的文件办理的情况和结果、掌握的情况等进行综合分析,以口头或书面的方式,如实上报给交办部门或领导人,再结合领导意见将结果反馈到有关部门。

在反馈中应正确对待和处理决策落实中的困难和问题,尽力做到:坚持"明是非,讲真话,真督查"的精神,实事求是,既报喜又报忧;反映问题要具有预警性,尽可能反馈苗头性、倾向性的问题,以使问题解决在萌芽状态;反映问题要有连续性、系统性,要通过反复深入的督查调研,抓住某个事项每个阶段的问题,连续反馈,彻底摸清影响落实的深层次原因;反馈中应选择最引人注目的、对"大事要事"落实影响最大的问题进行反馈,避免事无巨细,本末倒置。

(4) 注结。负责查办的组织或综合办公部门对查办完毕的事项应予以办结处置。要求反馈办理结果的,应向批示人反馈办理结果,批示人未提出否定性意见,应在查办或督办处理单上注明办理的经过和结果。如果批示人对办理结果有不同意见的,不应立即注结,而应及时将批示人的意见转达承办单位,请承办单位作进一步研究办理。办毕后再行注结。

3. 查办工作的注意事项

文件的查办工作具有自身的特点,因此工作中应注意以下问题。

(1) 查办的内容,无论是重大事项,还是领导批办的专项重要事项,都应与领导决策密切相关,把领导决策事项作为督查的重点,跟踪追击,检查督促,狠抓落实。

(2) 查办本是一种监督检查办文办事的领导行为,具有较强的权威性。但是,综合办公部门及其文件管理活动本身具有辅助性质,因此即使是被领导授权开展查办工作,也要注意不要一味采用领导式的督查方法,而需采用协助领导者督查的态度和方式,其所做所为以及方式、方法和语言都必须符合自身的身份、地位和授权的范围。否则,将会出现越位、擅权和独断等错误行为。

(3) 查办必须看实绩,重实效,绝不能摆花架子走过场。这就要求负责督查的机构和人员,必须始终把推动领导决策落实作为出发点和归宿点。由综合办公部门负责的查办工作的具体组织工作,一般由其分管查办工作的办公室主任负责组织实施。

(4) 针对"大事要事"贯彻落实过程中时效性要求明显的特点,督查中要十分注重时间顺序的排列。如突出抓好年度目标的督查,推进督查活动层层深入,确保年度目标如期实现。特别注意反馈年度目标各阶段的运行情况、存在问题及对策,使上级组织了解掌握年度目标落实的全过程。对于"大事要事"中已经明确规定落实时间期限及量化目标的事项,要态度明朗,实施有效督查,坚决防止延期落实。

(5) 根据领导决策形式的变化,适时调整重点事项。由于各种因素的影响,"大事要事"中各事项落实的紧迫程度经常发生变化,重点事项更是处于动态运行中。因此,动态地看待和处理"大事要事"中的关键事项,是很重要的。

查办的具体方式等请参见本节"催办"的有关内容。

第二节 文件平时归卷

在日常业务活动中,各级各类组织都会形成和处理大量的文件,这些文件具有不同的来源,反映不同的主题,形成于不同的时间,具有不同的价值,聚积在一起形成一种纷繁、杂乱的状态。只有将这些无序文件系统化、有序化,才能使各项工作顺利、准确、及时、有效地推进。为此,需要对文件进行分门别类的平时归卷。

一、平时归卷的含义

平时归卷,是指在日常管理中文件管理人员依照本单位预先编制的文件归档范围(或分类方案)和不归档范围对办理完毕的文件进行收集、分类,然后分别放入预先准备妥当的文件夹或文件盒等装具中,建立起一个动态积累和直接查找的文件系统。

经过平时归卷后,文件类别清楚,系统有序,查找时根据文件内容或类别直接从文件柜中提取所需文件,或者先查到文件收文簿上文件的文书处理号,再到文件柜中对号入座地找到相应的文件夹或文件盒,也能取出所需的文件。因此,文件的平时归卷工作扎实有效,就能使收集更加有序、优化,查找更加快捷、准确,同时还能为次年初的文件归档整理奠定良好的基础。

二、平时归卷的步骤

(一)预置文件夹(盒)

通常,在新的一个年度开始时,根据归档范围(或分类方案)和不归档范围,为每一类别的文件准备一个(或几个)文件夹或文件盒,并在其卷脊(或盒脊)上注明条款名称、类别、属类、条款顺序号、保管期限等信息(可选择性标注,例如选择标注类别主题关键词),也可直接标明其条款在归档范围(或分类方案)和不归档范围中的数字序号。一些涉外企业机构,依照文件分类习惯,也可按照英文字母顺序、数字顺序、时间先后等分类方法进行标注。然后,按照选定的分类方案的顺序,依次排列事先准备好的文件夹或文件盒。

因使用的装具不同,可以有不同的排列方法。

1. 文件柜中文件盒的排列。文件数量较多时采用此种方法,能够节约空间。抽屉式文件柜,在抽屉拉手上方的标签处标注文件类别名称或主题(如图 6-1),同类或同主题的文件集中放在一起;竖排文件盒的文件柜,在盒脊的标签处填写文件类别名称或主题(如图 6-2)。

如果是涉密文件,就不宜选择透明玻璃门的文件柜,应当选择封闭的铁皮柜。

图 6-1 抽屉式文件柜

图 6-2 竖排文件盒的文件柜

2. 抽屉内文件或文件夹的横式排列。文件数量较少时可采用此种方法。不同类别的文件夹夹脊朝上竖直插入抽屉中(吊架式文件夹直接挂到抽屉的挂架上),如图 6-3 所示。抽屉中各类别可以使用带有导耳的分隔卡隔离。各类别的分隔卡,可以选用不同颜色以便于区分,或者在导耳上用不同颜色字迹区别;同时,按照英文字母顺序、时间先后顺序、数字顺序等分类予以标记,如图 6-4 所示。

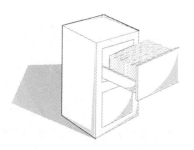
图 6-3 抽屉内文件排列

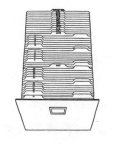
图 6-4 抽取式文件夹

需要注意：一是对于具有保密要求的文件,应设置专门的装具,不得与其他文件一同放置,而应放入具有保密功能的文件柜或保险柜,以确保文件信息的安全;二是针对密切联系的同一事由的重要文件,如重要的请示和批复、问文和复文等应设置专门的文件夹,以方便平时对其检查和催办,也便于保持前后文件之间的联系性。

（二）收集文件

对日常业务活动中已经办理完毕的文件进行收集积累,力求齐全、完整。如对外发文,应在文件发出的同时将定稿和存本(正本的副本)一起收集;收文办理各环节中应催办,监控文件的运转环节,随时收集已办结的文件;同时,还应注意对未履行文书处理程序的会议记录、领导发言稿等内部文件的收集,以保证反映本机关职能活动的各种文件的完整齐全。收集中如发现随机增加的文件类别没有设置文件夹或文件盒,可增加文件装具并予以记录,但应与原定的装具有所区别,以便平时或年终归档整理时引起注意,同时也为今后修改归档范围或分类方案收集素材。

（三）分类归卷

将收集积累的文件材料,定期或不定期地分别放入预置的文件夹或文件盒中,予以妥善保管。归卷时,可按照每份文件所属的类别属类,或者对照办结文件首页上的归档章的分类号,或者英文字母先后顺序等,依次归入相应文件装具中。归卷的时间比较灵活,可以随收随归,如条件不允许,也可每一周、两周或每月进行定期归卷。归卷时间最好不超过1个月,否则文件积压过多,就失去了平时归卷的作用了。

文件归卷时,需要注意以下问题。

1. 同一事由的文件、电报应放在一起归卷。有的单位认为传递公务信息的电报不是正式的文件,这种认识是错误的。公务电报是文件的一种特殊形式,其功能和作用与一般的文件没有区别,只是形式不同而已。

2. 传真文件应与其复印件放在一起归卷。传真文件具有真迹传输、传输速度快等优点,但由于传真所用热敏纸与字迹材料的结合方式大多是黏附方式,即字迹材料是在黏合剂和高温的作用下被黏附于纸张表面,字迹不耐磨,牢固度很差,因此,传真文件又具有不易长久保存的缺点。对需归档的传真文件,通常应及时复印一份,文件办毕后应将传真件原件与复印件放在一起,以保证文件的长久性和可读性。

3. 电话记录文件的归卷。电话是组织中联系事务、沟通信息的重要工具,记录着公务管理活动中许多重要信息,电话记录文件是常见文件形式之一。目前,电话记录文件有纸质的、磁带录音的、电脑数控录音等形式,纸质电话记录文件应按照纸质文件管理方法,磁带电话记录文件按照磁带录音文件管理方法,电脑数控录音电话记录文件按照电子文件管理方法分别进行归卷整理。

（四）定期整理

为确保归卷的文件是分门别类的、系统有序的,平时还应定期或不定期地对文件归卷的情况进行检查,发现归卷不当的及时进行调整,或者对已经符合分类装订条件的文件进行平时整理工作。这两项工作既能方便平时利用,又能卓有成效地提高文秘部门年终时系统整理归档文件的效率。

调整归卷文件,主要检查归卷的文件是否收集齐全,完整无缺,已归卷的文件的分类是否正确,重要文件的后续文件是否已收回,已归卷的文件之间的有机联系是否得到尊重和维护,保管期限是否准确恰当,没有保存价值的文件是否已经剔除,等等。如发现问题,应及时做好补齐、查询、回收、修复等工作。

平时装订归卷文件,是将年终系统整理文件的工作分解到平时来做,避免年终的紧张和突击可能造成的文件整理质量问题。符合平时装订整理的文件,主要是指那些各项工作处理完毕后形成的内容相对独立的文件,包括党代会、职代会、教代会等大型会议文件,已经办结的专题调查的材料,一些定期性的、有连号的工作简报或情况反映或参阅文件,各类介绍信存根、会议记录、值班记录等自身独立成册的文件,针对某个事由的请示与批复、正本与定稿、正本与附件、来函与复函,等等。

当一个归卷文件夹或文件盒装满文件后,为了腾出空间继续收集积累办毕文件,就必须对文件夹或文件盒内的文件进行转移。如何转移这些文件?

一是利用缩微品或电子文档来转移。即没有地方存放太多文件的组织,针对文件原件没有过多保存价值的一般性文件,可以将其转移存储在缩微胶卷(片)上或者磁盘光盘上,销毁原件,只保存文件缩微品和文件磁盘光盘,这样可以有效地节约存储空间。

二是转移到其他文件柜或指定的贮藏室。转移时特别注意以下方面。

首先,如果是整盒或整个抽屉的文件转移,可以使用新的文件夹或文件盒,并标注原有的各种标识,为新的后续文件提前准备好装具,以便保持前面和后续文件的类别或内容的连续性;如果要将文件盒中的文件取出,原来的文件夹或文件盒留在文件柜继续使用,就应准备一套软皮的文件夹来转移其中的文件材料,并在软皮的文件夹上贴上与原来归卷装具上相同的标识项目或标签,以便日后查找或整理。

其次,确保存储室有足够的空间、适宜的环境存放被转移的文件。各个类别的文件材料转移到储藏柜或储藏箱时不应混合在一起,或者胡乱地捆绑成捆随意放置,应保持其原有的类别特征和顺序,以便平日的查找和利用,同时也避免下一年归档整理时再次进行大规模的分类调整工作。同时还应考虑存储室的温湿度、光线等条件应适合储藏这些文件。

最后,要有计划地在较短时间如几个小时内迅速完成文件转移工作,以避免影响正常办公秩序。

(五)编制检索工具

编制检索工具的目的在于揭示文件(夹)内容和指明文件(夹)出处以备查找文件。我国的文件归档制度规定,每年6月底前要将上一年度的文件材料移交给本单位的档案部门,实行集中统一管理。也就是说,每年文秘部门或者业务部门形成或保有的文件每年要进行一次归档移交,从而使其每一年度内收集积累的文件数量不会过大,仅需按照本单位选定的文件分类方案来制作文件检索目录,就能有效满足其日常检索文件的需求。

如果一些机构中没有专门的档案部门,文件可能需要由文秘部门保管较长时间,累积的文件数量可能就比较多,这就需要编制比较详细的文件检索工具,保证平时查找文件的效率。

文件检索工具类型主要包括两种:一是文件(夹)登记目录,是根据本单位文件的分类方案对文件或文件夹的主题内容、保存地址、保管期限等进行一一登记形成的一览表;二是专题索引,是指出涉及有关人员姓名、机构名称、主题概念等的文件的保存地址的检索工具。由于涉及同一人员、同一机构、同一主题的文件比较多,且可能载体材料(纸质文件、录音录像磁带、缩微胶卷、光盘等)也较多样,因此需要注意在不同文件、不同载体之间标注参见号等,以便指引查找系列性文件。

一个单位的文件检索工具的编制,应尽量保持检索工具类型和体例的一致性,先后相续,便于不同部门的不同人员在不同时间按照约定的方法和路径找到自己所需的文件。

第三节 办文系统控制

文件管理活动中文件及其办理过程中各个要素、工作环节以及人、财、物、信息等共同构成一个相互联系、彼此影响的办文系统。要实现经济高效的文件管理目标,就必须对办文系统及其相关要素加以综合分析,整体统筹,有效控制。本节重点介绍文件数量控制、文件质量控制、收发文程序控制和办文过程控制的相关内容。

一、文件数量控制

在现代社会,组织职能的不断扩展、社会信息化程度的日益提高、文件制作技术的不断改进,使文件生产数量迅猛增长,形成海量文件信息。通常,处理某一个具体问题,其实际信息需求是有具体针对性的,并不是越多越好。如果文件信息过于繁多、庞杂,大量无用信息混同于有用信息之中,会干扰有用信息作用的发挥,这就需要在文件信息筛选、鉴别、加工上消耗大量时间和精力,增加文件管理的成本,也会直接影响到各项工作的质量。因此,必须采取有效措施适度控制文件的数量。

一个组织要控制文件数量的关键,是从文件制发源头上控制其形成量,其具体的方法和措施有如下几种。

1. 树立工作人员的文件信息观

各项管理活动中的工作人员,尤其是文秘人员,是文件管理的主体,必须正确贯彻执行有关的法律、法规和规章,明确制发文件信息的目的,使所制发的文件信息都具有特定的功用,确保发文的必要性,严把文件的发文关。

2. 坚持文件制作的成本控制原则

充分考虑文件制作中人力、物力、财力和时间的投入与发文效率、效果之间的比例关系是否符合经济原则,主动节省开支,该发的文件要发,尽可能少发纯粹手续性的转发件、可联合行文的单发件、可合并报告的单独发文、仅供少数单位执行的普发件、内部机构的普发件、一般性的领导讲话稿,等等,以减少投入和降低文件制作成本,提高发文效率。

3. 机构与职能设计科学合理

文件信息是组织机构办事的工具,组织机构及其职能任务越多,文件形成数量就越大。因此应合理设置并科学控制组织机构的幅度和深度,消除不必要的层次和环节;同时明确各机构的职权职责分工,尽力避免职能的交叉或重复,减少不必要的协调活动、经常化的越权指挥活动。这样,能避免产生大量重复的、模棱两可的无效文件。

4. 实现文件管理的程序化、标准化

文件管理程序化能确保文件形成、运行、执行的制度化、规范化,提高文件管理的实效性,工作紧密联系,程序环环相扣,以减少不必要的发文和办文环节。由国家有关部门制定文件管理的制度、标准,严格依法规、依职权行文,将文件管理纳入法制化的轨道。

5. 建立现代文件信息系统

运用计算机技术、通信技术、网络技术等建构基于局域网或互联网的文件信息系统或文件信息公开专栏,并可将此系统介入其他信息系统(档案、图书、资料等)或其他机关、地区的文件信息系统或文件信息公开专栏,实现文件及其他各种信息资源的联通与共享,避免各单位相互转发文件,从而减少发文数量。

二、文件质量控制

文件质量是决定文件管理效率的关键环节。真实、质优的文件信息可以为各项管理活动提供高品质的信息服务,反之,虚假、片面、无效的文件信息会给各项管理活动带来危害甚至严重损失。因此,必须在文件管理的过程中强化文件信息的质量监控。

为了实现合法、及时、有效、真实、安全、经济等文件质量指标的要求,可以采用如下手段控制文件质量。

1. 树立全员质量管理的思想

文件的质量是文件的生命,是文件管理的前提。组织中每一个工作人员都不同程度地与文件打交道,因此必须对全体人员进行文件质量教育,从上至下形成"质量第一"的观念,并自觉地将这种观念贯穿在自身的各项工作中。同时,要对全员进行文件管理法规教育以及文件管理基本技能培训,提高全员素质,为人人高质量制作和处理文件奠定基础。

2. 强化文秘部门质量监控职责

文秘部门是各单位文件管理的主要职能部门,担负着集中统一管理、指导、监督本单位及下属部门的文件工作,而文件质量监控是其职责之一,要制定有关文件质量管理的制度办法,并使之得到切实贯彻落实,协调解决各部门文件工作的质量问题等,充分发挥文件管理主控部门的作用,确保发文质量符合规范要求。

3. 提高文件管理程序化标准化水平

建立和健全文件管理的程序与标准须以保证文件工作质量为目标。文件和文件管理对规范性、准确性、权威性、时效性等有特殊的要求,文件和文件管理中又有许多重复出现的事物、循环使用的设备、反复使用的概念、循环往复的处理程序,针对这些反复出现的事物和概念等,应建立统一的规范、程序、标准,便于业务人员学习和操作。

4. 建立质量考核机制

推行文件管理质量考核制度,可以将考核的结果作为年终工作考核的组成部分,并以精神的或物质的形式奖优罚劣,有助于每位员工认识并担负自己对文件质量的责任。同时要及时反馈质量考核的结果,使每位员工及时地掌握自身文件工作质量的动态情况,以便有效地改进、完善自身工作,提高整个组织文件管理的质量。

5. 选用质优价廉的文件制作材料

文件是信息内容与制作材料的复合体,作为信息载体的制作材料的质量也直接影响文件质量。文件制作材料包括纸张、油墨、磁盘、光盘等。要选用适用、耐久、标准、通用、经济的载体材料,以提高文件的质量,延长文件寿命,增强文件可读性。如果选用品质低劣、性能不良的载体材料,将不利于文件传递、办理、保管和使用。

三、收发文程序控制

文件收文和发文办理是由诸多的工作环节组成的一个动态系统,各环节之间是彼此联系和关照的关系,仅仅一个环节优质高效,无法决定整个收发文系统的高效运行,只有每个环节都按质、按量、按时高效运转,才能实现整个收发文系统的高效运行。因此,要对收文、发文程序各环节进行统筹规划、整合和控制,使之有效服务于收发文系统的总体目标。

控制文件办理程序的主要方法如下。

1. 建立实用的程序和制度

收文办理程序、发文办理程序的各环节之间有着紧密的关联,每一环节又都是由具有确定性和稳定性的具体步骤组成,各步骤之间在不同的工作情形下,处理相同问题的依据与具体方式方法也有反复适用的性质。因此,有必要建立实用的程序和规章制度,合理规范文件办理的原则、方式方法,监督和保障各办理环节的稳定性,真正做到收发文各项工作环节有制可依、有规可循。

2. 发挥签发、批办等关键环节的稳定作用

批办、签发是收发文办理的关键环节。批办决定着收文运行的具体方向,规定着文件办理的过程和方法,对收文的整个办理过程具有决定性的意义。而签发是领导人履行法定职权对文件质量和法定效用的最终确认,是文件生效的要件之一,它决定着拟稿的最终成效和发文办理阶段各环节的方向、程序和方法。以上两个环节一旦失误,就会给整个收文办理和发文办理带来不同程度的混乱,因此抓好这两个关键环节,能够起到提纲挈领的作用,有效维护收发文工作的稳定性和有效性。

3. 严格文件登记签收制度

文件登记是对文件运转情况的原始记录,每一项有责任更替或文件交接的活动在

开始或结束时都应予以登记,尤其在工作程序越复杂、分工越细、交接手续越细、文件量越大、参与人员越多的情况下,应特别重视文书人员在文件运转中的"信息枢纽"作用,强化传阅或办理文件各环节的登记签收,以明确文件传阅和办理各方的责任,确保文件运行有序、高效。

4. 加强文件有序分流

分流是确定文件运转方向、规定文件运行程序的工作。建立健全分流工作程序,力争使文件准确、快速地送达办理位置,如:责任明确的业务性文件直接送达各业务部门;综合性文件送综合办公部门;针对前文的回复性文件送原承办部门;重要文件、非常规性文件、需多部门办理的综合性文件等不能明确承办部门的,应送领导批办。注意依据文件的性质、重要程度、涉密程度、急缓时限、内容等来准确判定分流方向,以免盲目分流造成文件运转的低效。

5. 强化催办查办的监督功能

各个机关的领导应重视催办查办工作,强化文秘部门的文件督办职能和权威性,使各部门各级工作人员均能接受其督查,服从其调控。负责催办查办的部门应采用多种方式方法,如会议、信函、电话等形式督促文件办理,在催办查办中一旦发现问题,应积极主动地采取相应措施解决问题,推动办文办事的程序化、制度化。

6. 协调处理好各办文环节的矛盾

各办文环节中经常会出现这样或那样的矛盾,如分办中各部门争办或拒办文件,集体批办中无法达成一致意见,承办中主办人(部门)与协办人(部门)的矛盾,审核中审核人与拟稿人之间的意见分歧,签发中会商会签的不一致等。如果不能协调解决好此类矛盾,往往会造成部门之间或办文人员之间的冲突和对立,导致各环节工作停滞不前。因此,需要有关部门如综合办公部门出面进行沟通协调,用适当的方法解决矛盾,理顺关系,以保证办文程序高效运转。

四、办文过程控制

办文过程,是指文件在组织及其内设机构各部门之间运行和处理的全部活动过程,包括收文办理、发文办理、文件归档整理等诸多工作环节。办文过程本质上体现的是办事过程。本单位的办文过程与各项职能的具体活动交织在一起,并通过文件分发传递程序与外单位及其内部机构的办文过程发生着千丝万缕的联系。可见,在一定的环境中运行和办理时文件会受到来自于内外环境中各种动态因素的影响和约束。因此,控制办文过程要全面考虑其运行环境中各种因素的综合影响。

1. 文秘人员队伍专业稳定

文秘人员既是文件运转过程的参加者,又是对这一过程具体实施组织控制的管理者,因此,由这些人员组成的专业队伍的稳定性对文件运转过程有举足轻重的影响。如果文秘人员经常流动,造成文件运转程序、制度、方式、方法的频繁变动,容易破坏文件处理程序的连续性;而且由于文秘工作人员自身素质因素的影响,还会造成办文质量与效率的差异性。因此，建立一支素质优良且稳定可靠的文秘人员队伍，是办文过程控制的人力保障。

2. 组织及其内设机构设置合理

文件运转过程与组织职能活动往往是一个彼此交融的统一体。办文过程运行状况很大程度上取决于组织及其内设机构架构的完善程度。只有职能划分科学、岗位设置精干、管理层次得当、部门分工合理、人员职责明确、工作程序简捷的组织，才能建立顺畅、稳定的办文秩序。这是办文过程控制的组织保障。

3. 文件过程控制制度完善规范

文件运转过程中的各个环节彼此关联，具有很强的稳定性、确定性和反复适用性，需建立连续的工作程序以及使其规范运行的规章制度，保证文件运转的规范性。如严格按照制度，有针对性地控制文件运转方向，保证文件沿着正确方向有效运行；适度掌握文件运转速度，因为在单位时间里，文件传递的周期越短，其文件运转的速度就越快，其效率也就越高；确定正确的文件的传递对象，正确选择文件的主送机关和抄送机关，避免文件在不相关的阅文对象之间做毫无意义的运行，提高文件运转的速度。这是办文过程控制的制度保障。

4. 选择安全适当的文件传递方式

文件大多需要传送给受文机关，应根据各种文件的具体情况选用传递渠道，无保密要求的公开性、普发性文件使用普通邮寄，或者采用网站、报刊行文、汇编政报和公报等多种渠道传递文件信息；秘密件、机密件一般可用机要通信递送，或者专人送达；为快速传递文件，可以采用电话、电报、传真、快递等方式传递，网络办公日益普及后电子邮件已成为电子文件传递的主要方式，但应考虑网络传递方式的安全性要求。选择准确、安全和快捷的传递方式，这是办文过程控制的渠道保障。

5. 充分发挥各种随文表单的控制功能

办文过程中，文秘部门会随文附上"发文稿纸""文件处理单""催办单""传阅单"等表单，与文件一起运转，并将办文过程记录在此类表单上，真实记载文件运转过程中的每一个办文环节，待文件办毕后与文件一并存档备查。文件管理表单不仅有助于明确办文各方的责任，而且还规定着文件运行的程序，直观醒目，科学地设计和使用此类表单，有助于控制文件的动态运转过程。

第四节 文件信息公开

在信息时代，发展经济贸易、发现企业商机、维护消费者权益、提高公共服务质量等，都离不开准确及时获取文件信息。公共管理部门如公共行政部门的文件信息，既是政府自身管理和履行公共行政职能的工具，又是其他社会组织和公民个人管理、工作和生活的行动依据和指南，因此其文件信息公开是一种常态，这是衡量现代政府是否民主、透明、服务高效、廉洁的一个重要指标。

本节所言的"文件信息公开",仅指公共行政管理部门即政府及其行政部门所形成、使用、保有的大量的行政文件信息公开的相关问题。

一、信息公开概况

政府信息公开是当代各国政府在社会、政治、经济、文化和教育等全面发展方面保障公民权的一项基本义务。公民对政府和公共部门拥有的公共信息享有知情权。政府文件信息的公开,是政府机构通过多种方式公开其政务活动,公开有利于公民实现其权利的文件信息资源,允许用户通过查询、阅览、复制、下载、摘录、收听、观看等形式,依法利用各级政府部门所形成和控制的信息。过去被认为属于政府情报而不予公开的许多所谓"内部情报"或"保密情报",如今已成为公民理应了解或知道的公共信息。

国外各国在政府信息公开方面建立了一系列的制度,来保障公民获取政府信息的权利。[1]

在欧洲,英国在1688年"光荣革命"后就废除了亨利八世时制定的认可条例,确立议会议事录的自由出版制度和为出版而阅览公文书[2]的权利制度。1994年制定《政府情报公开实施报告》及其《解释方针》,开始推行情报公开制度。1999年英国议会通过情报公开法案。瑞典于1766年制定的《出版自由法》规定公民有为出版而阅览公文书的权利。根据瑞典的情报公开制度,公文书的公开机关包括政府行政机关、国会、法院、地方公共团体和教会会议等。此外,芬兰于1951年制定《公文书公开法》,丹麦于1970年制定《行政文书公开法》,挪威于1970年制定《行政公开法》。法国于1978年制定《行政文书公开法》,德国在欧共体的压力下于1994年制定《环境情报法》,规定环境情报公开。

在美洲,美国的信息公开制度是由一系列法律构成:1966年制定的《情报自由法》对1946年《行政程序法》中关于行政机关因公共利益和正当理由拒绝公开情报的原则进行了修正,规定政府文件公开是原则,不公开才是例外。在不公开的例外情况下,政府要有举证责任,而且法院有权重新审理。1972年《咨询委员会法》规定联邦行政机关的咨询委员会的组织、文件和会议等必须公开。1976年制定的《阳光下的政府法》进一步规定合议制行政机关的会议必须公开,公众有权观察会议,取得会议情报。1974年制定的《隐私权法》旨在保护公民隐私权不受政府机关侵害,控制行政机关处理个人记录的行为,保护个人检阅关于自己的档案文件的权利。1996年《电子情报自由法》对电子情报的检索、公开、期限等问题都作了具体规定。加拿大也于1982年制定《情报自由法》。

在亚洲,韩国于1996年制定《公共机关情报公开法》,该法于1998年1月1日开始实施。在此之前,地方公共团体已先后制定了许多情报公开条例。清州市议会于1991年制定《行政情报公开条例》,受到该市市长强烈反对,1992年经大法院判决该条例合法。此后,至1997年6月,245个地方公共团体有178个制定了情报公开条例。日本于

---

[1] 周健. 国外政府的信息公开制度[J]. 情报理论与实践,2001(5).
[2] 公文书,是指国家各种公共管理机构如政府行政机关、国会、法院、地方公共团体和教会会议等机构在管理活动中形成和使用的各种文件材料。

1999年5月制定《关于行政机关保有的情报公开的法律》,简称"情报公开法"。日本的情报公开制度也是地方先行。从1982年4月山形县金山镇制定情报公开条例开始,至1988年3月,已有28个都道府县、93个市镇村制定了情报公开条例或纲要。

上述各国情报公开法的内容一般涉及立法目的和基本概念的界定、请求权人的资格范围、实施机关、公开信息的内容、信息免除公开的范围、信息公开的程度以及行政救济和司法救济,等等。当代各国的信息公开立法的发展趋势,充分表明保障公众知情权已成为各国政府的基本义务。

在国际组织中,世界贸易组织的《世界贸易组织协定》的29个独立法律文件中,信息公开是贯穿于多边贸易体制的基本要求。此项要求体现在世贸体制的如下原则中[1][2]。

一是非歧视贸易原则:《1994年关税与贸易总协定》中最著名的"最惠国待遇"条款(第一条)要求一成员向另一成员的产业所提供的待遇不能低于其他成员的产品所提供的待遇。所有成员一律平等并同等享受任何旨在减少贸易壁垒活动所带来的利益(包括信息提供方面的)。

二是市场准入原则:指有保障的、可预见的和不断扩大的市场准入,强调市场准入的信息必须是公开的、持续的和具有约束性的。

三是促进公平竞争原则:体现在一系列旨在保护公开、公平、公正竞争的规则体系中,如《技术性贸易壁垒协议》强调要确保技术规章和标准以及测试和证明程序不得造成不必要的贸易障碍,成员国政府都要建立国家信息咨询点;《进口许可程度协议》要求成员国向贸易商发布充分的信息,确立设置或变更许可程序的通告规则,并提供有关许可证申请审查的指导信息;《原产地规则协议》要求原产地规则必须是公开的、透明的;《政府采购协议》要求有关政府采购的法律、规章、程序和行为必须是透明的、公开的,以避免不公平竞争等等。

四是贸易自由化原则:世贸组织规则体系所要建立的是开放的贸易体制,要求成员国的国内法律、规章和实际做法都要符合贸易政策透明度条款的要求。不仅上述原则性规定体现信息公开的要求,而且在具体产业贸易领域都有特定的信息自由化要求:在农产品贸易、纺织品和服装贸易、金融服务、电讯服务、空运服务等诸多领域,都对有关规制的透明度和程序公正合理有明确要求。

在我国,政府文件信息同样是各级各类社会组织和公民个人获取信息的一个重要来源。任何社会组织和公民都无法超脱于政府的管理之外。因此,社会组织和公民个人都会产生对政府文件信息的需求:需要根据政府文件信息来确定组织和个人的行为目标、作出各种决策和选择。政府及其行政部门拓宽其文件信息的公开渠道,恰当地划分其公开范围,及时、快捷地满足社会组织和公民个人对政府文件信息的需求,这是政府完成自身公共管理职能、依法民主行政的内在需要,也是建立我国具有中国特色社会主

---

[1] 杜刚建.入世后应建立信息公开制度[N].北京:中国经济时报,1999-12-22.
[2] 石广生.世界贸易组织基本知识[M].北京:人民出版社,2001:28-39.

义市场经济的必然要求。

1987年召开的党的十三大的报告中提出:"要提高领导机关的开放程度,重大情况让人民知道,重大问题经人民讨论。"此后,我国政府的行政公开意识逐渐增强,各地行政机关逐步推行了公开办事制度、办事手续、执法依据、行政决定等政务公开实践。自2003年1月1日起广州市开始施行《广州市政府信息公开规定》,此后,各地方政府纷纷出台了本地区的政府信息公开的规定、办法,明确规定政府信息公开的范围、内容和方式。在各地实践的基础上,国务院于2007年4月5日公布了《中华人民共和国政府信息公开条例》,自2008年5月1日起施行。政府信息公开条例的制定和颁行,将政府信息公开作为政府机关的一种义务规定下来,实现了从少数人利益最大化向社会公共利益最大化的转变,是观念与制度的一次巨大飞跃,是我国民主法制建设进步中的一个重要里程碑。

二、信息公开主体与程序

(一) 信息公开的主体

政府信息公开的主体,是指各级行政机关,法律、法规授权的具有管理公共事务职能的组织,教育、医疗卫生、计划生育、供水、供电、供气、供热、环保、公共交通等机构。这是《中华人民共和国政府信息公开条例》明文规定的。此外,随着我国民主政治的不断推进,其他国家机关如各级人民代表大会、人民法院、人民检察院,以及中国共产党的各级机关等也制定了信息公开制度,并正在大力推动其切实落实。

根据《中华人民共和国政府信息公开条例》的规定,各级政府要做好信息公开的监督和保障工作。要建立健全政府信息公开工作考核制度、社会评议制度和责任追究制度,定期对政府信息公开工作进行考核、评议。政府信息公开工作主管部门和监察机关负责对行政机关政府信息公开的实施情况进行监督检查。各级行政机关应当在每年3月31日前公布本行政机关的政府信息公开工作年度报告。公民、法人或者其他组织认为行政机关在政府信息公开工作中的具体行政行为侵犯其合法权益的,可以依法申请行政复议或者提起行政诉讼。

行政机关公开政府信息,应当坚持遵循:公正、公平、便民的原则,及时、准确原则,保障公共利益的原则。如行政机关公开政府信息,不得危及国家安全、公共安全、经济安全和社会稳定;行政机关发现影响或者可能影响社会稳定、扰乱社会管理秩序的虚假或者不完整信息的,应当在其职责范围内发布准确的政府信息予以澄清。

(二) 信息公开程序

属于主动公开范围的政府信息,应当自该政府信息形成或者变更之日起20个工作日内予以公开。行政机关应当编制、公布政府信息公开指南和政府信息公开目录,并及时更新。

公民、法人或者其他组织依申请获取政府信息的,应当采用书面形式(包括数据电文形式)。采用书面形式确有困难的,申请人可以口头提出,由受理该申请的行政机关代为填写政府信息公开申请。

行政机关收到政府信息公开申请,能够当场答复的,应当当场予以答复;不能当场答复的,应当自收到申请之日起 15 个工作日内予以答复;如需延长答复期限的,应当经政府信息公开工作机构负责人同意,并告知申请人,延长答复的期限最长不得超过 15 个工作日。

行政机关依申请公开政府信息,应当按照申请人要求的形式予以提供,无法按照申请人要求的形式提供的,可以通过安排申请人查阅相关资料、提供复制件或者其他适当形式提供。

行政机关依申请提供政府信息,除可以收取检索、复制、邮寄等成本费用外,不得收取其他费用。行政机关不得通过其他组织、个人以有偿服务方式提供政府信息。

三、信息公开范围与方式

政府信息是行政机关在履行职责过程中制作或者获取的,以一定形式记录、保存的信息。其中大多是以政府文件信息的形式呈现,是行政人员因职务原因而制作、接收和保存的文件材料,包括文字、图画、录音带、录像带、磁盘、光盘等。

（一）信息公开范围

政府文件信息的性质不同,大致可以分为如下四类信息。

第一类,对于法律、法规和其他具有一般约束力的公共信息,政府机关有义务通过其官方正式出版物主动在生效以前迅速予以公开,否则这些文件不得发生法律效力。对此,我国的立法法、行政处罚法、行政法规制定程序条例与规章制定程序条例等均有强制性的规定。

第二类,对于法律、法规与其他具有一般约束力文件之外的一般公共信息,如机关某些办事守则和程序规范、过去裁决的争议、配额的分配情况、行政执法的结果等等。

第三类,对于上述第一、第二类之外且不属于保密范围的信息,如环境污染情况、犯罪率、城市建设规划、企业登记信息、产权登记信息等等。

第四类属于政府掌握的国家秘密、商业秘密、个人隐私的有关信息,此类信息不对外公开。

根据上述政府信息的不同类型,政府信息公开的范围可以分为两种情况。

第一种是主动公开的范围,是指涉及公民、法人或者其他组织切身利益的,需要社会公众广泛知晓或者参与的,反映本行政机关机构设置、职能、办事程序等情况的,其他依照法律、法规和国家有关规定应当主动公开的,等等。

第二种是依申请公开的范围,是指主动公开范围之外的政府信息。公民、法人或者其他组织可以根据自身生产、生活、科研等特殊需要,向各级政府及其行政机关申请获取相关政府信息。行政机关在公开政府信息前,应当依照《中华人民共和国保守国家秘密法》以及其他法律、法规和国家有关规定对拟公开的政府信息进行审查。

（二）信息公开方式

根据政府文件信息的不同类型和公开范围，应当选取不同的公开方式。

1. 主动公开的形式

主要是政府及其行政机关将主动公开的政府信息，通过政府公报、政府网站、新闻发布会以及报刊、广播、电视等便于公众知晓的方式公开。

政府及其行政机关可以根据需要设立公共查阅室、资料索取点、信息公告栏、电子信息屏等场所、设施，公开政府信息。

利用全国性或者政府机关的报纸、期刊公开发布文件信息，这已成为政府文件信息公开的一种主要形式，如利用党报、全国人大常委会公报、国务院公报、各省市的政报，各部委的情况通报、简报、快报等形式公开行政文件。

利用政府网站设置"政府信息公开"专栏，一方面赋予政府更加平易近人的形象，使政府更加贴近民众，使民众可以从不同的渠道去利用政府信息及服务，使政府机关之间、政府与民众之间也经由各种电子化渠道进行相互沟通，缩短了行政信息的传递时间，使全国各地能够快捷地获取信息，从而减少因传递造成的信息滞后，给所有的社会组织和公民个人保留平等的竞争机会；另一方面，用数字出版取代纸张流通，精简了机构和人员，能大幅度降低信息公开的成本，节约行政资金。因此，利用政府网络来为民众提供政府文件信息服务将成为政府信息公开服务的一种主要方式。

利用广播、电视、电话等媒介形式来发布，如通过举行电视新闻发布会、发布新闻消息稿、举办广播电视政策宣传讲座、开通领导热线电话等，以及由主管部门和重要会议主办者编辑出版公开发行的各种文件汇集，等等。

利用固定场地建立公共查阅点，如各级人民政府在国家综合档案馆、公共图书馆设置政府信息查阅场所，并配备相应的设施、设备，为公民、法人或者其他组织获取政府信息提供便利。行政机关及时向国家档案馆、公共图书馆提供主动公开的政府信息。公共查阅点为公众利用政府信息公开的资源提供了更多的选择空间。

上述公开方式主要适用于属于主动公开范围的政府文件信息。其优点在于：发布的信息量大，覆盖的接收面广，传播速度快，传递方式简便。这种方式打破了传统文件传递方式的层级制，减少了文件运转程序和手续，缩短了行政机关的办文时间，削减了文件的数量，避免了逐级翻印文件带来的资源浪费，从而大大提高了政府的办文、办事效率。

2. 依申请公开的方式

主要是行政机关或公共查阅点（如行政办公大厅）等依照法定程序、形式进行政府文件信息的公开。

对公众申请公开的政府信息，有关机关根据下列情况分别作出答复：

一是属于公开范围的，应当告知申请人获取该政府信息的方式和途径；二是属于不予公开范围的，应当告知申请人并说明理由；三是依法不属于本行政机关公开或者该政府信息不存在的，应当告知申请人，对能够确定该政府信息的公开机关的，应当告知申请人该行政机关的名称、联系方式;四是申请内容不明确的,应当告知申请人作出更改、补充。

如公众申请公开的政府信息中含有不应当公开的内容,但是能够作区分处理的,行政机关应当向申请人提供可以公开的信息内容。如申请公开的政府信息涉及商业秘密、个人隐私,公开后可能损害第三方合法权益的,应当书面征求第三方的意见;第三方不同意公开的,不得公开。但是,行政机关认为不公开可能会对公共利益造成重大影响的,应当予以公开,并将决定公开的政府信息内容和理由书面通知第三方。

第五节 文件信息挖掘

文件信息挖掘,指对大量的文件信息进行识别、分类、发现、概括、凝练和抽象,找出事物之间的关联和规律,预测事物未来的发展趋势,发掘有用和有效的信息或知识,以辅助决策或增长知识的系列活动。

现代社会,经济的快速发展,科技的日新月异,使文件信息的种类、数量急剧增长。同时,随着电子政务和电子商务的迅速发展,文件信息管理系统的广泛应用,人们积累的文件信息越来越多。面对这些海量信息,运用先进的文件信息管理系统虽然可以高效地实现信息的录入、查询、统计等功能,但是无法发现激增的文件信息背后隐藏的重要信息及其相互之间存在的关系和规则,也无法据此预测未来的发展趋势。只有对文件信息进行更高层次的分析,深度发掘其背后隐藏的价值或知识,才能使文件信息增值,更好地服务于组织管理的各项工作。

一、主要动因

面对海量的文件信息,为应对信息爆炸和信息泛滥,近年来各类组织纷纷成立信息部门、设置信息主管等开展信息收集、处理与挖掘工作。此项工作之所以在短时间内呈现出欣欣向荣的局面,其发展动因如下。

1. 以信息为基础的现代组织自身发展的内在需求

现代的社会组织已经从传统型组织转变成了一种以信息作为主轴和中心的机构。无论政府还是企业等都在忙于管理改组,围绕信息流重新整合其管理机构,其目标是将其改造成为一个以信息为基础的组织。

一个以信息为基础的组织的结构图,看起来也许同传统的组织图一样,但组织行为却大相径庭。美国著名的管理学家彼得·杜拉克(Peter F. Drucker)认为以信息为基础的组织具有如下特点。一是组织机构扁平化,管理内容和对象信息化、知识化。管理层次成为"信息的传播器,就像电话线路中的增音器,搜集、放大、重新组合和传送信息"。二是遵循"信息传递幅度"的原则,即一个上级所领导的下级的人数只受到下级在自己同上级、平级和下级进行信息联系和建立关系方面愿意承担责任的意愿的控制。"控制"成为获得信息的能力,而一个信息系统能够很好地提供各种信息,较之向上级报告的做法更为快捷和准确。三是组织管理需要的是"独奏者"。具有专业化知识的"独奏者"各自水平很高,没有什么等级地位,也不是领导,但他们能够出色完成某一方面的工作,使他们能互相配合支持完成任务的是信息而不是权力。四是组织中管理单位多样化。同一组织结构中既包括负责使现有事物最优化的管理单位,又包括负责使现有事物过时而创造出新的未来的创业单位。五是组织管理的依据是责任。以信息为基础的组织以责任为根据,其流向是自下而上再自上而下地循环。只有每一个人和每一个单位都对各自的目标及其优先次序、对各种相互关系和信息联系担当起责任,才能使组织运转起来。六是以目标管理和自我控制来实现组织一体化。以信息为基础的组织就像交响乐队,各种部门像所有的乐手一样必须知道乐谱是什么,才能奏出优美的乐章,各负其责共同完成组织的目标。七是组织具有高度的自律性。高度自律性使决策迅速和反应敏捷,既有高度的灵活性又有很大程度的多样化。[①]

基于信息化组织的上述特点,现代各类社会组织正在进行着工程浩大的、影响广泛的组织职能和流程的整合优化,以保证自身对信息反映的灵敏度,如蓬勃发展的电子政务和电子商务正是信息化组织的具体表现。作为组织中最主要最重要的信息源,文件信息管理和挖掘工作务必加大力度,这是当今信息化组织生存和发展的必然选择。

2. 消除信息不确定性、提高信息有效性的需要

奥地利著名物理学家、量子力学的创始人之一埃尔温·薛定谔说:"人不是以物质和能量为生,而是以负熵(即信息)为生。"这说明负熵(即信息)在人们生活和工作中的重要作用。信息科学认为,"熵"就是"失真、遗漏、虚假、噪音和冗余度"[②]。信息熵也可以理解为问题、矛盾、疑惑和不确定性。负熵则是发现、提出、分析、论证和解答问题,解疑释惑、消除不确定性。按照信息科学观点,"熵"有两个来源,一是来自系统内部,产生于系统的绝对稳定、孤立和封闭状态,不同外界发生任何信息交流;二是来自系统外部,是在信息源发出信息、信道传递信息、信宿接收信息三个基本环节中逐步生成与增长的。

在现代社会,各类组织从组织内部和组织外部形成和使用着数量巨大的文件信息,在不断膨胀的文件信息系统中,信息熵也在逐渐生成并增长,而有序有效的信息量却日渐被淹没在信息熵中。抑制信息熵、增加信息负熵的最佳途径,就是对信息全过程进行"负熵控制"。即用"负熵流"的增加,抵消信息熵的生成与增大。换句话说,就是要加强文件信息的收集、分类、筛选和开发,以减少文件信息系统的无序性(熵),增加其有序性的文件信息量(负熵),凸现有用有效文件信息的作用,更好地服务于组织的各项管理活动。

文件信息的价值高低,在很大程度上取决于对其分类处理和发掘。从这一意义来说,文件信息的综合处理和挖掘是文件管理成败的关键。而文件信息挖掘的最终目的是消除不确定性。文件信息所消除的不确定性愈大,其价值也就愈高。反之,则愈低。

---

① 彼得·杜拉克.杜拉克管理思想全书[M].苏伟伦,译.上海:九州出版社,2001:330.
② 冯建伟.信息新论[M].北京:新华出版社,2001:73.

文件信息的不确定性的表现主要是：不定度，指人们对客观事物认识中存在着不肯定的程度；未知度，是指对客观世界不知道的程度；疑义度，指对客观事物运动和变化的认识上存在疑问的程度；混杂度，指客观事物变化错综复杂、主次不分、混乱纷杂的程度。文件信息挖掘的目标就是要减少一个组织的文件管理信息系统的不确定性、未知度、疑义度和混杂度，提高其信息量，消除信息的不确定性，使文件信息系统经济有效运行。

3. 总结提炼知识、实现信息增值的需要

文件信息中蕴涵着丰富的知识和有价值的信息，如果不经过开发挖掘，这些文件信息就不是典型意义上的对组织有用的信息，因为这些信息仅仅是处于单层次、单品种、单体裁、单形式的原始素材，处于直觉、感性和经验性认识阶段，或杂乱无章，或不系统、不完整，或只反映事物的片断、表象而缺乏对事物本质规律和内在联系的认识，未能形成信息集合、系列和系统，缺乏知识性、思想性和科学性，等等。只有对其进行识别、分类、发现、概括、凝练和抽象，才能使之有序化、系统化、知识化，才能上升为组织内各业务部门所期望的可用信息。

总之，正如古人所云，"玉不琢不成器"，信息不加工不挖掘也难以成为有用之"器"。经精深加工的信息，在结构上具有层次性和复合性，在形式上具有随机性和创新性，在种类上具有多样性和拓展性，在价值上具有广泛性和实用性，在服务宗旨上具有针对性和定向性，从而使文件管理更加经济高效。因此，文件信息的挖掘是十分必要且十分重要的一项工作。

二、基本要求

文件信息挖掘的要求主要包括对文件管理人员的专业技能要求和具体工作要求两个方面。

从专业技能层面来看，要完成文件信息挖掘工作，文件管理人员应当具备相应的专业技能，这是做好文件信息挖掘工作的前提。其专业技能具体包括如下内容。

一是分析发现问题的能力。即运用辩证法、信息学、管理学等理论原理原则和方法，要有敏锐的观察力，缜密的思维力和良好的知识学习转移能力，强烈的信息意识以及信息敏感度、信息引申力和扩展力，能够从容地把握信息环境中的各种情势，自如利用已有的零散的文件信息材料去发掘、认识、评价、理解、掌握和运用那些隐藏在事物表面现象之中的联系、知识和规律，为组织总结、预测和决策提供强有力的信息支撑。

二是要具备系统的知识储备。今天文件信息管理正在迈入网络化、信息化的知识管理阶段，因此文件信息挖掘方法和手段也在不断信息化、技术化。为此，文件信息挖掘需要具有信息处理、数理统计、数据库技术等方面的理论基础知识和相关工具软件知识，如熟悉数据仓库技术及方法论，掌握 Microsoft Office 软件，包括 Excel 和 PowerPoint 中的各种统计图形技术知识，善于将文件信息挖掘结果和本单位业务管理相结合并提供有价值的管理方案，等等。这将大大提高组织管理效率。

从具体工作层面来看，文件信息挖掘工作应在充分调查研究的基础上，分门别类地提供全面系统的文件信息。那种杂货铺式的信息挖掘方式,即什么信息都有点,什么信息都不全面、不精细、不配套,往往难以满足现代信息化组织的信息需求。文件信息挖掘工作要求做到:准确、适时、适用、适量。

一是准确,即要求文件信息严格符合事实、标准或真实情况。要实事求是地反映原文思想,切忌凭个人好恶主观地断章取义,妄行校改。失真的文件信息,差之毫厘谬以千里,会给管理者的预测或决策造成失误。因此要认真比较、鉴别和选择信息。一些混杂在文件信息中的废料杂质,喧宾夺主,难辨真伪,虚假失真信息淹没真实有用信息,为此加工整理和挖掘文件信息时,应具有严谨的工作作风,认真核实文件信息,提高文件信息识别能力,或者通过调查研究获取真实信息,或者对客观事物进行定性的鉴别和定量的分析,发现事物在历时与共时上的发展与变化,探寻文件信息先后的联系,确保所开发挖掘的文件信息是准确无误的、真实可靠的。

二是适时,即文件信息挖掘适合时宜,使用时间上正好适合管理需求。组织管理情况变化多端,发现问题、采取措施纠正偏差的过程是不断变动的,因此需要快速收集处理反映行政事务、对象和环境变化发展的最新的信息,如最能反映事物本质特征与规律且具有导向性和方向性的新情况、新动态、新典型。如果收集和处理迟缓,一旦时过境迁,其现实价值也所剩无几,这就失去了文件信息挖掘的意义。因此,文件信息挖掘要有信息预见能力,对未来所需要的文件信息予以评估和预测,主动寻找领导或部门的信息需求点,提供及时有效的信息服务。

三是适量,即将文件控制在适宜的数量上,以保证发挥有用信息的最大价值。文件信息急剧增长,文件信息的无序性、随意性和不确定性增加,冗余度增大。而文件信息的冗余度越高,对虚假信息和其他含混不清、模棱两可的信息的容忍度便越高,而有用有效信息的密集度便越小。为此,文件信息挖掘应使文件信息简短、精炼、准确,剔除多余的、无用的文件信息,将文件数量控制在人们可以接受的有效量度内。

四是适用,即保证文件信息挖掘的成果符合客观条件的要求和适合应用于各项工作。如果文件信息挖掘工作的成果没有使用价值,那么此项工作也就失去其存在的意义。开展文件信息挖掘工作时应当加强与信息利用者的联系,强调信息挖掘的目标性和针对性,毫无目的、不分轻重缓急随意挖掘文件信息,其结果在管理工作中根本用不上,就会浪费人力、物力和时间。

总之,文件信息挖掘工作中要符合上述基本要求,其中,适用是最核心的要求。对任何一个组织的管理者来说,能够满足他们作出管理决策的信息无疑是"适用"的信息,主要包括:一是基本数据信息,如组织层次分布情况、各类人员结构状况、现金流量和流动性预见等,此类数据有助于监测管理活动的变动趋势和走向;二是增强竞争力的信息,如有关人力资本、技术因素、硬件设备、制度机制的创新能力、管理创新能力、竞争战略等方面的信息挖掘成果信息;三是有效配置资源的信息,如资本与人才资源的配置方案,资本配置计划中的投资回报率、回收周期、现金流量或现值等指标信息等。[①] 上述适用的信息是现代组织信息需求的主要取向,各类组织可参照这些信息需求来开展文件信息挖掘工作。

三、常用方法

文件信息挖掘常用的主要方法有分类、萃取和创新。

1. 分类

分类是将有关特定事物的各种信息经过分类被置于一定的门类系统之下,不同类别中的文件信息相异,同一类别中的文件信息彼此相似相近。分类揭示事物统一性和多样性的方法,它既能指出事物的共同点,使它们彼此联系,呈现出统一性,又能指出它们的不同点,使之相互区别,充分显示出其多样性来。因此,分类能够充分体现出事物各自固有的性质、特点及系统性。

文件信息分类挖掘,是根据文件信息的共同点和差异点将其分门别类地实现有序化的一种方法。分类挖掘工作既可以就一个类别找出其共同特征和内涵概念,又可以从门类系统整体出发,在各类别之间发现文件信息的分布模式以及相互关系。经过分类挖掘,文件信息能充分地显示其系统性,形成一个位置井然有序、联系充分显示的整体结构,便于文件信息的保管和利用。

现行组织中,实施文件信息分类挖掘的一般做法是:将繁杂混乱的文件信息按信息来源、业务性质、重要程度、紧急程度、主题内容、时间特征等标准予以分门别类,揭示不同类别的关系和同一类别文件信息的内容与成分,分类采取适宜的处理与管理方法,以提高文件管理的服务品质。例如:首先按照是否办理分类,分为阅件和办件;其次,按照轻重缓急分类,可分为要件、急件、平件等。通过分类挖掘,理顺收文、发文和文件存储等各环节,有助于文件信息的定向合理流通、及时办理。

文件信息的分类挖掘,往往会生成各种"文件分类目录",目录中记载了文件主题、形式特征、载体种类等信息,使查寻线索信息有序化且相对集中,大大提高了文件信息管理、查找和使用效率,还为文件管理部门向组织内各业务部门主动提供更专业的分类信息服务奠定了良好的基础。

2. 萃取

萃取,即对各种文件信息材料进行多角度、多侧面、多层次、多结构、多变量和复杂因果关系的比较分析,除去不需要的多余的信息,提取凝练有效实用的一种信息挖掘方法。

文件信息的萃取挖掘,主要以报道、概述、评介、摘述、选择、浓缩、精炼等各种手段,对文件信息和其他材料进行加工处理,将其中的各种事实、概念、数据、原理、过程、方法、结论等内容信息揭示出来,并传递给组织中的各类信息需求者。

萃取挖掘的成果主要表现为各种信息摘录(摘要)、专题提要等文摘形式。通常,可

---

① 冯建伟.信息新论[M].北京:新华出版社,2001:73.

以对同类型或者连续的文件信息进行萃取,为领导人预测或决策提供信息支持。如按照一定的主题或时间特点,定期或不定期编发"本周摘报""信息快报""政务参考""文件提要"等等。这种方式,浓缩了文件信息,扩大了文件信息量值,可以用较少的时间掌握更多有用有效信息,提高在单位时间里的阅文效率,从而也会有效提升整个组织的管理绩效。

3. 创新

创新,即对大量文件信息进行多维度、多层次分析研究,揭示出隐含其中的、先前未知且具有潜在价值的有用信息和知识,为管理者正确预测和决策提供依据的一种信息挖掘方法。如对某一个主题的文件信息进行搜集、整理与分析研究的基础上,对分散的文件信息和材料加以分析、归纳和和逻辑推导,对管理对象或某一事物过去进行总结,对其现状进行概括,对其发展趋势分析预测,或者对现实和将来可能出现的问题提出解决建议方案等。

文件信息创新挖掘方法,需要信息挖掘者重新发掘、深度揭示和有效组织文件信息内容,这需要具有创造性思维能力并付出更多的创造性劳动,才能产生新的思想和智力成果。此种方法不但要将有价值的信息全部揭示出来,而且还采用分析鉴别、综合归纳、判断推理、评价议论等方法对大量相关领域中的信息成果进行分析,去粗取精、去伪存真、由此及彼、由表及里,概括出某一事物的现状和动向并预测其未来的发展,或者从某些事物的特殊性出发概括归纳出对这一类事物共性的认识。总之,文件信息创新挖掘是在对文件信息综合分析归纳的基础上,体现了挖掘者的思想、观点和看法,并产生了新的信息和知识的创造性信息加工方法。

现代组织中,文件信息创新挖掘成果的主要表现形式为各种类型的调研报告,决策设计方案,关联性、预测性和偏差性分析报告,等等。这类成果将有助于组织管理者对影响自身发展和提升的各种事物和因素等重要信息的把握,为其开展各项工作提供多种依据或参考。

在实际应用中,上述三种文件信息挖掘的方法,需要使用大量现代信息技术手段。这是因为各类组织的规模越来越大型化,机构层次纵横交错,管理信息量快速膨胀,形成海量信息,手工管理与处理显得越来越困难,甚至完全不可能。事实上,自20世纪40年代中期以来,政府、企业等社会组织管理水平不断提高的一个重要原因,就是各种现代信息技术手段的应用催生信息管理模式的不断创新,大大增强了组织管理中信息制作、传递、处理和存储的效率,有效提升了各类组织的管理能力。今天,互联网又与新一代移动通信、移动互联网、物联网、云计算、大数据等新兴信息技术融合应用,推动信息资源管理思想、技术、方式等突飞猛进地发展。由于信息资源的价值是潜在的、无形的、隐蔽的,要使信息成为可资利用的资源,就必须对其进行良好的管理和深度的开发,寻找并凸显其价值所在。因此,各类组织在现有管理信息系统的技术框架中还同时嵌入了文件信息发掘和加工的系列技术工具,如有关计算机存储技术、数据库技术、大数据技术、数据挖掘技术以及其他有关信息提取、计算、采编、统计等的各种软硬件设施。借助于这些现代网络与信息技术工具,能够有效地辅助各类组织完成海量文件信息的筛选、分类、提取等繁重任务,从而大大提高文件信息挖掘工作的质量和效率。

复习思考

一、名词解释

催办　查办　答复　平时归卷　信息公开　信息挖掘　信息组织　信息控制

二、简述题

1. 查办的程序和工作内容。
2. 催办的作用和方法。
3. 答复的意义和方法。
4. 平时归卷的目的和方法
5. 文件信息挖掘的主要方法。
6. 政府文件信息公开的主要方式.

三、论述题

1. 如何做好文件运转过程中的管控?
2. 文件信息挖掘的主要动因何在?
3. 如何正确处理文件信息的公开与保密的?

案例研讨

6-1　文风展览透视出了什么?

国务院××部举办了一个"整顿改进机关文风展览"活动,从中反映出该部文件工作的主要问题是:慢、滥、乱、差。

慢:文件在众多的办公室间周游,延误了许多宝贵时间。如某年10月,国家批准某项目专款300万元,并加外汇50万美元。该份文件在机关里经历了漫长的旅行:几个部门相互扯皮,谁也不办。等到准备承办的单位找到这份文件,已是第二个年头了,款项的指标全部作废。据统计,该部印制一份文件平均要用12天,正式发出一份文件,最快也要20天以上。在部招待所里,经常住着各省及基层单位的工作人员,他们大都是带着文件,"专职"在此坐等批文。他们的经验是:这比在家里等批复要快得多。

滥:某年以该部名义发文的数量是2414件,第二年增长了6.1%,第三年增长了10.34%,第四年增长了10.79%。这一年交给邮局和文件传递部门的信件为68336件,平均每天504件,平均每天花邮费260元。这些文件中有的本身没有制发的必要,如部里曾发过一个关于产品包装办公室的通知,匆匆发文,两个月后又发文撤销。又如某厂完成生产任务的通报,转发给部属所有单位,医院也不例外。

乱:工作人员缺乏基本的公文知识,不执行有关职责分工和文件处理方面的规定。如某局将记录有某厂技术改造方案的机要文件用平信寄送;有的单位已调整多年,部里的行文仍然沿用原来的单位名称,使这些单位常常收不到文件;一些单位发文中,经常是该抄送的不抄送,不该抄送的却抄送了。某年该部赴国外参加展览会的代表团在飞机起飞时,才发现有一个局的代表(技术人员)没来,原来有关人员收到文件后,既没有交承办单位,也没有通知那个局。

差:该部发出的文件有不少是病文或残文,它们多犯有文理不通、交代不清、文不对题、文稿冗长、用词不当、中外文不统一,以及出现缺页、漏字、未盖公章等各种毛病。某年该部××司下发一个通知,从标题到内容,竟有12处差错。某市××工业局收到该部发来的并标有"急件"字样的信函,打开一看竟然是空信封。还有一些司局在邮送文件时,交给文件传递部门的是内装文件却没有地址和收件人的空白邮件,仅某年7月5日一天,邮局就退给该部34份这样的邮件。

问题讨论

1. 该部在文件工作中出现这些问题的原因是什么,应当采取什么措施予以改进?
2. 为该部拟订一个培训计划,内容是对部内专职文件工作人员和其他各级领导与业务人员分别实施文件工作知识与技能方面的培训,至少要有三个单元,每个单元至少两个小时。计划应包括具体培训对象、培训内容、培训方式,还应列出讨论题、所需设备条件、培训后应达到的水平等。

6-2 文件差错令人吃惊

前不久,××局下发的一份文件上出了一个政策性错误,省领导亲自过问,局长被叫去挨了好一顿批评,有关部门还准备将此事通报全省,给有关的主要责任者行政处分。为此,局长发火,办公室主任挨批,小王被抽调出来专门搞文件工作整顿。经请示领导同意,小王首先从文件质量问题的调查入手。而调查的结果实在让人大吃一惊。

经过对当年1—10月份制发的全部文件的调查发现,存在大大小小各类问题的文件占全部发文总数的45%左右。从这些有问题的文件中随机抽取了100份,结果发现它们都普遍存在两种以上的错漏,其中,有各种错别字的共28件;用铅笔签发的文件有8件;因纸张表面有孔洞和墨迹被擦抹掉而字迹不清的有25件;主送上级同时又抄送下级的请示有10件;文体明显不对的有9件;语句带歧义的文件有18件;篇幅过于冗长的有21件;存在违背法律、法规和政策规定提法的文件有7件;滥抄、滥送的有19件;数量、时间、空间概念表达不规范的有33件;存在上下文自相矛盾或与自己机关现行有效文件的规定相抵触问题的有8件;不符合越级行文条件的文件有12件;格式不规范的有45件;文种不正确的有23件;一文数事的有9件;遗漏重要数据的有7件;没有用印的有3件;随意主送领导个人的13件;多头主送的有7件;内容涉及其他局的权限但事先没有同其协商即单方面行文的有4件;正本与定稿存在重大不一致的有8件;用新闻纸印刷的有31件;写错重要数字的有4件;没标或标错密级的有6件;应标而没有标出缓急时限的有5件;明显答非所问误解对方意图的有 3 件；因理由不充分、材料不完整而被上级驳回或退回的有 4 件；所引数据存在失真问题的有 10 件；党政不分，向党的部门发号施令的有 4 件；使用方言、土语和大量口语词的有 18 件；存在文句不通顺的有 48 件；条理不清的有 16 件；存在各种语法错误的有 54 件；标点符号有错漏的有 39 件；滥用修辞格的 12 件；用错专用词语造成行文目的、行文要求表达错误的有 12 件；文稿书写不规范的有 56 件；滥用简称的有 23 件。

问题讨论

1. 该局"问题文件"占全部发文总数的 45% 左右，问题的表现也是多种多样，请你从文件管理组织与控制的角度出发，深入分析出现上述问题的主要原因。
2. 请你帮小王拟制一份《关于加强机关发文质量管理的方案》，重点要提出解决问题的意见和建议，以供领导参考。

6-3　为什么找不到文件？

小栾是某公司总经理办公室的秘书。他平时工作非常认真，凡是工作活动中形成或接受的各种文件材料都要收集起来，存放在抽屉里，抽屉装满后又将文件移到文件柜子里。这样日积月累，各种文件材料装满了好几大文件柜。一天，总经理正在主持召开产品市场定位与推广的会议，让小栾帮他查找会上急需用到的有关××产品的市场调查报告等材料，小栾望着几柜子的文件有些不知所措，翻来翻去怎么也找不到总经理索要的文件，"明明将文件放在柜子里了，为什么就找不到呢？"小栾自言自语，急得满头大汗。文件没找到，小栾挨批是在所难免了。

问题讨论

1. 面对栾秘书"明明将文件放在柜子里了，为什么就找不到呢？"的困惑，请你分析栾秘书找不到文件的主要原因。
2. 秘书平时收集文件材料的目的是什么？如果你是栾秘书，为实现快捷准确找到文件材料，你会怎么做？

6-4　成为信息服务的有心人

小欣是某合资企业的秘书。前不久，总经理要到美国进行商务洽谈。小欣为总经理的出行做了细致的信息准备。首先，收集了有关美国及谈判地的地理条件、气候、人口、风情、货币、交通、旅馆状况等各种资料，向我使馆经济商务参赞处等驻外机构及美国驻我使馆了解有关项目洽谈的情况，并就一些具体问题进行咨询；接着，又从各种渠道获取商务信息，了解谈判对象的业务往来情况及其资信情况，调查其市场占有情况和对产品的需求；然后，通过互联网等多种途径获得该公司在亚洲以及世界其他地区业务开展的更为全面、广泛的相关信息。在此基础上，小欣对收集来的大量材料进行分析、分类筛选、编辑加工,准备了齐全系统的商务洽谈的文件材料,这些材料几乎覆盖了总经理可能要处理和面对的每一个问题,并备齐业务洽谈有关问题的信函、备忘录以及其他相关信息资料。总经理看完这些材料后,频频点头,看得出他对小欣的工作效率和质量十分满意。

问题讨论

1. 文件信息工作的主要作用有哪些?小欣是如何为总经理的商务洽谈工作提供文件信息服务的?
2. 小欣的文件信息服务工作为什么能够得到总经理的认可?这一案例带给我们什么启示?

6-5 信息公开申请的答复

因某县中医院整体搬迁至该县书院洲社区,该社区刘××等三位居民向本地国土资源局提出书面申请,要求申请国土资源局公开下列政府文件信息:一是社区土地因县中医院整体搬迁建设而征为国有土地的全部相关政府信息;二是县中医院整体搬迁建设使用社区国有土地出让或划拨手续,国有土地使用权批准文件。要求信息答复方式为邮寄或通知申请人自行领取。

针对上述申请,国土资源局的工作人员打电话告诉刘先生等人:该社区的土地本系国有土地,没有实施征收该社区土地的具体行政行为,原告申请的第一项政府信息不存在;而县中医院整体搬迁建设使用社区国有土地出让或划拨手续、国有土地使用权批准文件等相关政府信息已经公开,申请人可以在国土资源局的网站上查询。

两个月后,刘××等以县国土资源局未能书面答复为由将其告上法庭。

问题讨论

1. 政府文件信息中哪些信息应予公开?主动公开和依申请公开政府文件信息各有什么要求?该案例中的信息是否属于信息公开的范围?
2. "答复"是一种收文办理程序,你认为该县国土资源局"不书面答复"是否存在违法行为?为什么?

6-6 文件需求的调查测验

美国某股票交易所做了这样一场文件需求调查测验:文件管理部门负责人对一件一式37份的工作报表的实际应用价值存有疑点,于是他向收到文件的37位经理征询了意见,请他们明确表明这份文件信息是否需要、重要、全面等。所有人的回答都是十分肯定的。在下一个月,他扣发了这份例行的工作报表,37位经理中却没有一人提出意见。几个月之后,他干脆停止编制这份报表。为此节约了许多人力、时间、纸张和经费。令人吃惊的是,所有经理中没有一位对停发、停编这份报表提出异议,甚至没有一位经理对此提出询问。

问题讨论

1. 文件管理部门负责人开展的此次调查测验说明了什么问题?这一案例带给文件管理组织与控制工作哪些思考?
2. 文件需求与文件制发之间是什么关系?文件管理部门应当如何正确处理好二者之间的关系?

第七章　声像文件管理

> **学习引导**

声像文件，也称音像文件或视听文件，是机构或个人从事各种活动中以声音、图像、影像等特殊记录方式和以感光材料、磁性材料、塑料材料等为载体而形成的声音图像信息记录。本章所言"声像文件"，仅针对传统胶片、磁带、光盘等类型的声像文件，不包括电子声像文件的管理。

声像文件具有如下共性。

一是内容直观真实。声像文件动静结合、声像结合、形意结合，如实再现某一人物和事件，使人有"身临其境"的感觉，给人以真实可信的印象，是无可辩驳的历史铁证。

二是易于识读传播。声像文件生动、形象、通识，能较好地消除因不同文化背景和语言文字等带来的交流障碍，易为人们理解、接受和使用，且易于复制和远距离传送与传播。

三是载体脆弱易损。声像文件载体材料化学成分复杂、质地脆弱，光线、热源、湿度、污染物等环境因素对载体的损伤风险较大。

四是阅读设备依赖性强。声像文件大多不能像传统纸质文件那样直接阅读，需要硬件装置将音像信息转换为人的感官能直接接收的声音、图像或文字信号后才能读取。

针对不同类型的声像文件，学习中要认真掌握其基本构成原理、收集整理方法、适宜的保管条件以及合理提供利用的方法，使之得到妥善保存与合理利用。

第一节　照片文件的管理

照片文件，是国家机构、社会组织或个人在其社会活动中形成的以感光材料为载体、以静止摄影影像为主要反映方式的有保存价值的影像记录。

照片文件作为文件中的一种专门类型，是以特定事件、人物和实物等作为摄影对象而形成的一种影像文件。它既具有与其他类型文件相同的工作查考、经验总结和信息交流的作用，又以其客观、形象、真实的特点而具有历史记录、宣传教育和艺术欣赏等方面的作用。

照片文件的种类很多，可以从不同角度划分。

第一，按照片的体裁划分种类。一是新闻照片文件，是为了记录和报道重要和重大事件而现场拍摄的，它所表现的对象只能是真实的、正在发生和发展着的事物，因此具有很强的纪实性。二是艺术照片文件，是运用摄影技术和艺术造型而形成的。艺术照片不仅有较高的艺术欣赏价值,而且对研究摄影艺术的发展技巧亦有重要的参考凭证作用。三是科技照片文件,是记录和反映自然界和微观世界的某个过程或现象,以及人们开展科技和生产活动的照片,对科学技术研究、生产建设和经济发展等方面具有珍贵的利用价值。

第二,按照片拍摄对象的性质划分种类。一是事件照片文件,是记载和记录某一事件发生、发展过程的照片文件。二是景物照片文件,是反映各种物体、地形、静物、动物、花卉等的照片文件。三是人物照片文件,是直接记录有关人物各种活动的照片文件。

第三,按感光片的感光性能划分种类。一是无色片,亦称"色盲片"。它只能感受蓝色光、紫色光及部分紫外线,对其他色光则感受迟钝或不能感受。二是分色片,又名"正色片"。它可以感受除红光以外的其他各种色光,对绿黄二色光感受力尤强。三是全色片,也叫"泛色片"。它对各种可见色光都能感受,因而对各种颜色的被摄体能以黑、白、灰的不同深浅记录在感光片上。四是红外线片,能感受红光以外的长波红外光,对绿色光感受极弱,对蓝紫光敏感。五是彩色片,也叫"天然色感光片",与上述四种感光片完全不同,它能记录、再现原物的色彩。六是全息片,是运用全息摄影技术,将影像拍摄在感光介质上而形成的一种全息照片。

一、基本构成

一份完整的照片文件,是由底片、照片及文字说明三部分构成。

1. 底片

底片是与被摄景物颜色相反的负影像,以感光胶片为载体。分为原底片和翻版底片。

原底片是照片在形成过程中,最初产生的底片。摄影必须通过感光才能把景物影像反映到感光片上,留下影像潜影的感光片,再经过药物的化学作用,使影像显露而成为永久性的影像负片。原底片是照片文件的最原始材料,也是照片文件中的重点部分。

翻版底片也称复制底片。复制底片的目的既是为了保护原底片,避免原底片在频繁地使用过程中受到磨损,又可以在原底片缺损或遗失的情况下,补充或代替原底片作为文件保管。原底片一般不随便使用。彩色底片不易保存,有条件的单位可以把彩色片复制成黑白底片。

2. 照片

照片是与被拍摄景物颜色相同的正影像,它是通过底片冲印而成的。底片经过印相或放大,可获得与被拍摄对象明暗一致的照片。照片清晰,便于辨认。一般情况下,一份完整的照片文件,每张底片均应附有一张照片。如底片损坏或遗失,也能依据照片来翻制出底片进行补救。

3. 文字说明

文字说明是对照片中内容的介绍和补充说明。一张照片如果没有文字说明材料,其使用价值就大为逊色。因为照片反映和说明的事实往往只是事件的一个或几个片断,具有一定的局限性,需要文字说明加以补充,它与照片相辅相成,是互不可分的整体。

每一张底片照片都应有文字说明。文字说明的撰写,不同于一般摄影作品的命题,也不同于一般新闻图片的解释、注解。它必须依照《照片档案管理规范》的专业要求撰写,包括照片的基本内容、人物、时间、地点、事由、摄影者等要素。

二、拣选收集

照片文件的收集,主要依据本单位的文件归档范围,即凡是本机关工作活动中办理完毕的、具有保存价值的各种照片文件均应归档。

对于大量产生和形成照片文件的单位如新闻媒体机构、部分科研机构等,应有一位领导作为归档责任者组织有关记者、编辑、科研人员等对照片文件进行收集、整理,然后统一向机关档案室或照片档案室移交。

1. 收集范围

照片文件的收集范围,主要包括:反映某单位主要职能活动和工作成果的照片;领导人和著名人物参加与某单位、某地区有关的重大公务活动的照片;单位主办、协办或参与的重要外事活动的照片;记录本单位、本地区的重大事件、重大事故、自然灾害及异常现象的照片;记录本地区地理概貌、城乡建设、重点工程、名胜古迹、自然风光以及民间风俗和著名人物的照片;与其他具有保存价值的载体文件有密切联系的照片;其他具有保存价值的照片文件。

2. 收集要求

收集照片文件,应当符合如下要求。

一是明确收集重点。凡是反映本地区、本机关、本单位或本人社会活动情况的,具有保存价值的照片,都应列入收集范围之内。对反映同一内容的若干张照片,收集时应选择其主要照片归档。主要照片应具备主题鲜明、影像清晰、画面完整、未加修饰剪裁等特点。

二是收集要完整齐全。底片、照片、说明应齐全,且配套完整,以免降低照片文件的使用价值,影响照片文件作用的发挥。底片与照片影像应一致。对无底片的照片应制作翻拍底片,对无照片的底片应制作照片。

三是多途径收集照片。以照片形成部门为主、以其他部门为辅的方法进行收集。同时,还注意做到"五个结合",即:本单位收集与社会收集相结合;无偿收集与有偿征集相结合;面向专业摄影者收集与面向业余摄影者收集相结合;全面收集与重点收集相结合;平时收集与集中收集相结合。确保收集工作的效率和质量。

四是加强照片鉴定。对存有真伪疑义的照片应采取必要措施进行鉴定。严格鉴定有助于确保所收集的照片的有用性。鉴定照片文件时,既要考虑其现实与历史价值,还要考虑其艺术与技术价值,因而要从照片形成年代、实际内容、制成材料、技术质量等方面出发进行全面的鉴定。照片、底片的保管期限和秘密等级的划定按照有关规定执行。凡购进或与外单位之间相互赠送的照片,如果与本地区、本单位的工作无直接联系,只应作为资料保存。

五是收集要及时。对具有归档价值的照片，其摄影者或承办单位应及时整理，向档案部门归档，一般不应跨年度。照片文件应当随形成单位的其他载体形态的文件一起定期向本单位档案部门归档，集中管理，任何单位或个人不得据为己有。

三、分类整理

鉴于照片数量、状况及形成单位的差别，应对照片文件进行科学的分类，将同一内容、同一性质的照片文件组成一个有机的整体。具体来说，对于照片数量较少的单位，或者照片文件与纸质文件或科技文件联系密切的情况，一般可以与纸质文件或科技文件统一整理，分别放置；对于照片数量较多的单位，或者照片文件能脱离纸质文件等其他文件而独立存在的情况，应考虑单独分类、编目，单独整理、存放。整理照片文件时，仍然要坚持文件整理的基本原则，考虑保持照片文件之间的内在联系，客观地再现事件、事物以及人物的真实面貌，便于照片文件的保管和利用。

1. 底片的整理

对于底片收藏不多的机构，底片可以不分类，只须按底片收到的先后次序进行编号。一张底片或一组底片为一个保管单位，编一个顺序号。若收藏的底片数量、种类较多，则须对底片进行分类。

底片的分类，可按尺寸大小分类，按制成材料分类，按底片种类分类，按年代分类，按拍摄者分类，按内容分类，按底片所反映的问题、产品、剧目、项目等分类。

底片号，用来固定和反映底片在全宗内排列顺序的一组字符代码，由全宗号、保管期限代码、张号三部分组成，其格式如下：全宗号—保管期限代码—张号。

全宗号，是档案馆给立档单位编制的代号；如果本单位的照片文件按照制度不需向各级国家档案馆移交，则可考虑取消全宗号，使编号更加简明。

保管期限代码，是照片对应的保管期限，可直接标注为永久、定期等。

张号，是在某一全宗某一保管期限内底片的排列从"1"开始的顺序编号。

如果是一组底片，在底片号中还可为该组的每一张底片加分号；如果是已确定类别的底片，要在底片张号前加上一个类别号。全宗号、类别号、底片号、分号等合起来作为底片的档号，固定底片分类及排放位置。

底片号可使用铁笔将底片号横排刻写在胶片乳剂面片边处（刻写不下时，前段可不写），不应影响画面，也可采用其他方式将底片号附着在胶片乳剂面片边处，不得污染胶片。底片号顺序应与照片号顺序保持一致。

底片放入底片袋内保管，一张一袋。应在底片袋的右上方标明底片号。对翻拍底片，应在底片袋的左上方标明"F"字样。对拷贝底片，应在底片袋的左上方标明"K"字样。按底片号顺序将底片袋依次插入底片册。底片册芯页的插袋上，应标明相同的底片号。

底片册一般由297mm×210mm大小的若干芯页、封面和封底组成。对幅面超过底片册芯页尺寸的大幅底片,应在乳剂面垫衬柔软的中性偏碱性纸张后,放入专用的档案袋或档案盒中,按底片号顺序排列。

底片册内最后一页应是备考表。备考表的项目包括本册情况说明、立册人、检查人、立册时间。册内备考表应放在册内最后位置。本册情况说明包括填写册内底片缺损,补充、移出、销毁等情况。底片册的封面应印制"底片册"字样,其册脊项目有:全宗号、保管期限、起止张号、册号。底片册按照全宗号、保管期限、册号的顺序排列,上架保存。

底片编号完毕,要填写底片目录登记簿。底片目录登记簿包括如下项目:底片档号、底片内容、拍摄者、拍摄地点、拍摄时间、底片数量、状况、来源、收到日期等。

2. 照片的整理

照片的分类,应在全宗内按保管期限—年度—问题进行分类。跨年度且不可分的照片,也可按保管期限—问题—年度进行分类。分类方案应保持前后一致,不应随意变动。

照片的排列,应在分类方案的最低一级类目内,按问题结合时间、重要程度等进行排列。为便于提供利用,照片排列及入册时应同时考虑不同保密等级照片的定位。

照片的编号,是固定和反映每张照片在全宗内分类与排列顺序的一组字符代码,即照片号。照片号有两种格式。

格式一:全宗号—保管期限代码—册号—张号。

格式二:全宗号—保管期限代码—张号。

格式一中的"册号",是指在某一全宗某一保管期限内照片册的排列从"1"开始的顺序编号;"张号"是指照片在册内的排列从"1"开始的顺序编号。格式二中的"张号",是指在某一全宗某一保管期限内的照片的排列从"1"开始的顺序编号。照片的底片号、参见号等应在文字说明栏中写明,以便查找利用。照片、底片可选择分别编号法,或者合一编号法(影像相符的照片、底片编号相同)。选用合一编号法宜以照片、底片齐全为基础。如果本单位的照片文件按照制度不需向各级国家档案馆移交,则可考虑取消全宗号,使编号更加简明。

照片的装册,应按照分类、排列顺序即照片号顺序将照片固定在芯页上,组成照片册。照片册的芯页一般以 30 页左右为宜,有活页式和定页式两种。对于照片册中放置不下的大幅照片,可将其放入专用的档案袋或档案盒中,按照照片号顺序排列。如竖直放置,应首先将照片固定在专用的纸版上,再放入袋、盒中;如水平放置,照片的堆放高度不宜超过 5cm。以竖直放置为宜。

照片的编目,应在同一照片文件卷内目录表上进行。以照片的自然张或一组照片为单元填写卷内目录,其中包括照片号、题名、底片号/参见号、所在页号、拍摄时间等等。其中照片题名一般由文字说明改写而成,不超过 50 字。参见号是指与本张(组)照片有联系的其他文件的档号。

3. 文字说明的编写

文字说明的编写要求概括地揭示照片反映的事由、时间、地点、人物、背景、摄影者等内容。文字简洁、语言通顺。一般不超过200字。用阿拉伯数字表示时间。

（1）单张照片的说明

单张照片的说明格式,应用横写格式,分段书写,格式如见表7-1。

表 7-1　单张照片说明格式

题名：
照片号：
底片号：
参见号：
时间：
摄影者：
文字说明：

——题名,要简明概括、准确反映照片的基本内容、人物、时间、地点、事由等,要素尽可能齐全。

——照片号、底片号,要按照前述编写格式正确填写;若采用照片、底片合一编号法,可不填写底片号。

——参见号,是指与本张照片有密切联系的其他载体文件的档号,其格式示例如下:文书档案0113－2－18。

——时间,是照片的拍摄时间,用8位阿拉伯数字表示,格式示例如下:2014年9月9日写作"20140909"。

——摄影者,一般填写个人,必要时可加写单位。

——文字说明,综合运用事由、时间、地点、人物、背景、摄影者等要素,概括提示照片影像所反映的全部信息,或仅对题名未及内容作出补充。其他需要说明的事项亦可在此栏表述,如照片归属权不属于本单位的,应注明照片版权、来源等。照片的密级,在照片周围选择一个固定空白处标明。

文字说明的位置:单张照片的说明,可根据照片固定的位置,在照片的右侧、左侧或正下方书写;大幅照片的说明,可另纸书写,与照片一同保存。一组联系密切的照片中的大幅照片,应随该组照片一同在册内编号,填写单张照片说明,并注明其存放地址。

2. 组合照片说明的编写

组合照片说明,应概括提示该组照片所反映的全部信息内容及其他需要说明的事项,指出所含照片的起止张号和数量。采用组合照片说明的照片,其单张照片的说明可以从简。

同组中的每一张照片,均应在单张照片说明的左上角或右上角标出组联符号。组联符号按组编,同组中的照片其组联符号相同,如第一组50张照片的组联符号同为"①",第二组30张照片的组联符号同为"②",依此类推。如一册内只有一组照片和其他散片时,组联符号采用"①"。组联符号不宜越册。

整理照片时因保管期限或密级的不同,有些同组的照片可能会被分散到不同的照片册内,应在组合照片说明中指出这些密切相关照片的保管期限、册号、组号,其格式示例可参考右边。相关照片:长期－4－⑥。

组合照片说明,可放在本组第一张照片的上方,也可放在本册所有照片之前。

照片册末,应当放置册内备考表。

照片册的封面,应印制"照片册"字样。册脊的项目包括全宗号、保管期限、册号、起止张号等。

照片册的排列,按照全宗号、保管期限和册号等的顺序排列,上架保存。

四、妥善保管

照片形成部门整理完毕后,要用专门柜箱来保管照片文件,或者尽快交由档案部门进行比较适宜的保管。

1. 装具规范

照片文件的装具要利于照片保管。底片袋,应使用表面略微粗糙和无光泽的中性偏碱性纸制材料制作,其 pH 应在 7.2～9.5,α-纤维素含量应高于 87%。底片袋使用中性胶粘剂,接缝应在袋边。照片册(如图 7-1 所示)、底片册(如图 7-2 所示),所用封面、封底和芯页,均应采用中性偏碱性纸质材料制作,其 pH 应在 7.2～9.5,化学性能稳定,且不易产生碎屑或脱落的纤维。

底片、照片应在能关闭的装具中保存,如存储柜、抽屉、有门的书架或文件架等。贮存柜架应采用不可燃、耐腐蚀的材料,避免使用木制及类似材料。木制材料易燃烧、易腐蚀,还可能挥发出某些有害气体,促使底片、照片老化或褪色。贮存柜架的喷涂用料应稳定耐用,且对贮存的底片、照片无有害影响。对贮存柜架进行排列时,应保证空气能在其内部循环流通。

图 7-1　照片册及其芯页　　　　图 7-2　底片册

2. 温度、湿度条件

底片、照片应恒温、恒湿保存。长期贮存环境,24 小时内温度的周期变化不应大于 ±2℃,相对湿度变化不应大于 ±5%。中期贮存环境,24 小时内温度的周期变化不应大于 ±5℃,相对湿度变化不应大于 ±10%。所推荐的温度、湿度条件,应在各单独的贮存器具内或整个贮存室内加以保证。底片、照片贮存的温、湿度与提供利用房间的温、湿度若存在较大差别,应设缓冲间,在其提供利用前应在缓冲间过渡几小时。

表 7-2 推荐照片存贮最高温度和相对湿度

类型	中期贮存		长期贮存	
	最高温度/℃	相对湿度/%	最高温度/℃	相对湿度/%
黑白底片	25	20～50	21 15 10	20～30 20～40 20～50
彩色底片	25	20～50	2 —3 —10	20～30 20～40 20～50
黑白照片	25	20～50	18	30～50
彩色照片	25	20～50	2	30～40

注1:中期贮存是指胶片、照片在表中规定的温、湿度条件下至少能保存10年。
　　长期贮存是指胶片、照片在表中规定的温、湿度条件下至少能保存100年。
注2:推荐值内较低的温度、湿度环境,更能延长胶片、照片的寿命。

为保证贮存库的温、湿度条件,应配备独立的空气调节系统。贮存库的气压应保持正压状态,以防止外界空气渗入。去湿应选用恒湿控制的自动制冷型除湿机。加湿应选用可控式加湿机,不应使用水盆或饱和化学溶液,以免导致湿度过高。

3. 空气净化要求

照片保管的库房处理要符合防火、防水、防潮、防日光及紫外线照射、防污染、防有害生物、防震、防盗等要求,还需注意库房中空气的净化处理。

进入贮存室或贮存柜的空气,应首先经过机械过滤器过滤,以免空气中的固体颗粒擦伤胶片或与胶片起反应。过滤器宜采用干介质型,应不可燃,其捕捉率不应低于85%。

应使用洗涤或吸收等空气净化装置,去除空气中的二氧化硫、硫化氢、过氧化物、臭氧、酸性雾气、氨和氧化氮等气体杂质。

油漆的挥发气体是一种氧化污染源,应控制使用。若贮存环境新刷油漆,应在三个月后投入使用。对其他存有污染源的新贮存环境,亦应搁置一段时期后再投入使用。

硝酸片基胶片会释放出有害气体,因此,不应与其他胶片同处存放,也不应与其他胶片使用同一通风系统。

4. 保管要求

贮存照片文件的库房应保持整齐、清洁,应有严格的使用和存放规则。

照片文件入库前应进行检查。对受污染的照片、底片应进行必要的技术处理,防止受污染的照片、底片入库。

接触底片的人员应戴洁净的棉质薄手套,轻拿底片的边缘。

底片册、照片册应立放,不应堆积平放,以免堆在下面的底片、照片受压后造成粘连。

珍贵的、重要的、使用频率高的底片应进行复制,异地保存。提供利用时应使用复制底片,以便更好地保存原底片。

每隔两年应对底片、照片进行一次抽样检查,不超过五年进行一次全面检查。若温、湿度出现严重波动,应缩短检查的间隔期。检查中应密切注意底片、照片的变化情况(卷曲、变形、变脆、粘连、破损、霉斑、褪色等),亦应注意包装材料的变质问题,并做好检查记录。若发现问题,应查明原因,及时采取补救措施。

5. 底片的修复方法

在现实工作中,由于保管不当,底片会不同程度地受到损坏,对此,可尝试使用以下方法进行修复。

(1) 去除底片上的指纹。用脱脂棉蘸高浓度的酒精轻轻擦拭指纹处。如果指纹太重,可在酸性清洁液(2%～5%冰醋酸溶液)浸洗一会儿,浸泡中并不时用脱脂棉轻轻擦拭指纹处,一般可清除指纹。

(2) 去除底片上的擦痕、划痕。将有擦痕、划痕的底片放入水洗盘中水洗15分钟左右,使水浸入乳剂膜令其膨胀,吻合划痕,晾干后,让明胶膜再收缩,一般擦痕可除去。如果擦痕、划痕比较严重的,可将划伤的底片放入温水中浸泡5分钟,然后移入干酪素溶液中浸泡2分钟,取出挂起晾干即可。

(3) 去除底片、照片的灰尘和其他污物。去除底片、照片的灰尘和其他污物的方法有干湿两种。干法是用软毛刷刷除,或用天鹅绒及其他软而不掉毛的丝绒擦去灰尘、污垢;湿法则是采用有机溶剂作清洁液,洗涤去掉。对湿法采用的有机溶液要求:去污力强,能迅速溶解油污,挥发性好,无残留物质和痕迹;不损害片基和乳剂层;毒性小,对人体无影响;燃点高,不会引起火灾。

(4) 去除底片上的霉斑。将其放入清水中浸泡15分钟,使乳剂层浸透、膨胀后,移入D-17显影剂中漂洗,并用软毛笔轻轻揩拭,去掉霉斑,再移入普通定影液中定影5分钟,最后放入流动的清水中漂洗15分钟,取出晾干即可。

(5) 粘连底片的修复。底片的粘连有两种:一种是底片与纸袋粘连,这时只要将底片放入清水中浸泡,纸被泡软后即自动落去;另一种是底片与底片的粘连,这时要将底片放入水中进行较长时间的浸泡,因为胶膜与片基粘在一起使水很难渗入。浸泡时间长一点,可使胶膜浸透、松软,自然与片基分离。

第二节 文件缩微品管理

文件缩微品,是利用缩微技术,采用专门的设备、材料和工艺,把原始文件资料原封不动地以缩小影像的形式摄影记录在感光材料(胶片)上,经加工制作而成的影像文件。它是利用缩微照相技术制作的文件复制件。

文件缩微品在一些行政机关、公司、企业等大量形成和使用。其优点是:利于保护文件原件,防止原件老化、丢失和损坏;提高文件利用率,以文件缩微品代替原件可以重复提供利用;缩小了文件体积,节省了存贮空间,降低了管理费用。其缺点是:永久保存成本较高,阅读设备缺乏时使用缩微胶片不方便,缩微后要想再插入其他资料很困难,等等。

与其他文件信息载体相比较,以缩微胶片进行文件信息的存贮保管具有明显的优势,表现在:缩微技术成熟稳定,在机器制造、生产流程、质量控制、规范管理等方面已形成了一套经过历史检验合格的技术,能够替代纸质记录成为文件以及其他文献保存与管理的重要手段;缩微品的制作成本低廉,真实还原和再现自然语言的能力较强,是永久保存珍贵历史文件的较好选择;缩微品在与高新技术结合、不断提高文化保存信息的记录、传递、检索和利用效率方面显示了极大的优越性和技术更新的发展潜力。

一、主要特点

文件缩微品是缩微技术的一种应用。缩微技术起源于1838年,由英国摄影师丹赛发明,他用摄影方法通过显微镜第一次把一张20英寸的文件拍成1/8寸的缩微影像。经过一百多年来的不断发展,现今缩微记录载体的存储密度更大,技术成熟及稳定性高,已有国际标准和国内标准;记录效果好,寿命长,适用范围广,对于可读的各种原件(文字、照片和图表等)均可记录在缩微胶片上;易于还原拷贝和多功能使用,且具有法律效力。采用缩微技术复制纸质载体文件形成文件缩微品,大大提高了各类组织的文件管理的水平和效率。

文件缩微品的载体是缩微胶片(如图7-3所示)。缩微胶片主要由片基、乳剂层构成,另由保护膜、防光晕层等部分组成。其中,片基材料一般使用硝酸纤维素、醋酸纤维素和聚酯;乳剂层是胶片的感光部分,有银盐乳剂层和非银盐乳剂层两种。目前,广泛采用的缩微胶片有银盐胶片、微泡片和重氮片。银盐缩微片通常以三醋酸纤维素和聚酯为片基,以银盐明胶为感光乳剂,它可以制作母片和原底片的胶片,多用于长期存贮缩微影像的介质。微泡片和重氮片,通常采用聚酯为片基,以重氮盐为感光剂。由于缺乏可用于直接拍摄的足够感光度,后两种胶片多用于制作中间片和缩微拷贝片。

图 7-3　缩微胶卷

基于文件缩微品的载体和技术特性,文件缩微品呈现出如下特点。

1. 载体形式的高度浓缩性

缩微胶片一般可缩小到原件的1/10～1/40,超缩微胶片能缩小到原件的1/100～1/250,超高缩小比率的缩小影像甚至可达到原件面积的1/8 100～1/62 500。这就使其能以较小的体积存贮大量的文件信息,大大节省了文件的保管空间。

2. 记录文件信息的准确性

文件缩微品是文件原件的精确影像,能准确记录原件的形状、格式、内容、字体、图形等信息内容,真实再现文件原件的风貌和细节,因而它可代替文件原件使用。

3. 长久保存性

只要加工和保管得当,缩微胶片的保存寿命是半永久性的,比保存纸质文件更安全,适合于文件材料的长期保存。

4. 规格统一性

由于缩微技术比较成熟、稳定,因此文件缩微品的质量、形状和尺寸一般是统一的,可将种类繁多、外形不一的纸质文件统一缩微为固定的标准形式,有助于借助缩微胶片检索设备和计算机迅速处理、传输、检索、传播大量文件信息,为利用者查找和利用文件信息提供了方便。

5. 直读性较差

文件缩微品是通过缩微拍摄机(如图7-4所示)制作的,用肉眼无法直接阅读,需借助于缩微阅读器(如图7-5所示)等设备将缩微图像放大后才能进行阅读和查找。

图7-4 缩微拍摄机

图7-5 缩微胶卷阅读机

由于缩微胶片的种类和规格很多,在制作文件缩微品时,选用何种类型和规格的缩微胶片受文件原件尺寸和卷数、形体状况、装订和贮存方法、使用频率、信息复制要求、设备条件、经济条件等各种因素的影响。目前,较常用的有缩微胶卷、缩微封套片、缩微平片、窗孔卡片和不透明缩微卡片等。

文件缩微品的制作,应严格按照各种流程工序进行,并认真做好各道工序的制作记录。制作记录,应是各道制作工序的原始记录材料;制作记录中的文字、数据书写应规范、准确,书写的字迹、材料应符合文件书写字迹、材料的要求。

制作记录的主要内容如下:制作缩微品的设备名称、种类、型号以及技术状况、参数选择、调节设定等情况；文件的原始状况和制作胶片种类、乳剂号等；制作人员技术状况（职称、上岗等级等）、各工序的责任人以及各工序制作人员的签字；制作过程中需要说明的问题、制作的时间等；缩微品中信息与原件信息的差异；缩微品管理代号、检索方式和对应地址；制作缩微品的依据和技术标准；应达到和实际达到的体现文件缩微品可读性、完整性、保存性和凭证性的技术要求或状况等。

制作文件缩微品的过程中，要做好如下记录：缩微拍摄前文件整理编排记录、缩微拍摄文件制作记录、缩微胶片冲洗制作记录、文件缩微品质量检测记录、文件缩微品拷贝制作记录、文件缩微品剪接加工制作记录、拍摄文件缩微品的任务批准书、缩微拍摄文件原件证明书、缩微拍摄文件说明、缩微拍摄文件更正补拍说明、文件缩微品移交清单等。

二、分类整理

文件缩微品是已经整理的纸质文件的复制品，其内容与原件完全相同，因此可以沿用原有的整理体系。这里所要做的只是根据文件缩微品的不同种类以及缩微号对其进行分类排列，并做必要的整理编目工作。

对于文件缩微品种类单一、数量不多的单位，只须按缩微号顺序排列并登录，而无须分类。对收藏文件缩微品数量多、种类全、规格不一的单位，则须先对文件缩微品进行分类，再按号码顺序排列，并编制文件缩微品目录。

文件缩微品可分成卷式和片式两大类。

卷式缩微品，按尺寸又分为16mm、35mm、70mm、105mm卷式胶片；卷式缩微品制作成本低、保管空间小，适于保存大量的文件信息，很少出现丢失、散落、次序颠倒、误贮存等现象，易于管理，是目前文件缩微品的主要形式。但是，卷式缩微品一盘（盒）中记录文件数量多，内容复杂，难于增删和更正。因此，要做好原件的编排工作，将同一案卷的文件，集中拍摄在同一盘胶片上，以便于检索和利用。

片式缩微品，是卷式胶片被切成一个或几个画幅制成的缩微品，分为条片、封套片、开窗卡片及缩微平片等。片式缩微品的优缺点正好与卷式缩微品相反，其贮存次序可以变动，便于文件材料的增删、修正、复制、分发，使用方便。但片式缩微品比较零散，易出现贮存错误，容易丢失、散落，占用空间较大，成本较高，较之卷式缩微品的整理而言稍微复杂一些。适用于文件利用频繁、内容经常变动或补充的情况。

文件缩微品是按缩微号排列的。缩微号，是文件缩微品的编号，指明了缩微品的贮存地址（位置）。缩微号由两部分组成：一是缩微胶片顺序号，是以一盘卷片或一张平片为单位编制的顺序号；二是画幅连续号，是为一卷或一张缩微胶片中的每个画幅所编的连续号码。如缩微号"91—1014"，表示第91卷缩微胶片中的第1014个图像。

管理人员在卷内文件目录中填上每条目录的缩微号，在案卷目录中填上每本案卷的缩微号，或者制作专门的缩微品目录或索引，将缩微影像的位置、缩微号、存放地点（库房、柜、架号）著录在登记簿上或存入计算机磁盘里，形成可供查询的检索工具，以备检索。

三、妥善保管

文件缩微品以感光材料为载体,对保管条件要求较高。其寿命不仅取决于缩微品胶片(聚酯片基与明胶等乳剂层构成)的化学稳定性和加工技术(拍摄、显影、定影、水洗和干燥等工作)的质量控制,而且与缩微品的贮存和保管条件有极为密切的关系。经常使用的短期缩微品和以贮存为目的的长期、永久性缩微品由于受胶片特性和加工质量的影响,在保管条件上有明显区别。

文件缩微品的保存期:短期(中期)保存,保存期在 10 年以内;长期保存,有效保存期为 20～100 年;永久保存,保存期在 100 年以上。不同的保管条件决定了文件缩微品不同的保存期。缩微品保存环境的好坏,是决定缩微品能否长期、永久保存的重要条件,对缩微品保存影响最大的因素,主要是温度、湿度和空气中的有害气体等。

1. 保存环境

缩微品的贮存环境的温、湿度应相对稳定,24 小时内温度变化不大于±2℃、相对湿度变化不大于±5%。

表 7-3　缩微品存贮环境温度和相对湿度的要求

感光层	中期贮存		长期贮存	
	最高温度(℃)	相对湿度(%)	最高温度(℃)	相对湿度(%)
银—明胶 干　银 微　泡 重　氮	25	20～25	21 15 10	20～30 15～40 10～50
彩　色	25	20～50	2 -3 -10	20～30 20～40 20～50

从表 7-3 可见,缩微品存贮环境的湿度高低,应根据胶片的特性加以控制。缩微胶片长期保存在相对湿度超过 60% 的高湿度条件下,银盐胶片上的明胶就容易产生水迹和霉变而出现斑点,这时若有硫化物等药品作用,就会促使影像变色,以致褪去缩微胶片上的乳剂层,片基表面及片盘就会发霉或粘连在一起;若缩微胶片长期暴露在相对湿度低于 15% 的条件下,就会使胶片发生卷曲,使用时易产生静电,乳剂层容易老化,产生龟裂等现象。相对而言,温度对缩微品的影响不及湿度明显,但如置于 40℃ 以上的持续高温下,也会使塑料片基的柔韧性永久消失,并会导致缩微品变形,加速其老化。因而,存放文件缩微品的库房应保持恒温、恒湿,并使其温湿度控制在规定的范围内,库房应装有自控空调设备,也可采用机械通风办法来降低库房的温度湿度。

除了对保管环境的温湿度进行严格控制以外,还要注意严控以下条件。

一是环境空气的净化,避免空气中的尘埃和微生物等使缩微胶片擦伤、产生霉斑及影像褪色。可以使用过滤器滤掉输入胶片库房空气中的尘埃,过滤器的除尘率不低于 90%。

二是化学污染物的净化,包括对二氧化硫、硫化氢、三氧化硫、臭氧、酸性气体、氨和氧化氮、过氧化物和油漆的挥发性气体等进行净化。为此,缩微库房要远离有害气体源,通过过滤或吸收装置将有害气体从空气中除掉;银—明胶型缩微胶片与重氮胶片、微泡胶片、硝酸纤维素片基胶片不能同室存放;缩微品不能与纸质、磁性载体文件同室存放;如果缩微胶片库房无法远离有害气体源,胶片要采用密封保存,或者用强制通风的办法使库房空气流通。

三是防火、防水、防光,缩微品的存放库房要符合一、二级耐火等级要求;库房应备有无二次危害的自动灭火装置;文件缩微品如有副本,应另行安排存放地点。要采取防水措施,不应采取依靠产生水雾而获得隔热效果的防火措施。文件缩微品应避光保存。

2. 保管装具

文件缩微品的装具,应依据不同的缩微品类型选用。一是开放式装具,如纸袋、塑料薄膜袋、纸盒、片夹、开窗卡片套、封套等,宜保管在有空气调节装置的环境中,较适合片式缩微品使用。二是密闭式装具,如套筒式、滑动式或带有可旋转螺纹盖的密封容器,一般是用不透气材料制作,开口盖周围常用密封带密封,适合于卷式缩微品使用。密闭型装具限制了胶片同空气的接触,可防止污染和物理损伤,可在有空气调节的环境中作永久性保存。三是密封式装具,一般为不受蒸气影响、耐高温、耐腐蚀性、不易燃的金属容器,要求符合以下要求:在 150℃温度下加热 4 小时后不着火、不熔化,即使出现变形也不会损坏其中的胶片或妨碍胶片从包装物中取出。

具体来说,缩微品的贮存柜架应避免使用木制品、层压版、硬纸版、树脂木屑黏合版及其他类似材料,因为它们会挥发有害气体,或产生活性褪色剂。片盒材质,要按照国家标准使用塑料和金属两种,但铁盒不利于醋酸片的贮存,有可能促发醋酸综合征,所以对醋酸片要用不挥发氧化性物质的塑料盒贮存。另外,还应防范铁锈、橡皮筋、橡皮垫圈、某些种类的信封黏合剂、某些种类纸版所含的木质素及其他易氧化的物质对文件缩微品的氧化破坏。当缩微胶片置于包装材料中贮存时,要特别注意包装材料的化学惰性和物理特性。

总之,当环境相对湿度超出规定范围,或空气中含有化学杂质(有害气体或蒸气)、灰尘,而无有效的防范措施时,应采用密封式装具,防止受外界环境污染;而当贮存环境清洁卫生,条件适宜时,则可使用密闭式装具。不同类型的文件缩微品应选用不同的装具;不同类型的文件缩微品应分别包装,不得混绕在同一卷或存放在同一片袋内。

3. 保存过程监控

对保存的文件缩微品应进行定期检查,以便掌握保管情况,及时发现问题,防止进一步的损坏。一般每隔两年从保管的全部文件缩微品中抽出具有代表性的 20% 样品进行检查,其中 2% 左右为以前已经检查过的。当保管条件不能满足要求时,需缩短检查间隔时间。若发现异常现象,则应扩大检查范围。

检查的主要内容包括:一是文件缩微品的物理形态,如卷曲、变形、脆裂、粘连、乳剂层脱落等是否有变化;二是文件缩微品的技术指标,如密度、解像力等是否有变化;三是文件缩微品是否有其他可见性,如微斑、变色、生霉等变化,包装材料是否有变形、脆化、发霉等现象。检查时应做好记录,以便积累保管经验。检查中如发现影像不清晰、画面不清洁、不整齐以及画面倒置侧置等问题,应及时报告和登记,并查明原因,采取有效应对措施。

4. 利用过程保护

经常使用的文件缩微品与用于储存的文件缩微品,其保管条件是有区别的。使用过程中如果库房内的温度、湿度与使用环境中的温度、湿度不一致,将导致文件缩微品的损坏。因此,应将刚从低温环境中取出的文件缩微品放到适当的环境中加以平衡(见表7-4),使其温度和含水量进行自然调节后才可使用,时间大约为2~4周。

表7-4 各类缩微品调整平衡需要的时间

缩微品类型	平衡时间(天)	
	平衡到80%	平衡到80%
单页胶片	30分钟	90分钟
16mm胶片	5天	3周
35mm胶片	7天	4周

文件缩微品在使用过程中,污物、灰尘、机械性磨损很容易对文件缩微品造成损害,仍需注意:在阅读器内阅读文件缩微品时,由于静电作用,胶片两面容易吸附灰尘,阅读完毕后应用无静电的布或用软刷等擦掉胶片上的灰尘;为避免在文件缩微品上留下指纹印,应戴手套接触缩微品,不可直接用手触摸;若不小心印上指纹印,应用无棉绒的薄绢或镜头纸轻轻擦去;避免指甲或阅读器故障而划伤乳剂层,等等。

四、检索利用

《中华人民共和国档案法实施办法》第二十一条规定:"各级各类档案馆提供利用的档案,应当逐步实现以缩微品代替原件。档案缩微品和其他复制形式的档案,载有档案收藏单位法定代表人的签名或者印章标记的,具有与档案原件同等的效力。"这条规定承认了文件缩微品的合法性,为文件缩微品的充分利用提供了法律保障。目前,我国的文件缩微工作尚处于抢救、备份、保存珍贵文件阶段,文件缩微品主要用于保护文件原件,很少直接提供利用,其作为信息载体的作用尚未得到充分发挥。因此,文件缩微品的管理中要加强文件缩微品的检索和利用工作,提高文件缩微品的利用率。

文件缩微品的阅读比较特殊,必须通过缩微阅读机放大才能阅读。通常,一盒缩微胶片装在阅读机上后,要查找指定文件材料的图像数码,其检索方法一般有两种。一是半自动查找方法,即通过操作阅读机调节胶片行走速度的快慢,在屏幕上直接找到图像数码。二是自动查找方法,即通过键盘将需查找的缩微号输入阅读机附带的控制器,由控制器指挥阅读机带动胶片转动,并在指定数码上自动停下来,这时就可以阅读文件内容了,也可通过更换放大镜改变屏幕上图像的大小,方便阅读、摘抄。针对不同类型的文件缩微品,也可采用不同的检索方法。

1. 卷式缩微品的检索方法

编码检索法:将胶卷的每个画幅依次编码,利用事先编好的索引进行检索。画幅的连续号码一般是自动拍摄在各个画幅上的。

闪光靶标法:将一盘缩微片记录的文件信息区分为若干单元,每一单元之前拍过大写的号码或符号,作为闪光靶标。检索时,将缩微胶片放进阅读器,快速输片,当闪光靶标通过屏幕时,会像闪光一样明显闪现,便于区分所需要的文件的位置。按照事先编好的索引查到特定的闪光靶标后,可降低输片速度,直接阅读这一单元的内容。

指示线检索法:在缩微胶片的画幅之间的空白处拍进具有不同高度的横线,用横线的位置代替原始文件号码。检索时,用带有刻度尺的专用阅读器与指示线高度索引表对照进行检索。当横线与刻度尺上代表所需特定文件的编码一致时,即可检出所需文件。

长度扫描法:将胶卷上每幅影像距胶卷起点的长度尺寸与其所记录的文件材料编成索引。检索时,先从索引中查到所需文件的位置,然后用装在阅读器上的长度测量仪自动显示胶卷的传输长度,输片到指定位置,检索出所需文件。

光点检索法:在每个画幅下面自动拍上一个长方形的光点,使用装有光电计数器和数字键盘的阅读器进行检索。检索时,先按索引表查到所需文件图像对应的光电顺序编码号,再将该号输入数字键盘,启动输片机后,光电计数器会自动记录它扫描过的光点。当光点数与键盘输入数字一致时,即查到所需文件材料。这种方法可以与电子计算机相结合,具有高效率的自动检索功能。

二进制编码检索法:将通过键盘输入的数码自动转变为二进制编码,以机读方式与原件一起摄入胶卷。检索时,只要输入所需文件的数码,阅读器屏幕上即可显示原件影像。这是一种先进的自动检索方法。

条形编码法:使用专用摄影机拍摄原件时,把检索所需要的条形编码同时拍摄在原件画幅下边。检索时,通过专用阅读检索机的检索键盘输入编码,就能自动在屏幕上显示特定的文件材料。

2. 片式缩微品的检索方法

标题检索法:将揭示文件内容、符合著录规则的标题登载在片式缩微品的上方或左侧。检索时,直接查阅标题进行检索。

颜色分类法:在片式缩微品的上部边缘,按照类别涂上不同颜色,检索时按颜色进行分类查找。这种方法适用于分类较少的缩微胶片。

槽口检索法:在片式缩微品的上端切制小的槽口,按槽口位置进行分类。检索时,根据槽口位置进行分类检索。

金属夹槽口检索法:在缩微胶片袋上方装上带齿的金属夹,编码存贮在检索箱中。检索时,通过事先编好的索引查到所需文件的编码,把选择器的转盘号对上特定文件的编码,放在检索箱的托架上拖动,利用磁铁将所需的文件缩微品吸出。

底部开槽检索法:在装缩微胶片的透明夹套或开窗卡片的下部以编码方式截齿,并在其边缘镶以一个金属片,供电磁检索器检索用。检索时,将编好码的缩微品放入托盘,再输入所查卡片编码,电磁检索器即可将卡片吸出。

金属齿自动检索法:将带金属齿的平片,金属部分朝外竖立着收藏在圆筒形容器中,再把它放进专用阅读器中。检索时,旋转圆筒形存储器,从中抽出所需缩微平片,自动装入阅读器,屏幕上就会自动显示出所需要的文件材料。

随着缩微技术的不断提高,缩微阅读设备已经从单一阅读(缩微阅读机)、阅读复印(阅读复印机)发展到数字化利用(缩微胶片扫描仪)阶段。在利用缩微阅读器检阅文件的过程中,如有必要,不仅可以按动复印开关,通过阅读复印机得到一张放大的文件材料的复制件,而且借助于数字影像技术,利用缩微胶片扫描仪捕获缩微胶片上的信息,经过信号转换成为电子图像,然后输入计算机,就能形成缩微胶片数字化文件,这将有助于利用计算机网络实现文件缩微品的资源共享和提供数字化服务,如利用计算机辅助检索系统提供自动检索功能。与前面介绍的手工检索和自动检索方式相比,计算机辅助检索系统具有输入速度快、成本低、节省存贮空间、检索速度快,可实现远距离查询,实现文件的全文存贮和检索等优点,可以方便、迅速地记录、还原和检索文件信息,大大提高了检索效率。

第三节 唱片文件的管理

唱片是一种储存声音的塑料制品,它采用机械录音的方法,将声音转变为相应的机械振动,以刻纹的方法在胶片上刻成声槽,然后利用电铸方法将胶片翻制成金属模板,最后用塑料在模板中热压成型,通过放唱设备将录制在声槽中的声音重放出来。

唱片是内容的载体,它所记载的不仅仅是音乐和歌曲,它还承载了源于社会生活的各种声音,如孙中山、毛泽东等领袖人物的讲话,京剧、黄梅戏、越剧、豫剧等戏剧,侯宝林等人的相声曲艺,民族器乐曲、西洋交响乐曲等。这些都是纸质文件所无法记录和难以表现的。唱片提供了书面语言文字所无法代替的历史记录,是一种不同于纸质文件的声音文件。

唱片文件主要具有以下特点:易用机械方法大量拷贝,适用于大量高速的印刷;耐辐射,不怕强磁场的侵袭,可以在某些特殊场合使用;有优于磁带的录音效果。唱片文件对研究和发展我国文化、艺术、历史、科学,乃至政治、经济等,都能起到重要的作用。

一、基本构成

唱片文件的构成,是指其作为一个管理实体应包括的各种唱片文件材料的类型,主要由三部分构成。

一是正版唱片,是从金属模板上印制发行的唱片,一般可将初次印制的前三版作为归档文件管理。

二是金属模板,是珍贵的原始唱片文件,是唱片文件的重要构成部分。归档保存时要将初次负模、初次正模和二次负模收集齐全完整,统一保管。

三是文字材料,由于唱片文件自身信息传达的局限性,所以在归档整理时要附上文字材料加以说明,包括文字记录、唱词、乐谱及其他内容介绍。

二、分类整理

根据唱片文件制成材料在生产和构造方面的特点,可把它分为金属模板和唱片两大类,并分别进行整理和保管。

1. 金属模板的整理

金属模板是在唱片制作过程中由精密的电铸工艺翻铸而成的,它作为唱片的原始模型很少直接用于放唱,而主要是通过模塑复制出大量的唱片,所以具有版次明确、数量少、价值珍贵等特点。

金属模板有以下几种常用的分类方法。一是依版次分类。为了大量复制唱片,通常需要电铸三种金属模型:初次负模、初次正模、二次负模。金属模板可按版次分为以上三个大类,每类之下再按版号、片号或顺序号排列。二是按直径尺寸分类。即按金属模板的直径尺寸(如 30cm、25cm、17.5cm 等)分成不同的类,每类之下可再按版号、片号或顺序号排列。

金属模板按以下项目进行编目:文件号(类别号+顺序号)、模板名称、版号、片号、简要内容、生产厂家、模板直径、压制唱片类型、模板来源、备注等。

2. 唱片的整理

唱片可按载体材料结合片种分为粗纹唱片(如图 7-6 所示的唱机放唱时每分钟转 78 转的唱片,声槽宽度 0.10～0.16mm,声槽密度每厘米 30～50 条的唱片)、密纹唱片(每分钟转 33.5 转的唱片)、立体声唱片等,如图 7-7、7-8 所示;也可按照直径尺寸规格(一般直径为 10 或 12 英寸)、胶版、薄膜、年代、内容等标准划分类别。具体分类时,可依据唱片数量的多少和状况灵活选择上述相应标准进行分类。

图 7-6 唱机

图 7-7 粗纹唱片

图 7-8 密纹唱片

唱片编目项目较多,主要有文件号(类别号+顺序号)、唱片名称、版号、片号、片种、尺寸、简要内容、放唱时间、适合机型、音响性质、来源、备注等。以上项目可根据编目需要选择著录。

三、妥善保管

唱片文件经过分类整理后,应当依照金属模板和唱片的特点分类妥善保管。如果保管不当,将会导致唱片文件信息受损而无法读取。

1. 金属模板的保管

金属模板是生产唱片的原始模型,只有维护得当,才能长期使用。如果保管不当,金属模板常会发生锈蚀和磨损等现象,使模板受到损坏。所以必须采取科学的防护措施保护金属模板。

金属模板的保护要点主要有以下几个方面。

(1)防止金属被腐蚀。要清除腐蚀电池的电动势,做好模板的清理工作;使用缓蚀剂,延缓腐蚀过程;用去氧包装,将唱片模板密封存放;使用防腐剂,提高模板贮存质量。

(2)加强对库房的日常管理。如保证库房空气清洁,不能含有对金属模板有较大危害作用的酸性和氧化性空气污物;保持库房适宜的温湿度,通过有关温湿度调控措施将库内温度维持在15～25℃,相对湿度控制在45%～60%,等等。

(3)保存在硬质纸套内。有音纹的一面应垫以柔软的材料,防止音纹受机械外力作用而损伤,套子使用对金属模板无害的纸版、糨糊以及垫衬用的柔软材料。

2. 唱片的保管

唱片是经过加热软化的氯乙烯-酸性乙烯共聚树脂块热压而成的,加工工艺精密,韧性很强,使用寿命长,但同时又是易损物品。唱片声槽很细,稍微不慎受到损坏就会出现爆点、杂音,甚至出现跳槽现象,严重影响到唱片的寿命。因此,为了维护唱片的完整与安全,需要采取有效的防护措施对唱片进行妥善保管。常用的维护方法有下几种。

(1)装入封套保持清洁。唱片应套入封套中,唱词(纸张)应放在封套与塑料袋之间,不能紧贴唱片。取放时尽量不要触摸唱片的沟纹,以免将灰尘和污物带入声槽中。对唱片表面的积存尘埃,可用柔软的绒布或毛刷顺声槽的方向轻轻拭拂,切忌用纯酒精或汽油擦刷。有条件的,可用蒸馏水清洗唱片,水干后再装入封套。

(2)防潮、防热。唱片遇冷会变硬,受潮会发霉,所以应放在干燥通风处,室内湿度保持在45%～60%。如轻度发霉,可用工业酒精和蒸馏水溶剂(各含50%)进行洗涤。此外,唱片遇热会变软,严重时甚至会使声槽变平,失去作用,故宜在温度为15～25℃的室内为宜。

(3)正确放置。唱片一般要垂直竖放在支架上并适当夹紧,不能偏斜,以免唱片变形。如果采取平放,必须把唱片平放在木橱或唱片盒中,每格(盒)存放数量不得过多,切忌把不同尺寸和不同质量的唱片放在一起。木橱和唱片盒横版要平整,不可有弯曲现象。

(4)选择合适的针压、唱针。放音时,唱针的针压太大或太小都会损伤唱片或影响放音质量,因而针压要合适。此外,应按粗纹、密纹、立体声等对应选用唱针,否则极易损伤唱片;严重磨损或损坏的唱针必须及时更换,否则也会严重损伤唱片。

除了对唱片进行必要的维护外,还应采取各种措施积极修复已经开始损坏的唱片。一般唱片严重翘曲变形是难以修复的。如果翘曲变形较轻,可将唱片夹在两块平版玻璃之间,经过一段时间后便可恢复平整。

四、合理利用

唱片文件记录了20世纪各个历史时期的声音,内容可谓是包罗万象,如新闻、名人演讲、领袖讲话录音、电影录音剪辑、地方戏曲、京剧、歌剧、歌曲、相声等等,有的具有历史价值,有的具有艺术价值,有的具有资料价值,有的具有欣赏价值,有的具有研究价值。作为文化的载体,唱片文件记录的声音信息比较具体形象,是有声的形象化资料,与运用文字符号记录的书面文本文件相比,更加生动和直观,是人们研究、欣赏、学习历史文化的最真实可靠的资料。

提供唱片文件利用时,要借助于唱机来播放,因此需要注意唱机转速,须将唱片转速(一般每分钟转数为78转、33转、45转等)调至相符后再放唱。如果放唱后,需再次重放唱时,最好放置1~2小时后再放唱;如果唱片使用频率较高,需要多次重复放唱,可用磁带录下唱片中的声音文件,平时可以作为副本提供利用,以便延长唱片的使用寿命。

随着计算机网络的普及,利用计算机网络环境的多媒体视听阅览服务的发展,唱片文件的数字化、网络化更能满足人们的多种需求,如可根据自身特点开发建立老唱片资料数据库,充分利用网络进行视频点播;通过全新的网络化链接,可以随时登录浏览,实现唱片文件信息的共享,等等。

第四节　磁带文件的管理

磁带文件,又称录音录像磁带文件,是以磁带(磁性带状材料)来记录声音、影像信息而形成的一种声像文件。磁带的主要类型包括录音带(储存音频)和录像带(储存视频)。

一、基本构成

磁带,通常是在塑料薄膜带基上涂覆一层颗粒状磁性材料(如磁粉)或蒸发沉积上一层磁性氧化物或合金薄膜而成的软带。它由磁性层、衬底层、带基和背面涂层构成。

磁性层,是将磁微粒与黏合剂混合后涂敷或蒸镀在塑料质带基上形成的,磁性层是信息的载体,视频或音频信号均保存在磁性层中;磁性层的磁粉采用超细粉末,磁粉微粒要均匀、高密度地分布,以保证高灵敏度。

衬底层,是使磁性层在带基上附着牢固,在磁性层与带基之间形成分子黏着力,使得两者牢固地黏和在一起。

带基,是磁性层的支撑体。要求其机械强度高,抗拉伸,抗撕裂,不易变形,同时应具有一定韧性,而且表面光洁度要高。带基材料多为聚酯薄膜。

背面涂层,是为了减少磁带背面对机器的磨损和静电的影响。背面涂层要光洁平滑,否则会直接影响磁带的正面记录;要有一定的导电性,以防止在走带过程中产生静电而黏附尘埃。背面涂层一般采用石墨等固体润滑材料。

磁带作为一种原生记录介质,具有操作简便、记录准确的特点,已被广泛地运用于政治、经济、文化等各个领域,尤其是在电台、电视台、电视大学、音像出版社等机构大量使用。磁带的外观形态如图7-9、7-10所示。

图7-9　录音磁带

图7-10　录像磁带

由于录音录像磁带文件载体材料特殊,对保管条件要求较高,各业务部门一旦形成或收集整理完毕此类文件,就应及时移交给专门的文件管理或档案管理部门进行集中妥善的保管。

录音录像磁带文件产生较多的单位(如电台、电视台、电视大学等),应将所录制的各种素材编辑加工,并与有关登记单和审查表一并送交有关领导审定。送审表上要注明文件来源、内容、录音录像地点、原录日期、复制日期、录音录像效果、机速、时间、过去消磁情况等。经过审批后的录音录像文件材料才能归档,与磁带内容有关的文字材料应同时归档。录音录像磁带文件不多的单位,也应同其他文件一样,通过各种方式开展经常性的收集,把具有保存利用价值的录音录像磁带文件统一保管。另外,还要严禁未经审查与批准就把反映立档单位基本活动面貌的磁带擅自消磁,造成不可弥补的损失。

文件管理与档案管理部门接收录音与录像文件时要进行验收,首先要检查登记表中的各项内容是否填写清楚,手续是否完备;随后要根据登记表记载的内容听音观看,以核对其内容和技术状况。视听时要以文字材料为依据,并要进行物理性能与电磁性能的检查,经过一系列验收手续,合格后才能签收。其中技术检查的内容主要有:物理性能检查、磁性能检查、电磁性能检查以及对消磁程度、复印效应进行测试检查。

二、分类整理

一般机关、单位录音录像磁带文件形成不多,内容单一,无必要分类。在形成数量较多的单位,可以按内容分为若干类别。如有必要,还可以进一步分出属类。分类时,应把永久保存的与临时保存的文件分开,把机密的与一般的文件分开,把不同版种(原版、复制版、播出版)的分开。

对验收并须分类入库的磁带录音录像磁带文件应登记入册,登记项目主要有:编号、收到日期、录制日期、内容、责任者、录制单位、录制地点、放送时间、技术状况(消磁情况、模板质量)、数量、备注等。录音录像磁带文件应装在特制的盒或套内,盒套外面应贴上标签,写明题目(内容)、形成者、录制日期、盘(卷)数、编号、带长、时间等项目。盒内要附有文字材料,并与磁带统一编号。上述项目可根据实际情况有所增减。

文件、档案管理部门接收录音录像磁带文件时,必须对其保存价值进行鉴定,对某些没有保存价值或技术上有明显缺点的,可以提出处理意见,一旦被接收入馆或入室便不能轻易消磁。对确需消磁的,必须先征求业务部门的意见,取得同意后再送领导审批,并在登记目录中注销。

广播电台、电视台的录音录像磁带文件数量较多,其中许多国家领导人与著名人物的报告,大多具有历史文献价值,需要长久保存。其他方面的文件,如文艺性节目(尤其是传统的、优秀的节目)的录音录像磁带文件,亦需要长期保存。一些科研部门、高等院校所产生的录音录像磁带文件有很高的科研价值和学术价值,均应长久保存。

录音录像磁带文件保管一段时间后要进行复查,对内容重要的,为了长久保存,可以复录,甚至可复制成唱片模板保存。对已失去继续保存价值的,经审查批准后可以消磁。

三、妥善保管

录音录像磁带文件的载体——磁带本身是柔软的,由许多不同的成分构成。磁带生产缺陷导致的磁粉脱落、多种氧化物黏结剂特性不稳定,尤其是磁带使用与管理中的污染等因素,都可能导致磁带上文件信息的损失。为了有效地保管录音录像磁带文件,应为其安全保管提供适宜的条件。

1. 提供适宜的保管环境

磁带受潮易变形,温度过高易变脆,为此,库房温度应保持在 15～25℃,相对湿度保持在 45%～60% 为宜。

2. 磁带卷绕平整,松紧适当

磁带卷绕不当,如太松,走带时会滑动,使磁带出现折皱,太紧则易造成磁带永久性变形、带边外突,损坏带体。磁带存储之前,应从头到尾倒带一遍,卷带时不能中间停止,同时要剪掉任何损坏的或油污的部分;对于长期保存的磁带,最好 6～12 个月重绕一次,以释放磁带内部压力,防止粘连、变形,保护带基。倒带时遇到断带,可用专用溶剂清洗断裂处,之后再重新接好。对磁带还应定期检查,一旦发现问题,应及早重新复制。同时,管理人员要了解录像机和磁带使用、管理的常识,定期清洁、检查和校准录音录像机等机械设备,确保磁带文件转绕与复制的质量。磁带要竖立排放在专用的磁带架上,使磁带的重心落在带盘芯上而受力均匀,避免卷边或变形。

3. 保持库房的清洁安全

保管磁带的库房内必须采取防尘措施,使空气净化,经常保持清洁卫生。对长期保存的磁带,在磁带盒外还可再套上塑料袋进行封闭,以尽量减少环境条件波动的影响和与空气的接触。要远离磁场及有害气、液体。要避开磁场强度为30奥斯特以上的磁场，否则磁带信息就有可能丢失或被损坏；易燃物质不应存放在磁带库房的附近，重要的磁带应采用防火结构的钢质文件柜来存放。同时，也不要将磁带放置在有对塑料有害的液体或挥发性液体的地方。盒式磁带需长期保存的，可将"防误抹片"拆掉，以防误抹磁带上的信息。

4. 对受损磁带进行妥善处置

例如：磁带带盘掉在地上，使翼缘弯曲，应换上一个好的，然后反磁带倒到另一个带盘上，再倒回来，以便消除因掉在地上所引起的磁带张力；对于黏结剂已恶化的磁带，可将它存放在湿度为10%、温度为20℃的环境下六个月就可恢复到可用的状态；在高温下受损的磁带，应让它在工作环境下稳定1～2天，然后尽快将它复制到另一盘磁带上；水里浸泡过的磁带，把水除掉干燥后重卷2～3遍；磁带周围失火时，应使用干冰或惰性化合物（如氟利昂）的灭火装置。

四、合理利用

录音录像磁带文件是形成单位和人员智慧的结晶，应当使之得到合理利用，改变一些单位磁带文件信息利用率低、早年的资料信息无法使用的局面，这些宝贵资源的充分利用，可以节约大量的社会资源，降低或减少不必要的开支。

录音录像磁带文件提供利用工作的要求如下。

1. 加强资源利用的基础性工作

如编制分类卡片目录、人物卡片目录、专题卡片目录等各种检索工具，编写录音录像磁带文件简介和印制简要目录，以及撰写更多二次、三次信息，多角度介绍库存磁带文件信息资源。同时，还应建立资源利用的动态公布、分类、整理、利用系统，将可利用资源提供给相关单位，方便各类利用者及时查找利用录音录像磁带文件。

2. 提供多种利用方式方法

如设立放映室，购置必要的播放器材，建立录音录像磁带文件的借阅观看规章制度，为利用者提供一个查阅利用的专门场所；在经过有关审批的条件下，办理录音录像磁带文件的租借与复制服务，将一些非机密性的录音录像磁带文件租借给有关的部门或个人，以充分发挥这些文件信息在社会主义物质文明和精神文明建设中的重要作用。

3. 注意利用过程的监管

借阅磁带时，一定要戴专用无毛白细手套，并且不能让磁带接触脏污表面，以免污染磁带。在录放磁带之前，应使用磁带清洁机或鉴定机（使用前应彻底清洁机器本身）以清洁和卷带。在把磁带装到录像机以前，仔细观察带卷状态，磁带传动机构校得不准或背面涂层摩擦力不合适引起的层与层滑动或带卷周边不规则、磁带有皱折、卷带等现象，必须停止使用，及时处理。磁带使用完毕后，应马上装入带盒内，放入磁带柜中保管。

第五节 光盘文件的管理

光盘文件,即光盘声像文件,是指利用激光将具有参考、凭证、艺术价值的图像、声音信息写入和读出的一种圆盘形的声像记录材料。

光盘技术是 20 世纪 60~70 年代开发出的一项激光信息存储新技术。早在 1961 年,美国斯坦福大学和 3M 公司就已开始了光盘技术的研究。1972 年,荷兰飞利浦公司(Philips)和美国音乐公司(MCA)率先开发制作出了视频光盘——光学电视唱片系统,并于 1978 年正式投入市场。到 70 年代末,又出现了数据光盘。最初,光盘技术主要用于录制音乐和电视节目,自 1980 年后,又开发出用于文献信息存储的光盘技术。现今,光盘作为一种高效率、高密度的信息存储工具已广泛运用于社会各领域。

光盘文件的信息存储容量大、总体价格低、携带方便、检索简单快捷,与计算机联机能力强,易于实现随机检索、远距离传输以及信息转换,影像处理灵活,便于大量复制拷贝,操作简便,运用范围广泛等优点。同时,光盘文件也存在一些不足,例如:记录时误码率有时还较高,写出和读取过程中信息易被改动或错误转换,其法律效力也尚未得到承认;保存寿命虽然比磁带长,但还远不如缩微胶片,所以目前还不能作为永久保存的文件载体使用;光盘型号不断更新,尚未形成相对稳定和统一的技术标准规范等。

一、基本构成

光盘类型不同,其结构也有所不同,但主要结构原理是一致的。以常用 CD (Compact Disc)为例,其结构一般包括以下五层:一是片基,是整个光盘的基础载体,其材料多为无色透明的光学玻璃、聚碳酸酯板等;二是记录层,是激光记录信息信号的地方,是在片基板上涂抹专用的有机染料(花菁、酞菁、偶氮等)制成;三是反射层,是反射光驱激光光束的区域,借反射的激光光束读取光盘片中的资料,其材料多为金属、合金薄膜等;四是保护层,用以保护光盘反射层及记录层,防止信息信号被破坏,材料多为光固化丙烯酸类物质;五是印刷层,是用来标明盘片标题、容量等信息的地方,也对光盘起到保护作用。光盘及其结构如图 7-11、图 7-12 所示。

图 7-11 光盘

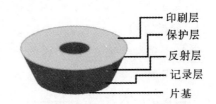

图 7-12 光盘的物理结构示意

制作一片光盘文件,主要包括以下内容。

1. 原版母盘

这是利用光盘烧蚀记录、光泡记录、合金点记录、相变记录和磁光记录方式,第一次在记录介质上使用激光束写入图像和声音信息后而形成的光盘,是最原始、最珍贵的光盘文件,它可用来印制金属模板,再通过金属模板压印出拷贝光盘,所以被称为"母盘"。原版母盘在完成印制金属模板的使命后,就要作为原始文件材料向文件管理部门移交保存。

2. 金属模板

这是为了大量压印发行拷贝光盘而从母盘上印制出来的,用原版母盘可以制作多块金属模板,其中所印制的各个版次的第一块金属模板要作为文件归档保存。金属模板具有信息还原效果好,保存时间长的特点,是光盘文件的重要构成部分。

3. 标准光盘

这是从金属模板上印制出来的质量较好的第1~3张光盘,它既可满足日常提供利用需要,又可在原始母盘受到损坏或遗失时,作为母盘来保存。文件或档案部门所保存的原版母盘和金属模板一般不向用户提供利用,用户可借阅标准光盘,了解利用其有关的声像信息。有的文件或档案部门为了保护标准光盘,另外备有一张借阅光盘,向用户提供使用。

4. 文字说明材料

由于图像和声音在信息记录和表达方面存在着一定的局限性,所以往往需要一定的文字说明材料对光盘中所记录的信息进行说明。为此,在光盘文件归档时,需附有必要的文字说明材料,主要包括:一是光盘的基本情况说明,主要有标题、录制时间、录制地点、录制者、生产厂家、型号、直径、适用机型、放进时间、机器转速、记录方式、版次、技术状况、文件来源、收到日期、备注等。二是光盘文件的内容说明。应根据光盘类型而有所侧重:影像光盘要重点介绍影像主要人物和背景材料,并力求简明扼要;视听光盘主要有电影或电视剧本、乐谱、歌词、解说词以及导演、演员、摄影、设计、化妆等创作方面的材料,此类信息内容亦可直接存储在光盘里,以便用户查阅利用;声音光盘应包括演唱或演奏者、报告人、演讲人、述说者,以及歌词、乐谱、报告、演讲、教学的内容,等等。

二、分类整理

光盘文件的整理,是将收集到的处于零散状态或经过初步整理的文件材料按其形成的特点和规律以及在来源、内容、时间、形式等方面的有机联系,进行系统分类、组合、排列和编目,使之形成一个系统化、有序化的文件实体组织。

1. 分类方法

光盘有多种分类方法,常用的分类方法包括如下几种。

一是来源分类法,是按照光盘形成的主体单位、机构或个人来划分类别,适用于所辖单位比较多的大公司、大企业,以及专门档案馆等文件数量众多、来源广泛的光盘文件的分类。

二是内容主题(事由)分类法,是按照光盘内容所说明的问题进行分类的方法,适用于光盘文件数量丰富、内容涉及面广的单位。

三是年度分类法,是根据光盘文件形成的年度划分类别。由于与现行机关文书处理制度相吻合,简便易行,是采用较为普遍的一种方法。

四是信息记录差异分类法,是按照光盘信息记录的差异性将其划分为光盘图像文件(记录客观事物的图像)、光盘唱片文件(录制音频信息)、光盘视听文件(录制音频和视频信息,又称"录像光盘")。

五是信息存取方式分类法,是按光盘信息存取方式的不同划分为只读型光盘、追记型光盘和可重写型光盘三种类别。

六是信息输入特点分类法,可分为两类:模拟记录光盘文件,是利用由原始信号直接调制的激光(模拟光)信号进行信息写入而形成的光盘文件;数字记录光盘文件,是利用原始信号转换的二进制电信号调制为激光(数字光脉冲)信号进行信息写入的光盘文件。

七是光盘尺寸分类法,就是按光盘直径尺寸的不同划分类别,以便按尺寸保管和利用光盘文件的方法。

八是光盘类型分类法,是按光盘录制生产类型划分,常用类型有如下几种。

CD-G(Compact Disc Graphics),卡拉 OK 盘,一般用于家庭卡拉 OK 的演唱。

CD-I(Compact Disc Interactive),交互式光盘,可以人机对话,存储音频、图像信息。

VCD(Video Compact Disc)激光视盘,亦称"小影碟",可录制电影片或电视录像节目,也可记录卡拉 OK 的伴音、活动画面影像和文字信息,视频信号为数码信号。

DVD(Digital Versatile Disk),数字多用光盘。目前有两种基本类型,一种是称为"多媒体"的 MMCD(Multi Media Compact Disc),另一种是称为"超密盘"的 SDCD(Super Density Compact Disc)。通常用来播放标准电视机清晰度的电影、高质量的音乐与作大容量存储数据用途。

BD-ROM(Blue-Ray Disc Read Only Memory),蓝光光盘,能够存储大量数据的外部存储媒体,用以储存高品质的影音以及高容量的数据。

CD-ROM(Compact Disc Read Only Memory),只读光盘,主要用做计算机的外部存贮单元。由于 CD-ROM 盘上的凹坑是机械性的,具有稳定可靠、易于保存的特点,可通过专业复制工厂大批量制作,广泛用于计算机软件、电子出版物等的商业制作和发行中。一般情况下,普通用户只能读取由专业复制厂家复制好了的信息,而无法把任何信息存储到只读光盘上。

CD-R(Compact Disc Recordable),一次写入光盘,为用户提供一些空白区写入数据,数据一经写入即不能更改或擦除,且和 CD-ROM 光盘一样具有稳定可靠、易于保存的特点,因此 CD-R 适用于计算机系统中需长期保存的数据(如归档电子文件)的存储。

CD-RW(Compact Disc Rewritable),可擦写光盘,不仅能用激光记录信号,而且还可以消除信号,即可以抹去所记录的信息,并能重新写入新的信息。CD-RW 的这种记录数据特点使 CD-RW 适用于临时的、短期的数据信息的存储。

上述分类方法,在实际工作中,单纯采用一种分类方法比较少见,大多是两种或两种以上分类方法结合使用。各类机构可根据自身光盘文件内容性质的不同、信息记录的差异以及数量的多少等实际情况，来选择相应的分类方法。不管采用何种分类方法，都要以客观性、逻辑性和实用性为原则，如实地揭示光盘文件的内容实质和相互联系。

2. 排列编目

光盘文件经过分类后，就要进行排列编号和编制文件目录的工作。

一是排列编号。一般的党政机关和企事业单位因形成的光盘文件数量较少，内容单一，所以可建立总登记簿进行登记并按收到的先后顺序进行排列编号。形成光盘文件较多的单位（如广播电台、电视台、音像出版社、影视制作中心等），则应先对归档的光盘文件进行系统的分类，然后再按照收到的先后顺序或时间顺序进行排列编号。光盘文件以一"片"为一个保管单位，编号时应以"片"为单位，编出保管单位的档案号和片内文件号。保管单位档案号为分类号和顺序号；片内文件号，按文件的顺序或图像排列的顺序编制即可。

二是编制目录。包括编制片内文件目录和管理单位目录。片内文件目录的著录项目主要有顺序号、题名、形成者、形成时间、形成地点、简要内容、放送时间、色别、语别、备注等。保管单位目录的著录项目主要有文件号、信息类型、题名、信息存取方式、信息输入特点、光盘型号、光盘直径、出品厂家、来源、收到日期、技术状况、备注等。

上述两种目录的著录项目，可根据光盘文件的实际情况进行取舍，并可输入计算机，以实现光盘文件系统与计算机的联机检索。

三、妥善保管

光盘文件的保存使用寿命，与正确的使用方法和科学的保护措施直接相关，因此要做好光盘文件自身及其库房的管理工作。

1. 载体保护

光盘文件应当存放于坚固的套盒内保存，装具应为塑料光盘盒及铁制橱柜。光盘应竖放并适当夹紧，避免光盘变形影响播放质量。

对金属模板，可镀上耐蚀性能好的金属来保护，如先镀上一层极薄的镍，再加镀一层较厚的铜，这两层金属膜可以对周围空气中的湿气和污染物起到阻挡的作用；一般光盘可涂上液状石蜡和机器油，再用油纸包好以免锈蚀，也可采用缓冲剂、防护剂或去氧包装的方法进行保护。

要保持光盘的盘面整洁。避免汗渍、油渍和指纹落在光盘的信息区；不要在光盘的印刷面写永久性的标签，更不能使用硬性笔在光盘上作标记；不要把标签粘贴到光盘上，因为它会使光盘增加不平衡度，一旦标签开始剥落或撕掉，它可能会随之而撕掉光盘的反射层。使用光盘时，应戴手套，以手指轻夹边缘和中心，切忌用手抚摸其盘面，以防汗迹污染腐蚀；同时还要注意安全，避免用利器划伤或剧烈振动而使记录信息受损。

对库存光盘每年进行抽查。抽查时可用放大镜或显微镜观察光盘上有无锈迹、斑点和氧化层。如发现光盘表面污渍，可用干净棉布蘸上专用清洁剂由光盘的中心向外边缘轻揉,擦拭干净后重新涂油包装存放;如遇光盘受潮表面出现水汽凝结时,应取干净柔软的棉布将光盘表面轻轻擦拭干燥后包装存放。

2. 信息保护

通常,光盘载体材料老化时,光盘的金属反射层就会脱落,信息内容将无法读取。此外,光盘读取技术设备发生的变化,也会导致已存储在光盘上的文件信息与新的硬件和软件之间的相互不兼容,也许载体材料和记录材料完好如初,但由于现有的存储与读取技术过时或读取设备淘汰,从而使信息无法读取。在现实情况下的解决办法是进行信息迁移。

由于光盘文件的载体材料的种类不同,其预期寿命也会不同,应根据其预期寿命来决定在什么时候进行信息迁移比较恰当,迁移太早会造成成本高,迁移太晚可能会造成信息丢失。为此,光盘管理部门要测试掌握光盘的预期寿命,给出光盘的最佳迁移时间范围。同时,应密切关注光盘存储和读取技术的发展动向,掌握技术淘汰与新旧技术转换的时间,以决定光盘文件的最佳迁移时机。

3. 库房保管条件

光盘记录介质在高温、潮湿的条件下容易被氧化和腐蚀,其库房温度最好控制在18~20℃的范围内,湿度不超过50%。

库房中要设置对空气有净化作用的空调设备,配备吸尘设备,定期除尘,以防止灰尘及其他污染物对光盘的侵害,光盘库房不能有窗户,已有的要采用外遮阳(遮棚、百叶窗)、内遮阳(可卷百叶窗、帘幕)措施进行防护,或者双层玻璃门遮阳(精片、可卷式遮阳)等设施。利用过程中也应注意减少其他光源的辐射强度与作用时间,最大限度地延缓光盘金属材料的老化。

库房内要设置灭火和报警设备;所有电器设备,须配备专用的电源控制装置,遇紧急情况时可随时关掉电闸;建立光盘技术状况检查登记制度,定期对光盘技术状况进行检查和记录,发现问题及时处理。

四、合理利用

光盘文件是伴随着现代科学技术的发展进步而产生的一种新型文件,技术含量极高,因此,必须采用现代科技手段结合文件传统信息输出方式来开发利用光盘声像文件信息资源。

1. 建立光盘文件查阅与管理系统

这是运用现代科学技术手段开发利用光盘文件信息资源的一项基础性工作,使用光盘作为外存设备,对光盘声像文件信息进行存贮、检索、拷贝和复制。光盘声像文件管理系统是由计算机、图像扫描器、光盘存储器、高分辨显示器和激光打印机以及管理软件组成。图像扫描器将原始声像信息转换成数字信息输入计算机中,通过光盘机用激光束刻录在光盘上,并将其对应的索引代码键入计算机,在目录中登录。检索时,计算机查寻索引代码对应的光盘地址,用低于刻录时能量的激光束在光盘上拾取被检索文件数字信息,并把还原后的声像原始信息在显示器上显示出来;也可以由激光打印机输出图像或将所需要的声像信息复制在另一张光盘上。

2. 采取多种方式提供光盘文件利用

通过一定的技术手段和利用方式向外界输出文件信息，提供光盘文件为社会各项事业服务。如设立视听室、文件外借、文件的咨询与传输、出版发行光盘音像制品等，为利用者提供服务；在符合制度规范的前提下，也可以制作原盘的副本来提供利用。

复习思考

一、名词解释

照片文件　唱片文件　磁带文件　光盘文件　文件缩微品　声像文件

二、简述题

1. 照片文件的构成和管理方法。
2. 唱片文件保管维护方法。
3. 磁带文件的保管条件。
4. 文件缩微品的主要特点。
5. 光盘文件的主要构成。

三、论述题

1. 照片文件管理与磁带文件管理具有哪些异同？
2. 反映同一事由的纸质文件、照片文件、磁带文件应如何管理？
3. 为什么说 CD-R 光盘适用于归档文件的存储？
4. 如何保持磁带文件信息的真实性和长久性？

案例研讨

7-1　校庆照片如何整理？

××大学是××省著名的高等学府，多年来为该省工业、农业、教育、科技、经济等各个领域培养了大量优秀人才，为该省的发展作出了重要的贡献。2003年12月10日，该校举行了隆重的50周年校庆，政府有关部门的领导、其他高校的代表以及各界毕业生代表等出席了此次盛大的校庆活动。在此次活动中，校宣传部形成了大量的文字材料和丰富多彩的胶片型的照片文件材料。活动结束后，宣传部的文秘人员马小辉及时其进行了整理，其整理方法如下：

首先，将有关校庆的所有文字材料按照"文件级"整理方法，分别按"件"整理，按照形成时间的顺序装盒。

其次，将所有洗印出的照片及其底片一并装入十二本相册，在所有相册的封面和相册脊上依次注明"校庆照片资料一""校庆照片资料二""校庆照片资料三"……

最后，将这些文件盒和相册依次整齐排放在办公室的玻璃文件柜中，以便查找利用时一目了然，灵活抽取。

问题讨论

1. 马小辉整理校庆照片文件的过程中是否存在不规范之处？请简要说明你的观点和理由。
2. 如何整理围绕校庆活动形成的纸质文件与照片文件，才能方便今后的查找利用？

7-2 文件缩微品的制作

文件缩微品的制作，主要是为了出版、保存和查阅等不同目的。并不是所有文件都需要制作成缩微品，而是选择那些对各种工作具有重要的情报价值、研究价值、凭证价值等的文件作为缩微拍摄的对象。选择进行缩微拍摄的文件时，必须考虑原件在缩微复制后的保存和销毁问题。首先，一些有重要价值的文件制作成缩微品后，其原件仍需保存，如缩微的手稿，通常也是最有价值的，把手稿拍成缩微胶片后，一般不会销毁原件。其次，如果进行缩微的是准备销毁原件的文件，那么，在技术上须从严掌握文件方面的照相复制标准，进行质量控制检查，认真地估计文件的内在价值和特性，以确保所有的重要信息都能保存下来。最后，选择出来供缩微照相的文件要符合以下标准：字迹清楚易读，文件整理井井有条，文件平整，文件用纸形状和大小一致或近似一致，字迹的浓淡和颜色一样，文件本身的情况良好。

有选择地进行缩微复制，也可能会损害文件之间的内在联系，破坏一个文件系列的完整性，因而对整个文件系列进行照相复制成了一条重要的原则。有选择地复制，还涉及对文件缩微品的评价问题，如何确立缩微品的法律地位问题，在世界各国的做法并不一致：在英国，只有原始文件才是最佳证据，其他非原件的证据材料，即使被法院接受，也只能是次要证据；在美国，一些州里承认缩微品可作为次要证据使用，但随着缩微摄影技术的进步和广泛应用，美国也出现了一种促使社会承认缩微品与原件具有同等法律地位的倾向；在日本，家族文档的缩微品、记录商业活动的账册和营业性文件的缩微品等，只要在制作方法、保存条件、影像质量等方面符合有关标准，就可以代替原件使用；在法国，缩微品的内容如没有争议，就具有与原件同等的证据能力，若有争议，则必须以原件为准；在我国，文件缩微品载有文件收藏单位法定代表人的签名或者印章标记的，具有与文件原件同等的效力。

问题讨论

1. 选择制作缩微品的文件时，为什么要坚持对整个文件系列进行照相复制的原则？
2. 目前世界各国关于文件缩微品的法定地位的确认各不相同，你认为各国对文件缩微品的认识反映出哪些共识？又存在哪些差异？

7-3 抢救百年老唱片

"这批老唱片年代最早的已有百年。在国内别的地方还有没有，我们不大清楚；

但在西北各省区是仅有的。"最近,宁夏人民广播电台(以下简称"宁夏电台")的一位工作人员向记者展示了他们珍藏了几十年的老唱片。这些老唱片包括:1958年宁夏回族自治区成立时,上海人民广播电台无偿支援的一批老唱片;宁夏电台陆续购买的包括"文革"期间出版的各类唱片。这批唱片历经磨难,多次险些被砸碎、烧掉或销毁,在有关人员的全力保护下,才得以保全。现在宁夏电台保存的"文革"唱片较齐全,这在全国也不多见。如山东省一家电台要找"文革"期间录制的语录歌曲、诗词歌曲,寻访了很多地方和单位,最后才在宁夏电台找到。

这批老唱片中,有谭鑫培、杨小楼、金秀山、梅兰芳、言菊朋、杨宝森、姜妙香、尚小云、小白玉霜等人的唱片,剧目有上千种之多,其中还有珍贵的胶木唱片,距今已有百年。许多老唱片印有"百代公司唱盘"和"注册商标"字样,而百代公司是我国较早创办的唱片公司之一,录制过大量珍贵唱片。其中一些年代很早的唱本,从未在舞台上演出过,弥足珍贵。除了戏剧之外,还有曲艺作品和欧亚十多个国家早期录制的歌曲唱片,有些出自著名的艺术大师之手。

目前,这批老唱片被堆放在一个库房的角落里,渐渐被人遗忘,已长期无人问津。有些老唱片已有不同程度的损毁,一张名为《武昭关》的老唱片就已被折断,无法再用。

问题讨论

1. 谈谈宁夏电台的老唱片具有哪些价值?从唱片文件管理的角度,指出宁夏电台对老唱片的管理存在哪些问题?
2. 针对宁夏电台的老唱片文件管理的现状,你认为应当采取哪些措施来抢救这批珍贵的老唱片?

7-4 磁带文件管理的改进

××市广播电视大学保存了许多磁带录音录像文件,这些磁带录音录像文件是其教学文件的重要组成部分。由于专业多、课程多,这类文件的数量很大,而学校办公用房比较紧张,学校采用节约储存空间的方法管理这些文件:将录音录像文件放入盒中,在录音录像盒脊上注明内容关键词,再按照教学年度装入不同硬纸箱(硬纸盒上注明教学年度),集中码放在教务处办公室的一角,查找时按照"年度——主题"去翻找。这种方法一直沿用到现在。

问题讨论

1. 录音录像磁带文件有什么个性?××市广播电视大学对其录音录像磁带文件的管理存在哪些不合规范之处?
2. ××市广播电视大学的磁带录音录像文件的管理在哪些方面仍然有可以改进的空间?为什么?

7-5 小袁的方法会有效吗？

小袁刚刚大学毕业，受聘到我国南方沿海城市 S 市电视台做编辑工作，并负责管理本栏目大量的光盘文件材料。为了方便抽取查阅各种光盘，小袁对光盘文件进行了整理分类：在每一张光盘的印刷面贴上一张小纸条标签，在标签上用黑色油笔写上光盘内容摘要（可一目了然知道盘内信息），然后将光盘放入软纸袋中，软质袋上也写明内容关键词，然后将同一类主题的光盘依次竖立着整齐排放在木柜里推拉式的抽屉中。小袁说，这样分类管理，方便拉出抽屉翻找光盘，而且本地气候潮湿，光盘及其装具容易霉变，使用抽屉分类保管，也便于直接取出抽屉来通风、晾晒除湿。

问题讨论

1. 小袁对光盘文件进行的分类整理的方法是否有助于光盘文件的科学、合理、安全的保管和利用？请说明你的观点和理由。
2. 小袁说，利用抽屉分类管理光盘文件便于"直接取出抽屉来通风、晾晒除湿"，你同意他的观点吗？为什么？

7-6 有照片未必有真相

2008 年 6 月 29 日，陕西省政府公布的"华南虎照事件"的调查结果：周正龙的"华南虎照"是用老虎画翻拍的假虎照。

调查发现，"华南虎照片事件"中，镇坪县林业局工作人员在接到报告后，未按要求对现场进行勘验核实，且谎称现场核实无误，并虚拟了勘验报告；县林业局局长未进一步核实，草率签字上报虚假信息；陕西省林业厅在未见到华南虎活体和相关证据的情况下就得出了"野生华南虎照片为真"的结论，并于 2007 年 10 月 12 日召开新闻发布会，宣布"镇坪县发现野生华南虎"，公布了周正龙拍摄的两张华南虎照片，并向其颁发奖金 2 万元。

此后，面对公众和媒体广泛质疑，"华南虎照"的鉴定工作难以实质性推进的情况下，省公安厅会同安康市公安局介入"华南虎照事件"。通过查阅有关资料、走访知情人员、调查寻找线索来源等多种方法，排除了周正龙拍摄活体野生华南虎的真实性基础。周正龙也供认，为骗取钱财用老虎画来拍摄"华南虎照"的整个事实。公安机关从他家中提取了其拍摄假"华南虎照"时所用的老虎画、木质虎爪模具 1 个以及他用胶片拍摄的数张"华南虎照"。

问题讨论

1. 请根据案例和结合实际，谈谈你对胶片型照片文件真实性认定的看法。
2. 从照片文件管理的角度，分析陕西省林业厅通过发布"华南虎照"来宣布"镇坪县发现野生华南虎"信息这一行为的社会危害性。

第八章 电子文件管理

学习引导

电子文件具有"文件"的属性,是现代社会组织各项管理活动的重要记录,具有原始记录性和历史凭证性。今天,在互联网、移动互联网、云计算、大数据等现代环境下,对电子文件进行及时安全有效的管理,也就显得愈来愈重要。

与纸质文件管理相比较,电子文件是数字化生存的,具有自身的基本特征、管理原则,须从其实际出发来制定电子文件的管理策略。

当前,在各类组织的 OA 系统(Office Automation,办公室自动化)、ERP 系统(Enterprise Resource Planning,企业资源计划系统)以及其他网络化办公环境中,电子文件正在被不同部门及其人员源源不断地生产出来。电子文件海量、分散、易复制传播、稍纵即逝等特点,使文件管理面临前所未有的挑战。只有对其加强管理,如实行统筹规划、过程监管等措施,才能保证电子文件的真实性、完整性和有效性。

电子文件的类型多种多样。除了公务管理活动中常用的文本文件外,还有公务电子邮件、CAD 电子文件、数据库电子文件等。它们的内容和形式记录了组织职能活动的运行状况,应当对其形成、传输、接收、办理、整理、归档等各项工作密切关注、严加管控。

第一节 电子文件管理概述

电子文件(Electronic Records/ Documents),是指在数字设备及环境中生成,以数码形式存储于磁带、磁盘、光盘等载体,依赖计算机等数字设备阅读、处理,并可在通信网络上传送的文件。

电子文件是 20 世纪中期以后伴随着计算机技术的发展而出现的新名词。电子文件与其他形式文件的区别在于,它是由电子计算机生成和处理,其信息以二进制数字代码记录和表示,且需要计算机来解读,所以也曾被称为"数字文件"(Digital Records/ Documents)或"机读文件"。同时,电子文件又是文件的一种类型,是在各种活动中形成的具有特定目的和法定效力的信息记录,具有文件特有的各种属性,这是电子文件与其他的电子信息的不同之处,也是电子文件与其他各种形式文件的共同之处。

通常,一份完整的电子文件,由足以为其职能活动提供凭证的内容、结构与背景信息构成。

内容,是指与电子文件行文目的有关的主题信息,是文件形成者意图表达的信息,包括正文、附件等,是电子文件形成的最初目的。

结构，是指表述电子文件内容排列、各构成部分之间的连接方式、相关文件之间的关系及其在存储器中的构成等信息，如文件的段落安排，电子文件所使用的代码、格式以及载体、附件等方面的信息。因为电子文件内容只是计算机能识读的数字串记录，并不是以固定形态整体地存储，而是以离散的形态保存在内存的不同的位置。结构信息是这些离散信息排列组合的指令。

背景信息，是指描述生成电子文件的职能活动、电子文件的作用、办理过程、结果、上下文关系以及对其产生影响的历史环境等信息。背景信息有助于理解职能活动过程，有利于辨别电子文件所处的大业务活动背景和职能活动背景，有益于记录职能活动过程的顺序，维护文件之间的联系，如发文者、签发人、文件生成日期、收件者等方面的信息。

内容、结构与背景信息三要素是电子文件保存和管理不可缺少的构件。内容是职能活动的真实记录，结构与背景信息决定了电子文件的凭证价值和使用价值。因此电子文件管理，归根结底是对电子文件的内容、结构与背景信息的科学管理。

一、基本特征

与传统纸质文件相比，电子文件的书写或生成也发生了明显变化：一是电子文件文本失去了书写的"物质"痕迹，可以方便地增、删、改、移、剪、粘，且文本上不留任何痕迹，传统"草稿""定稿""正本"概念变得模糊；二是电子文件由文本内容、背景和结构三个要素构成，是由计算机预设的系统程序、指令等在后台被自动规范化和标准化；三是电子文件文本是文件撰写者写作行动与文件写作的技术系统结构不断整合的一种"互动的模式"，其结构处在动态的建构过程中；四是电子文件文本可以实现多媒体集成，图、文、声、像并茂，模糊了时空的概念，使人们在电子语境中产生一种"完全在场"的"身临其境"的全方位的"真实"感受；五是电子文件可以实现同一文本"同时性写作"，多位作者的多台计算机可以在不同的地点同时参与，共同完成写作任务，等等。可见，电子文件的生成技术与生存环境的巨大变化赋予了电子文件鲜明的个性特征。这些特诊主要表现在以下方面。

1. 非人工直读性

电子文件在计算机中是以二进制代码的形式表现出来的，记录到载体上则是数字编码序列，因而人们不能直接观看其内容，必须由相应的计算机软硬件将载体上的数字编码转换成人们能识别的形式，并显示在屏幕上或打印到纸张上，人们才能知晓其内容。此外，载体上记录的数字信息如果进行过压缩编码、加密等处理，即使有设备，如不解压、不解密也就不能读取其内容。

2. 系统依赖性

电子文件从生成、传输到存储都是通过计算机实现的，所以电子文件与计算机中各种硬软件设备有着密切关系。计算机硬软件是电子文件产生、处理、传输、存贮的前提和基础。因而有人形容电子文件的这一特点时说："数字文件的读者是程序。"

3. 信息内容和特定载体的可分离性

电子文件的存储位置可以不固定,甚至可以从一个载体转换到另一个载体。信息(包括内容和格式)在载体转移的过程中,内容和格式受各种因素影响有可能被改变,这种情况的存在是认定电子文件凭证性的最大障碍。

4. 信息的可操作性

电子文件信息可根据不同的需要进行各种操作,如修改、粘贴、删除、转移、调整、更新等,且不留痕迹。这一特性提高了文件写作修改的灵活性,也带来了信息分辨或预测的不稳定性,容易使人们对电子文件的真实性和可靠性产生怀疑。

5. 信息存储的高密度性

电子文件的存储密度要远远大于以往的各种信息存储介质,是解决信息膨胀最有效的措施。

6. 多媒体信息的集成性

电子文件可以将声音、图像和影像等融合到一份文件中,使电子文件呈现出一种多角度、多层次、多媒体的立体化集成,丰富了文件信息承载和表现的形式,实现了文件功能的革命性变化。

二、主要类型

按照信息存在的方式,电子文件可以划分为以下类型。

1. 文本文件

或称为字处理文件。使用计算机文字处理软件在磁介质上生成的文件。如各类行政文件、生产工艺文件等。文本文件是通过特定的编辑软件生成的,存储内容由 ASCII(American Standard Code for Information Interchange ,美国信息交换标准代码)标准代码和我国国家标准 GB2312—80 信息交换汉字编码构成。用不同文字处理软件编辑的文本文件在不同类型的计算机上一般不能交换使用,纯文本文件不包含格式代码,在使用时一般不受计算机硬件和软件类型的限制。

2. 数据库文件

一个数据库由若干记录构成,一条记录由若干字段(数据项)组成。读取数据库中的**数据**,可以根据查询要求一次读出一条记录,也可以读出一批相关的记录。数据库因管理程序不同具有不同的格式,一般说来不同的数据库之间需要通过转换才能进行信息交换。数据库的生成一般有两种方式:一是人工输入数据,利用相应的数据库应用程序**形成数据库**;二是使用条形码扫描器、A/D 转换器(将模拟信号转变为数字信号)等传感设备自动采集数据。此外,机关、企事业单位的各类信息都可以建立数据库,如学生成绩**数据库**、政策法规数据库等。

3. 图形文件

图形文件是指计算机辅助设计或绘图中产生的文件,如设计模型、图纸、图画等。CAD(Computer Aided Design ,计算机辅助设计)文件由绘图坐标的矢量和一些参数组成,有些使用纯文本文件的代码存储,以便在不同的软件包之间进行信息的交换,也有些使用特殊的代码格式存储。

4. 图像文件

图像文件是指以扫描仪等设备录入的文件,如照片、各种原件画面等。图像文件可以通过光学字符识别(Optical Character Recognition,OCR)把整个或部分图像转化成文本文件。转化后,信息的存储空间会大大减少。缩微胶卷、纸质文件也可通过扫描仪转换成图像,以便网络传输。数字图像不会因拷贝次数的增加而改变输出图像的质量,也能以打印、胶片等多种形式输出。

5. 影像文件

影像文件是指使用动画软件生成的二维、三维动画或使用视频设备录入的文件,如演示、动画文件、拍摄的视频图像文件等。这些影像文件有不同的格式或标准,因此需要用多媒体计算机的相关播放程序播放。

6. 声音文件

声音文件是指用音频设备录入或采用编曲软件生成的文件。用音频设备录入的文件,取样频率越高,音质越好,文件所占的空间就越大。用编曲软件生成的文件一般为MIDI文件。还有一些音乐文件是将上述文件经过压缩程序生成的。声音文件一般需要通过多媒体计算机的专用程序来播放。

7. 命令文件

亦称计算机程序。命令文件是指为处理各种事务而用计算机语言编写的程序,是一种计算机软件。它的形成过程一般是由程序员编写"源程序"输入计算机,通过相应的编译程序编译后执行,有些还要经过连接程序才能执行。"源程序"是纯文本文件,由特定的计算机指令序列构成,具有可移植性,使用不受计算机类型的限制,编译后的软件在不同类型的计算机上不能兼容。"源程序"能表明版权归属,对于计算机软件的开发者来说具有重要的保存价值。

三、管理原则

电子文件管理应主要遵循真实性原则、完整性原则和有效性原则。

1. 真实性原则

真实性,指对电子文件的内容、结构和背景信息进行鉴定后,确认其与形成时的原始状况一致。包括三重含义:一是电子文件内容与其用意相符;二是电子文件的形成和发送与其既定的责任者和发送者相符;三是电子文件的创建时间或发送时间与其既定时间相一致。

电子文件真实性是关系到电子文件凭证效用的关键因素,它涉及电子文件管理中的每一个环节。总的说来,需要从技术、管理和法律三个方面入手共同确保电子文件的真实性及其法律效力。

从技术角度看,电子文件是现代科技的产物,它的各种性能是由各种技术决定的。

随着电子文件的广泛使用,信息安全技术就显得特别重要,电子文件的制作者、管理者和档案工作者都应积极采用有关技术措施,确保电子文件的真实性。目前,用于维护电子文件真实性、安全性方面的技术,主要有加密技术、签署技术、消息认证、身份验证、防火墙等技术手段。

从管理角度看,要维护电子文件真实性,必须加强电子文件全过程管理,不仅注重每个阶段的结果,也重视每一项工作的具体过程,并通过制度约束各个环节的工作。例如:建立一套审查制度,对参加电子文件制作和管理的人员进行审查,严格把关,从源头上保证电子文件的真实性;建立电子文件全过程管理制度,明确各方面的职责要求,如保证电子文件在制作阶段不出现失真现象,就必须明确各自的职责范围,避免制作人员的相互推诿、扯皮,尤其是在合作制作的电子文件或大型辅助设计项目中,更要注意划清责任范围,使每个参与人员承担其分工范围内的责任;建立必要的电子文件记录制度,从电子文件的收集、积累开始就进行记录,使其形成、管理和使用情况能够记录备查,等等。

从法律角度来看,要进一步建立健全电子文件的法律规范,确保电子文件的法律效力。电子文件法律效力,是指电子文件能否在法律程序范围内作为可接受的凭证材料。近年来,电子文件在政务、商务、军事、文化等领域得到日益广泛的应用,在国际上已经有在司法案件中使用电子文件作为证据的事例。美国、法国、德国、瑞典、挪威、加拿大、澳大利亚、芬兰等不少国家档案馆已正式接收电子档案。这些都表明越来越多国家在法律、法规中承认电子文件的法律效力。电子文件的法律效力的确立将会以下列问题的逐步解决为前提条件:电子文件载体和信息的稳定性提高;电子文件加密、认证、签署等信息安全技术的提高和普及应用;有足以说明电子文件形成过程的信息记录;有科学、合理的电子档案管理体系和管理制度等等。

目前,我国现有的法律体系并没有排除电子文件的法律证据地位,如我国的《中华人民共和国合同法》《中华人民共和国电子签名法》等法律都有涉及电子文件证据力的条文,但是在具体的规定上,相关法律法规以及规章之间仍然存在相互矛盾、范围限定、含糊不清之处,仍需进一步健全完善,才能更有效地保证电子文件的法定效力。

2. 完整性原则

完整性,是指电子文件的内容、结构、背景信息和元数据等无缺损。完整性有三层含义:一是电子文件的内容、结构、背景信息没有缺损;二是作为记录社会活动真实面貌的、有着内在有机联系的电子文件及其他形式的相关文件数量齐全;三是与主文件相关的支持性、辅助性、工具性文件齐全。

传统文件的完整性,是指文件与其他文件之间的有机联系,在管理文件时必须维护这种联系,按照这种联系划分全宗、案卷。但对于电子文件来说,完整性的含义就不这么简单了。首先原有意义的"有机联系"会显得更为重要,比如说,一封电子邮件,正文处写着"同意你的意见"。乍一看不知所云,因此如果把这样的电子文件归档的话,需要弄清楚来龙去脉,同时将相关的电子邮件一并归档,也就是要保留电子文件及其背景信息。

电子文件的完整性,还应包括支持电子文件阅读使用的软件及其他一些相关工具。否则,电子文件的价值就会受到严重影响。

传统纸质文件的文本内容一旦写入载体纸张,呈现在人们眼前的是其信息内容与载体形式结合而成的具有线性结构的复合体,内容与载体不可分离,且相对稳定。而在电子语境中,电子文件文本内容各个组成部分处于离散状态,信息内容与其载体并非是固定不变的。要使电子文件内容呈现出有序的逻辑的全文状态,必须依靠"结构"指令来实现文本组合,需要"背景信息"来记录文本运行组合的过程。

通常,电子文件的内容信息是由文件形成者输入或生成,背景信息、结构往往通过计算机设定的系统程序、指令在后台自动或手动形成。内容、结构与背景信息三要素共同构成一份完整的电子文件,缺少其中之一将无法再现文件信息的状态,也无法阅读和了解文件形成的过程。因此,要保证电子文件的完整性,就不能仅仅保存电子文件的内容,还必须保存其形成的背景信息和结构信息,以及其他各种软硬件条件。

3. 有效性原则

有效性,是指电子文件应具备的可查找、可检索、可呈现和可理解性,即电子文件的可靠性与可用性,包括信息的可识别性、存储系统的可靠性、载体的完好性和兼容性等。一份有效的电子文件,应该能够表明其与形成它的职能活动和履行职能过程的直接关系,这种关系应由背景信息加以保存和表达。

虽然纸质文件也存在着不可读、不可检索等问题,如语言符号的难懂性,或因为保存条件和时间久远的原因造成纸质文件的模糊,无法有效识读。但对于电子文件来说,有效性的问题更加突出,其影响因素更加多样,如软硬件的过时、文件加密、载体损坏等,都会造成电子文件的不可靠,或者长期可读性面临风险。这对电子文件的长久保存来说,是极为不利的。

电子文件的形成和处理,都是在电子计算机软硬件平台支持下完成的。离开电子计算机软硬件平台,电子文件既看不见也摸不着。它与以前人们常见的录音录像磁带文件有着相似之处,即对设备依赖性和对其他设备环境的不兼容性,如某些电子文件只能通过特定的机器来识读,有时还使其只能在某一种特定设备上处理,而不能在其他环境下处理;不同软件环境形成的电子文件存储在载体上,有时难以互换和迁移;电子文件加密后,不解密就无法识别、呈现和读取;技术设备更新时,如不及时解决格式转换问题,也会造成电子文件无法读取。

在管理电子文件时,必须利用各种手段做好电子文件元数据的保存与管理,确保电子文件在不同时空范围内可以有效保存和读取文件信息。电子文件元数据,是描述电子文件数据属性的数据,包括描述电子文件内容信息、结构信息、背景信息、管理信息(如鉴定信息、归档信息、权限管理、维护历史等信息集)、固化信息(确认信息可信性与完整性的信息),以及电子文件生成与运行的硬件与软件环境的各种信息数据,等等。实施电子文件元数据的管理与保护是实现电子文件管理与保护有效性的一个重要途径。

随着我国社会信息化进程的快速推进,电子政务和电子商务的日益成熟和普及,电子文件产生的领域不断拓展,产生的文件数量成几何级数地增长。而对电子文件管理仍存在不规范之处,例如:草稿性电子文件被忽视而处于"自生自灭"状态,辅助性电子文件处于无人管理的状态,正式电子文件往往只进行了逻辑归档;有些电子文件的存储载体不安全,信息记录格式不标准;对电子文件生成的硬件设备环境数据缺少登记,对一些相关软件参数也缺少妥善的保护,等等。因此,需要建立严格的管理制度,采取有力的技术措施,对电子文件的形成、收集、积累、鉴定、归档等实行全过程管理与监控,确保电子文件的真实性、完整性和有效性。

第二节 电子文件管理的程序

与纸质文件管理一样,电子文件的管理同样要经过收集、鉴定、筛选,使反映本机关职能活动的具有保存价值的电子文件信息保存下来,并为组织及其内部机构开展业务活动提供方便快捷的电子文件信息服务。但与纸质文件不同的是,电子文件的生成、处理、传递、存储等各项工作均处于电子环境,只有对电子文件的形成、收集、积累、鉴定、归档等实行全过程管理与监控,才能保证电子文件管理工作的连续性、安全性和有效性。

电子文件管理程序及其主要工作内容如图 8-1 所示。

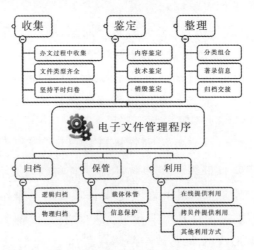

图 8-1 电子文件管理程序及其主要工作内容

为了更好地掌握电子文件管理的原理和方法,必须了解在组织管理中电子文件是如何生成和运行的,下面我们首先介绍在管理活动中电子文件流转的一般过程。

一、流转的过程

电子文件的撰写、传输、处理、办结处置等全过程管理都是在电子网络环境下完成的。与纸质文件的流转相比,电子文件的流转不仅继承了纸质公文流转实践中行之有效的流程与制度,而且还运用现代通信和网络技术整合优化了纸质文件流转中可能出现的交叉与重复的办文环节,流转环节之间能够相互关联、彼此关照,还可跨越时空实时传输、阅办文件,支持电子签章,实现系统自动追踪和催办等,这就大大提高了文件流转和办理的效率。

下面就以××公司公文信息系统为例,来说明网络办公环境下电子文件流转和办理工作的基本情况。

(一)发文的过程

1. 进入系统。进入公文信息处理系统前,必须进行身份认证,在如图 8-2 所示的图框中输入用户名、密码、验证码等,点击"登录"进入系统。

图 8-2　公文信息处理系统登录界面

2. 公文撰制

进入系统后,点击菜单中的"发文管理"进入发文管理主界面,点击左侧导航栏的"起草公文",进入图 8-3 的界面,在此可以选择发文类型、发文模板,填写标题,确定公文的密级、保密期限、急缓时限、公文字号、主送机关、抄送机关等公文管理要素;点击"编辑正文"进入如图 8-4 所示的 Word 界面编辑公文正文,或者导入公文正文、公文附件,或者获取、保存、打印管理文档。

图 8-3　公文撰制界面

图 8-4　编辑正文的界面

3. 审核与签发

文件撰稿人将文件发给部门负责人或者综合办公部门负责人进行审核,审核人审核无误后注明审核意见,并退回撰稿人,撰稿人再将文稿发送给签发人。签发人选中并点击需要签发的文件标题,在如图 8-5 所示界面上点击"签发"进入如图 8-6 所示界面,使用键盘或者手写方式输入签发意见、姓名,系统会通过日志、痕迹保真等功能将其自动保留下来。

图 8-5　文件签发界面　　　　图 8-6　输入签发意见的界面

4. 电子签章

公文签发后,撰稿人应再次检查复核公文文稿内容与形式,确认无误后进行电子签章。电子签章是指通过计算机控制下的专用图文输出设备,将数字化的电子印章印文图像添加到公文文本上。电子印章是指通过计算机技术将传统实物印章的印文图案数字化,如图8-7所示。电子印章图像文件必须合法,是经过法定机构核准,是由法定机构制作,已经取得实物印章的原始存档数据。电子印章的印文图像一般脱机存储在外设硬件上,并由专人保管。使用时电子签章软件会对电子印章的每一次使用自动记录,如使用人姓名、用印文件标题、使用时间和次数,并自动生成签章日志。单位负责人或者印章管理人也可随时查询签章日志,监督、查询使用电子印章的情况。

图 8-7　电子签章界面

5. 分发与归档

分发是将公文发送给主送或者抄送的单位或人员。为保障分发公文的有效性,公文信息系统一般都应具有如下功能:通过系统提供相关单位,供发文时选择,如图8-8所示;自动给有公文查阅权限的用户发送信函,自动提示有公文需要阅读,通过系统提供的文档链接功能可以直接进入公文系统查阅;系统可以自动发送回执,有的系统还支持语音回复、手写回复等等。

图 8-8　分发对象选择界面

文件发送后,将会自动进入待归档系统中,按照既定的分类方案自动流入相应文件类别等待审核、归档。

(二)收文的过程

1. 进入系统。在如图 8-2 所示界面输入用户名、密码、验证码等,点击"登录"进入系统。点击"收文管理"进入如图 8-9 所示的"待签收公文"页面。

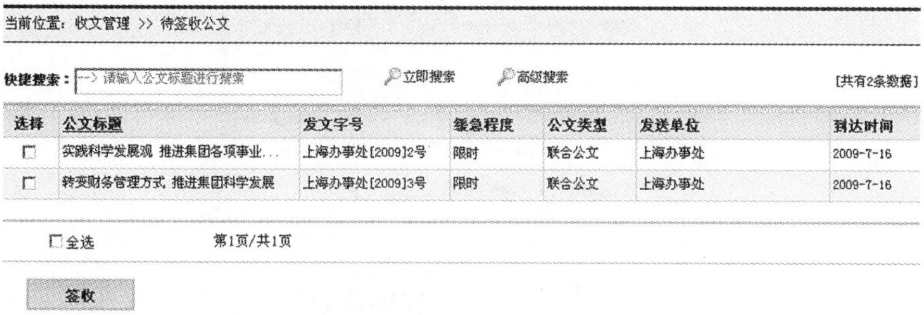

图 8-9　待签收公文界面

2. 签收与登记

在图 8-9 所示界面中,选择要签收的公文(点击待签收公文的标题名称前的选择框),点击"签收"按钮,系统会提示"公文签收成功"。网络办公环境中的收文登记,是指将收文的主要数据信息输入电子计算机,建立数据库,对收文信息进行组织和管理。通常,来文的标题、文件字号、急缓时限、保密等级、收文日期等信息,会借助于系统实现自动登记,形成收文数据库,满足按主题、时间、发文字号等多种途径检索和利用文件的需要。

在图 8-10 的界面,可以查看已签收文件及其有关信息的登记情况。

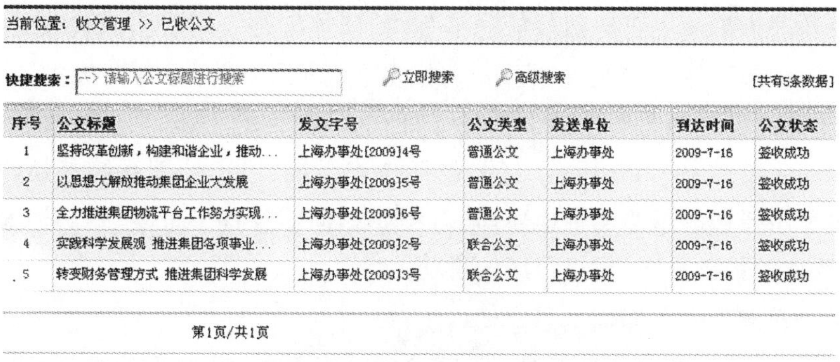

图 8-10　已签收公文登记界面

3. 办理或传阅

对于需要办理或者传阅的文件,点击图 8-11 所示页面中的"转办"进入拟办、批办、承办、组织传阅等环节,并由转文人(如文秘人员)负责控制文件流转的方向和速度,办文过程中的"拟办意见""批办意见""承办情况""承办结果"等办文过程的记录,相关人员以键盘或手写方式输入后,系统后台将予以实时自动保存,转文人(如文秘人员)可以随办文进程适时查看办文的进程和结果。

图8-11 办理意见输入界面

4. 整理归档

公文承办完毕后,承办部门对承办结果进行标注备案。承办部门可根据文件的实际情况进行审查归档,采取网络归档方式实时向档案部门归档,或者在年终时集中整理审查文件,然后脱机存储后向档案部门归档。

二、收集与积累

与纸质文件的收集与积累工作相比较来说,电子文件收集与积累的含义更宽泛,不仅要在文件办理完毕须归档时进行常规收集,而且还要更多关注电子文件形成、传输、办理等全过程的工作状况。这是电子文件具有快速流动性、变换性以及稍纵即逝的特性所决定的。因此人们又将对电子文件进行实时收集和存储的方法与过程称为"捕获",以体现电子文件收集和积累的实时动态性。

电子文件收集与积累范围按各单位制定的《文件材料归档范围和不归档范围》执行。需要收集与积累的主要类别包括电子公文、照片文件、音频文件、视频文件、图形文件、多媒体文件、超媒体链接文件、程序文件、数据库文件等。分为两大类:一是前台文件,是反映本部门职能的各类电子文件,是归档电子文件的主体,它反映文件的内容,是收集与积累的主要对象;二是后台文件,包括操作系统、语言处理系统与用户应用程序等。它是对程序要做的事的文字描述,是对程序如何做这些事的逻辑描述(输入/输出、流程图)以及如何修改程序、使用程序的说明。

(一)收集与积累的要求

根据国家档案局《电子文件归档与管理规范》的规定,电子文件的收集与积累要符合以下要求。

1. 当正式文件是纸质文件时,如果保管部门已开始进行向计算机全文处理的转换工作,则与正式文件定稿内容相同的草稿性电子文件(记录了重要文件的主要修改过程,有查考价值的)应当保留,否则可根据实际条件和需要,确定是否可以保留。保存与纸质文件等内容相同的电子文件时,电子文件与纸质文件之间要相互建立准确可靠的相互参见的标识关系。

2. 当正式文件是电子文件,同时存在相应的纸质或其他载体形式的文件时,应在内容、相关说明及描述上保持一致。对在网络系统中处于流转状态,暂时无法确定其保管责任的电子文件,应采取捕获措施,集中存储在符合安全要求的电子文件暂存存储器中,以防散失。

3. 当公务或其他事务处理过程只产生电子文件时,应采取严格的安全措施,保证电子文件不被非正常改动。同时应随时对电子文件进行备份,存储于能够脱机保存的载体上。其中,具有永久保存价值的文本或图形形式的电子文件,如没有纸质等拷贝件,必须制成纸质文件或缩微品等。

4. 不同技术形成的电子文件要收集齐全完整。

文字型电子文件,是用文字处理技术形成的文本电子文件。收集时应注明文件存储格式、文字处理工具等,必要时同时保留文字处理工具软件;以 XML、RTF、TXT 为通用格式。

扫描型电子文件,用扫描仪等设备获得的采用非通用文件格式的图像电子文件。收集时应将其转换成通用格式,如无法转换,则应将相关软件一并收集;以 JPEG、TIFF 为通用格式。

图形文件,用计算机辅助设计或绘图等设备获得的图形电子文件。收集时应注明其软硬件环境和相关数据;以 DWF、DWG、SVG 为通用格式。

视频和多媒体电子文件,用视频或多媒体设备获得的文件以及用超媒体链接技术制作的文件。应同时收集其非通用格式的压缩算法和相关软件;以 MPEG、AVI 为通用格式。

音频电子文件,用音频设备获得的声音文件。应同时收集其属性标识、参数和非通用格式的相关软件;以 WAV、MP3 为通用格式。

通用软件产生的电子文件,应同时收集其软件型号、名称、版本号和相关参数手册、说明资料等;专用软件产生的电子文件原则上应转换成通用型电子文件,如不能转换,收集时则应连同专用软件一并收集。

计算机系统运行和信息处理等过程中涉及的与电子文件处理有关的参数、管理数据等应与电子文件一同收集;对套用统一模板的电子文件,在保证能恢复原形态的情况下,其内容信息可脱离套用模板进行存储,被套用模板作为电子文件的元数据保存。

为了维护电子文件的完整性,除了按照以上的要求进行收集和积累之外,还需注意以下问题:文件必须具有内容,它应能准确反映在特定时间内,在行使职权和履行职责的活动与事务处理中发生的事实;当需要时能以电子方式再建,每一个部分能汇集起来,以易于被人理解的方式存在;能被放入背景中,背景确定了文件由谁产生,这也是业务处理的一部分;结构是文件的格式,必须予以采集,以便该文件今后可以迁移到所需要的最新硬件与软件中;能被一体化地进入部门和个人的文件保存系统中。

每份电子文件均应在"电子文件登记表"中登记。电子文件登记表应与电子文件同时保存。电子文件登记表如果制成电子表格,应与电子文件一同保存,永久保存的电子表格,应附有纸质等拷贝件,并与相应的电子文件拷贝一起保存。对收集积累的电子文件应及时按照要求制作电子文件的备份。

(二)平时收集归卷

在传统文件管理工作中,人们十分重视纸质文件的平时收集归卷。在网络化办公环境下,此项工作仍然十分重要,这是因为,网络化的办公系统并不能将每位工作人员形成和处理的全部文件的内容及管理流程完全"自动化""智能化"为有序的文件管理系统。面对文件数量与类型繁多、电脑自动著录检索能力有限、检索时提交关键字词不准确等带来查找困难的问题,工作人员仍需加强电子文件平时筛选、归卷积累工作,才能实现电子文件的便捷、高效、安全管理。

电子文件的平时收集归卷的一般做法如下。

1. 创建树型电子文件夹目录

即根据本单位的文件分类表,在办公自动化系统提供的网络磁盘或本地电脑硬盘上新建相应的树型电子文件夹目录(如 E 盘、F 盘等,不要创建于 C 盘中)。第一级文件夹目录数量一般不宜过多,文件夹名称的概括性、包容性要大些。同一层次的文件夹要充分体现出类别的独立性。目录结构层次一般在三级左右比较方便查找。

电子文件夹的命名,一般应当与本单位文件分类表的分类系统相对应,其名称应简明概括其主题,使之能揭示文件夹中的主要内容和成分。

电子文件夹的排序,可选择按照重要程度、业务流程、使用频率等排列文件夹,并为其编制数字序号或年月日期序号,电脑会依照编号次序来固定其先后顺序,方便查找利用,如"1.××××""2.××××"等,或者"2014××××""2015××××"等。

针对不同类型的电子文件,可建立不同类型文件夹予以收集积累,如图片(Picture)、照片(Photo)、音乐(Music)、视频(Video)、影片(Movie)、动画(Flash)、表格(Excel)、幻灯片(PowerPoint)等。如各文件夹中的文件太多,还可在各文件夹中再建子文件夹(按照文件内容、日期等分类标准),来分类归卷。

2. 对电子文件进行审查归卷

即在文件接收或者形成时将其归入相应的电子文件夹中。

对收文的审查归卷,侧重于对收到的电子文件或公务电子邮件等的真实性、完整性、安全性、可读性等进行审查,无误后,将其保存到预先拟定的与其主题内容或文件格式相应的文件夹中,然后,再按照文书处理流程予以办理,并注意保存记载文件拟办、批办、承办等过程信息。

对发文的审查归卷,侧重于审查所保存的文稿是否确系业经审核人、签发人审核签发办理完毕后的公文定稿(除了重要法规和规范性文件或者重要合同、协议书等确需保存历次修改稿外,一般公文只保存最终确认的公文定稿),同时要安全保存此文稿的核批办理过程的信息。

电子文件平时归卷后,可定期或不定期翻查电子文件夹,对平时忙乱中放错文件夹的文件予以调整归位,对一些不再具有使用价值或保存价值的文件予以剔除,这样可增强电子文件归卷管理系统的有序性和有效性。同时,电子文件与电子资料应分开归卷,区别对待,便于有效维护电子文件的完整与安全。

三、鉴定与整理

对收集积累的电子文件进行整理时,必须首先对其保存价值进行鉴定,将有保存价值的留存下来,将无保存价值的文件剔除,为文件管理奠定坚实的基础。

(一)鉴定

鉴定是指鉴别、判定电子文件真伪、价值与有效性的过程。从内容上看,电子文件的鉴定分为内容鉴定和技术鉴定,这种双重鉴定贯穿于电子文件管理的全过程。从内容上看,电子文件的鉴定分为内容鉴定、技术鉴定、销毁鉴定,这些多维度鉴定贯穿于电子文件管理的全过程。从时间上看,电子文件的鉴定又可分为先期鉴定、归档鉴定。

先期鉴定是指在电子文件创建过程中、未正式形成之前,对其归档范围和保管期限所作的一般性推断,这将有利于及时捕获收集具有保存价值的电子文件。在办公自动化等业务信息系统中,先期鉴定应由文件创建人员完成。

归档鉴定是指向档案部门归档时对电子文件内容与技术的鉴定。内容鉴定依据鉴定结果为密级、保管期限、安全分类等相关元数据赋值。归档鉴定在电子文件管理系统中进行,以原始电子文件的复制件作为鉴定的文本。

下面重点介绍内容鉴定、技术鉴定、销毁鉴定。

1. 内容鉴定

内容鉴定,是根据电子文件的内容来确定其密级、安全分类、归档范围和划定保管期限等。根据电子文件管理系统预先嵌入的值域,为应归档电子文件的归档标识、密级、安全分类、保管期限等元数据赋值。同时,内容鉴定可借助系统提供的功能进行元数据著录,如文件分类代码与名称、附件、人物、文种、文件集合等。

目前常用的方法包括:职能鉴定法、内容直接鉴定法。

(1) 职能鉴定法。这是20世纪二三十年代由波兰档案学者卡林斯基提出的。这种方法是依照立档单位在机关组织机构体系中的地位和职能的重要性来确定文件的价值。文件价值的大小,取决于文件形成机构在社会组织机构中的职能活动的重要程度:职能活动重要的,其文件保存价值就大,反之,文件保存价值就小。以职能重要程度这一因素为标准鉴定文件保存价值,能较为客观地反映各机构履行职能的真实记录,反映出各个历史时期社会的真实状态。

采用职能鉴定法鉴定电子文件效率较高。依据电子文件形成过程、机构职能活动、文件的本质联系,其鉴定思路比较宏观。这一方法考虑的是,机构的哪些职能、举措、工作计划、事务活动是重要的,哪些是次要的,并通过嵌入文件管理系统的计算机程序自动执行,来将两部分文件分开,分别予以处置。因此,职能鉴定法具有从总体上判断机构形成文件保存价值的能力,而不是直接对文件内容加以微观处理,表现为文件鉴定工作"批处理"方式,对于电子文件的鉴定更有效率。

(2) 内容直接鉴定法。由于电子文件数量巨大,对每份电子文件内容逐一进行阅读判断,越来越难以实现。最理想的是由计算机自动对文件内容进行抓取或识别,给出鉴定结果。为此,在开展内容直接自动鉴定工作前,需要做好以下工作。一是制定电子文件保管期限表,这是电子文件内容鉴定的依据性文件。在电子文件系统设计的调查阶段,就应该着手制定保管期限表。二是将电子文件保管期限表集成到文件管理系统,按照保管期限表中规定的文件种类(名称)、区分不同种类(名称)文件价值的依据、保管期限等开发自动鉴定的功能模块,并嵌入文件管理系统中。这样,在具有自动鉴定功能的文件系统中,关于各类业务活动中形成的电子文件保管期限的划分规定,已先于具体文件的形成或生成而存在。这就意味着具体文件在问世前,其保存或毁灭的命运早已决定。自动鉴定前的文件,每一份文件的有用程度的认定仍是在文件形成之后。对于保管期限到期的文件,系统自动提示用户进行下一步处置,或更改其保管期限,或作其他处理工作,如销毁、暂缓一段时间销毁等。

2. 技术鉴定

技术鉴定是指对电子文件真实性、完整性、有效性的鉴定,以及无病毒鉴定、存储介质状态鉴定。

对纸质文件进行鉴定时,人们通常会将关注点放在信息内容、存储空间和存储费用的问题上,很少考虑文件的物理状态,也就是文件的技术性问题。但是电子文件的出现,将这一问题呈现在人们的视野中。因为"在电子文件的世界中,单纯的内容上的利用价值还不足以构成其保存价值,还必须从技术上保证其利用价值处于可利用的状态,良好的技术状态是电子文件真实、可靠、完整、可读的基础和保障"[①]。因此,对电子文件的技术鉴定成为其鉴定工作的重要内容。

电子文件的技术鉴定主要包括以下内容。

(1) 物质载体状况的鉴定。包括两个方面。一是指对载体物理性能的鉴定。归档磁带、磁盘是否清洁;盘面是否光滑、无皱折、无划伤、无磨损,盘上信息存储状态是否正常;如频繁操作会引起存储介质的磨损,需要检查文件本身是否有恶化或丢失扇段;文件的随机存储造成磁盘上有很多文件的碎片,一旦磁盘碎片变得严重,就应该考虑系统进行后备或恢复操作等。这些都应该加以重视和鉴定。在对磁盘信息存储状况进行检查时,必须借助于一定的硬件及软件技术,如在 DOS 操作系统中,就可以通过 CHKDSK 命令来检查磁盘状况。二是对载体媒体形式和存储格式的鉴定。数字载体的技术发展快且不兼容不规范的比比皆是,因此对即将过时的存储介质最好不予使用或及时进行迁移,如许多新机型上只设 3 英寸磁盘驱动器,对于 5 英寸磁盘的使用就应持审慎的态度。对此,美国在 20 世纪 90 年代以前就考虑到光盘系统对硬件和软件具有依赖性,将文件从一个系统移植到另一个系统时,缺乏统一的标准保证,于是规定不能接收储存在光盘上的永久文件。

(2) 可读性鉴定。检查电子文件是否可以被字处理等办公软件正常打开,如果出现

---

① 冯惠玲.保存新记忆——电子文件管理[D].北京:中国人民大学,1997:51.

非正常情况,应及时采取重新收集措施,从临时存储器或制作电子文件的计算机中获取。当重新收集失败时,应在系统中进行登记,以便后续采用纸质文件数字化补齐内容与元数据。此外,根据电子文件系统依赖性特点,在鉴定一份文件的价值时,必须考虑是否需要因此而购置相应的软件和硬件,掌握这种软件现在市场上是否还存在,软件的价格,软件的著作权保护期限有多长,软件是否易于使用,关于软件的相关的材料,如用户手册/编码手册等是否齐全等问题。

(3) 对其有无病毒的鉴定。在鉴定之前升级杀毒软件病毒特征库,再对电子文件进行查杀病毒操作。对已感染病毒的电子文件,要先选择隔离处理方式,待病毒查找完成后再作进一步的杀毒处置。当病毒无法清除只能作删除处理,并且在临时存储器或制作电子文件的计算机中重新收集失败时,应在系统中进行登记,以便后续采用纸质文件数字化补齐内容与元数据。

在接收磁盘等存储介质之前,进行有无病毒的检查是十分明智的做法。

3. 销毁鉴定

针对电子文件的销毁鉴定,必须慎重仔细。应以电子文件保管期限表为基本依据,并须符合严格的审批程序。销毁电子文件时,须注意以下事项。

(1) 电子文件销毁应彻底。除电子文件主体外,其他电子文件管理系统中的链接及相关文件夹、临时文件等也应一并销毁;电子文件的副本也应销毁。

(2) 电子文件的销毁不能简单处理,需要按照严密的销毁办法执行,销毁后的电子文件应做到无法恢复;销毁过程应指派专人监督,并进行记录,记录材料应予保存。电子文件保存系统中,应通过保留相关元数据的方式记录文件的销毁情况,生成销毁报告。

(3) 选择恰当的销毁方式。销毁方式分为两种。一是信息销毁。这种方式不损坏物理存储介质,是通过软件系统改变载体的状态,将电子文件数据从记录载体上彻底消除的一种方法。销毁后在原空间处可复制其他的文件信息以保证彻底覆盖销毁的电子文件。与电子文件相关的所有信息及历史记录也要进行彻底销毁。二是载体销毁。这种方式是指将电子文件的载体连同信息一起销毁,主要适应于一次写入不可更改的记录载体及受损伤不可修复的载体(如光盘)。通过彻底破坏(如研磨成粉、焚化或撕碎)存储电子文件的介质,使其再也无法使用。

(二) 整理

电子文件的整理,是指按照一定原则和方法,将电子文件分门别类系统化、有序化的一项工作。电子文件整理要按国家档案局颁布的《归档文件整理规则》(DA/T22—2000)的规定和要求进行。

1. 分类

分类是将零散的、杂乱的电子文件通过分类组合,使电子文件存储处于有序状态。依照《归档文件整理规则》的要求,同一单位形成的电子文件按照年度—保管期限—机构(问题)或保管期限—年度—机构(问题)等分类方案进行分类,以件为单位整理。按电子文件类别代码相对集中组织存储载体。

分类工作,一般由文书处理部门的文件管理人员来完成。一般情况下,分类是针对某一份或几份电子文件的整理。归档移交后,档案管理人员还要按照档案管理的要求对归档的电子文件进行系列的加工整理工作。需要注意的是,由于不同文件管理系统产生的电子文件,整理过程中可能会遇到文件格式重新编排和组合,须注意格式转换时避免损伤数据,否则会损害电子文件的凭证性。

对于不同应用系统应选取不同的文件组织方式或组合方法,目的是方便使用。一个单位的电子文件类别是多种多样的,对这些电子文件要进行分门别类的管理,就要进行科学的分类。要按门类划分的标准,结合本单位的职能和电子文件内容,制定本单位的分类方案。分类编号就是按照分类方案的规定对电子文件进行划分,并给每份电子文件一个固定的号码,从而使全部电子文件成为一个有机的排列有序的整体。电子文件分类编号后,要建立检索文件,它是对电子文件进行快速访问的有效工具。建立检索文件的系统是通过各种数据项目的著录工作来实现的。

2. 著录

著录,是指通过获取、核对、分析、组织和记录关于电子文件内容、结构、背景以及文件系统的信息,准确描述电子文件的过程及成果。电子文件的著录应参照《档案著录规则》(DA/T 18—1999)进行著录。正式电子文件元数据著录始于其创建过程,应在鉴定、整理阶段检查著录的完整性,需要时应做补充著录;辅助性电子文件的著录始于被收集时,应确保必备元数据项著录的完整性。

为保证归档电子文件的凭证性,应著录相关背景元数据,如文件形成时所在系统(如业务处理系统)中的关于文件背景、内容、结构、文件管理系统及其相互关系的著录信息,从而准确描述电子文件的来源、职能背景、文件关联等信息,保持电子文件与其他文件、责任者、信息系统之间的历史联系。电子文件的著录项目主要包括题名与责任说明项、稿本与文种项、密级与保管期限项、时间项、载体形态项、附注与提要项等。

采用非通用软件、模板、算法等形成的电子文件,必须著录格式元数据,对专用存取软件、模板、算法的名称、版本、存储位置等信息进行详细描述。

将著录结果制作成各种机读目录和纸质目录,如以纸质形式存在的著录信息包括电子文件积累登记表、归档电子文件登记表、文件更改表、电子文件接收检验登记表、电子文件使用权限保护登记表以及物理载体整理结果的登记表等,方便查找利用和备案。

3. 归档

归档,是将应归档的电子文件,经过整理确定档案属性后,从电子计算机存储器或其网络存储器上,拷贝或刻录到可脱机的存储载体上,以便长期保存的工作过程。电子文件的归档,按照鉴定标识进行。可分两步进行,对实时进行的归档先做逻辑归档,然后定期完成物理归档。归档时,应充分考虑电子文件的技术环境、相关软件、版本、数据类型、格式、被操作数据、检测数据等技术因素。

(1) 归档范围。电子文件的归档范围,应按本单位制定的《文件材料归档范围和不归档范围》等制度执行。同时,要考虑电子文件的特殊性,根据电子文件的形成规律,尽可能具体列出阶段的、系统的、权威的电子文件归档范围,保证电子文件的原始性、真实性、完整性。电子计算机的软硬件环境等也必须列入归档范围。

(2) 归档要求。归档电子文件必须真实、完整,具有保存价值。为此,要遵从归档各阶段的标准和规定;准确说明归档文件的软硬件环境;要能在标准的用户界面下操作,支持不同的平台,与现有的设备兼容,能以标准的数据库语言与数据库相连,或者确定统一的标准在内部的电子计算机网络上使用。

(3) 归档方式。主要采取逻辑归档和物理归档两种方式。

逻辑归档,是指文件形成单位将自身拥有的电子文件管理权从网络上转移至档案部门,归档工作中存储格式和位置暂时保持不变。

物理归档,采用在线或离线方式进行。在线方式,是指通过建立于政务网的、符合安全要求的在线交换平台向档案部门作归档电子文件物理归档的移交方式;离线方式,是指将带有归档标识的电子文件集中,拷贝至耐久性好的载体上,脱机向档案部门作归档电子文件物理归档的移交方式。

物理归档的存储载体按优先顺序依次为:只读光盘、一次写入光盘、磁带、可擦写光盘、硬磁盘等。不允许用软磁盘作为归档电子文件长期保存的载体。物理归档的脱机存储介质如CD-R、DVD+R、DVD-R等,必须符合国家有关机构关于电子文件归档与存储光盘等的规范要求。存储电子文件的载体或装具上应贴有标签,标签上应注明载体序号、全宗号、类别号、密级、保管期限、存入日期等,归档后的电子文件的载体应设置成禁止写操作的状态。

凡在网络中予以逻辑归档的电子文件,均应定期完成物理归档。非通用格式归档电子文件的专用软件、模板、算法等只需作一次性物理归档。如果专用软件、模板、算法等被更新或升级,应再次向档案部门移交。特殊格式的电子文件,应在存储载体中同时存有相应的查看软件。

(4) 归档份数。一般拷贝一式3套,一套封存保管,一套供查阅使用,一套异地保存。对于加密电子文件,则应在解密后再制作拷贝。必要时应封存两套,以提高归档电子文件的安全性和可靠性。

(5) 归档时间。电子文件的归档一般在年度末或任务完成后,或一个阶段之后的一段时间内进行归档(称为阶段归档),具体可视其情况而定。因涉及电子文件的技术环境条件,存储载体的质量、寿命等问题,一般以不超过2~3个月为宜。

(6) 归档移交。在已联网的情况下,归档电子文件的移交和接收工作可在网络上进行,但仍需履行相应的手续。

首先,文件形成单位在移交电子文件之前,档案保管部门在接收电子文件之前,均应对归档的每套载体及其技术环境进行检验,合格率达到100%时方可进行交接。检验项目如下:载体有无划痕、是否清洁;有无病毒;核实归档电子文件的真实性、完整性、有效性检验及审核手续;核实登记表、软件、说明资料等是否齐全;对特殊格式的电子文件,应核实其相关的软件、版本、操作手册等是否完整。对检验不合格者,应退回形成单位重新制作,并再次对其进行检验。

其次,归档电子文件交接时,应将相应的电子文件的机读目录、相关软件、其他说明等一同移交,并附"归档电子文件登记表"。归档电子文件应以盘为单位填写"归档电子文件登记表"首页,以件为单位填写续页。对需要长期保存的电子文件,应在每一个电子文件的载体中同时存有相应的机读目录。

最后,对检验合格者,完成"归档电子文件移交、接收检验登记表"的填写、签字、盖章环节。登记表一式两份,一份交电子文件形成单位,一份由档案保管部门自存。

归档完毕,电子文件形成部门应将存有归档前电子文件的载体保存至少一年。

四、保管与利用

电子文件的保管只是手段,利用才是目的。与纸质文件相比,由于自身的特点不同,电子文件的保管和利用存在自身的特点和要求。

(一)保管

电子文件的保管具有如下特点。一是技术难度大。电子文件的保管须考虑再现电子文件所涉及的软硬件因素,以保证数字化形态存储的信息能够被读取、理解。技术的更新加快,加大了电子文件保管的技术难度。二是成本高。电子文件对字符编码、软件、硬件、标准、技术设备更新以及加密技术的依赖,使之必须保存完整的读取环境,这无疑会增大管理成本。三是不确定因素多。电子文件内容的存储位置是变化的,并不固定依附于特定的载体,读取电子文件时如果缺少某一部分内容,那么该电子文件的完整性就会受到破坏。电子文件不留痕迹的增删改特点,也严重威胁着电子文件的原始性和真实性,加重了电子文件保管的责任。四是安全系数降低。电子文件的共享性在带给用户足不出户阅读便捷的同时,其信息安全也面临威胁。据此,对电子文件的保管,就要从载体和信息内容两方面考虑。

1. 载体保管

电子文件的载体主要是磁性载体(包括磁带、软磁盘、硬磁盘)和光学载体(光盘),与纸质文件的保管不同,其重点是维护数字记录信号的可读性。具体措施如下。

(1)提供适宜的温湿度条件。库房环境温度应控制在适宜的范围内:17~20℃,推荐最佳保管温度为18℃,24小时内温度变化一般不超过3℃;相对湿度的适宜范围:35%~45%,推荐最佳保管相对湿度为40%,24小时内相对湿度变化一般不超过5%。

(2)防灰、防光、防有害气体并远离强磁场。灰尘和有害气体易造成电子文件载体的物理和化学性损伤,腐蚀、破坏电子文件的载体,使其老化变质,因此,应保持环境洁净,减少有害气体的含量,保证装具、机器的清洁,不要让室外光线直接照射在电子文件的载体上。外来磁场作用于磁性载体上,会使磁性涂层的剩磁发生消磁或磁化,造成信号失落或信噪比降低,影响读出效果。因此,存放时应远离强磁场、强热源。

(3)防机械磨损和强烈震动。机械磨损和强烈震动,也能对电子文件产生破坏,如引起磁记录和光盘记录的信息损坏。因而,应平放固定硬盘驱动器,防止发生振动,硬盘驱动器执行读写操作时,不要移动或碰撞工作台,以免磁头划伤盘片,造成盘片上的读写错误。

（4）加强载体自身的保护。归档载体应做好防写处理。单片载体应装盒,竖立存放,且避免挤压变形。避免擦、划、触摸载体的信息记录涂层。严禁用橡皮筋、绳子、曲别针来固定磁性载体和光盘,以免造成介质损坏和变形。

（5）做好日常维护工作。一是禁止使用来历不明的软件,以防感染病毒。二是建立库房管理制度,坚持观测温湿度,定期除尘,检查电线、插头、开关,杜绝火灾隐患。三是做好软硬件设备的保养和维护,例如:每年对电子文件的读取、处理设备的更新情况进行一次检查登记;设备环境更新时,应确认库存载体与新设备的兼容性,如不兼容,应进行归档电子文件的载体转换工作,原载体保留时间不少于3年。保留期满后,对可擦写载体清除后重复使用,不可清除内容的载体应按保密要求进行处置。对磁性载体每满2年、光盘每满4年进行一次抽样机读检验,抽样率不低于10%,如发现问题应及时采取恢复措施。对磁性载体上的归档电子文件,应每4年转存一次。原载体同时保留时间不少于4年。文件保管部门应定期将检验结果填入"归档电子文件管理登记表"并建立"电子文件载体检测保养卡"(包括序号、时间、检测机型、信息记录格式、检测项目、结论、操作人等)。

2. 信息保护

电子文件的信息保护是保证电子文件元数据未篡改、内容未篡改,保证数据有备份且备份数据可读取,保证与电子文件及其相关文件以及元数据的完整。电子文件的信息保护从以下方面入手。

（1）信息安全规范。信息安全是由安全的软硬件技术和完善的管理规范、安全法律提供保障的,包括技术行为和人员行为的安全规范。安全的软硬件技术是指硬件、软件、数据不因偶然或恶意的原因而遭到破坏、更改、泄露,使计算机系统保持连续正常运行的状态。信息安全保护是属于计算机系统安全的有机组成部分,不能抛开计算机系统而空谈信息安全。因此,电子文件的安全要求对整个计算机系统制定安全规范。

（2）信息加密技术。我国有关规定明确指出,归档的电子文件必须是解密文件,以明码的形式归档。这项规定实现了电子文件的控制权由文件形成部门(或拥有者)向档案保管部门的转移。但是电子文件的保管并不是完全静态的过程,在其保管期限内还将涉及很多利用需求,很多情况下部门要通过网络传输,对于有密级限制的电子文件,为防止泄密,就应当使用加密技术,防止被他人截获或被篡改。加密是实现信息保密的重要手段,其方法分为对称加密和非对称加密。在实际通信中通常采用公钥加密体制,发送者使用公开的加密密钥对文件加密,收方使用严格保密的解密密钥对收文解密。

（3）信息认证技术。在电子文件的保管和利用中,需要对电子文件的利用者进行身份验证;对接收保管的电子文件,需要验证有关的数字签名,以确定其文件制作者和法律价值,同时还要验证接收文件内容的完整性、真实性等。信息的认证是保证信息安全的重要方式,认证的目的在于:一是验证信息的发送者是真正的,而不是冒充的;二是验证信息的完整性,即验证信息在传送或存储过程中未被篡改、重放或延迟等。认证的实用技术主要有:数字签名技术,是以数字形式存储并能在通信网络中传输的方法,是公钥加密算法的一种用法;身份识别技术,常采用通行字口令方式;消息认证,接收者能够检验收到的消息是否真实的方法。

(4)防止计算机病毒。计算机病毒是一种特殊的具有破坏性的计算机程序,它具有自我复制能力,可通过非授权入侵可执行程序或数据文件。计算机一旦染上病毒,就如同生物体携带的病毒一样,具有传染性,而且它也不是独立存在,是寄生在计算机的可执行程序中的。目前出现的计算机病毒可分为5类:引导型病毒、可执行文件病毒、宏病毒、混合型病毒和Internet语言病毒。这些病毒都具有攻击性、传染性和隐蔽性等特点,经常让人防不胜防。因此,计算机病毒的防止,应首先树立"预防为主,防治结合"的观念,制定严格的规章制度,严格贯彻防毒的原则。同时,灵活运用各种软硬件技术,确定杀毒方案,及时消灭在计算机中发现的病毒。如有必要,对于某些重要的数据要及时进行保护,将数据置于安全的地方。

(5)信息备份。信息备份是信息安全保障一种重要的辅助措施,它能够为受损或崩溃的信息系统提供良好的、有效的恢复手段。随着电子文件的应用日益普遍,面对网络环境的安全威胁和文件容量的急剧增长,对信息备份的要求也越来越高,已经不再是简单的拷贝,而需要综合考察备份设备(磁带机、光盘、硬盘等)、备份技术(拷贝、磁盘镜像、磁盘双工、镜像站点、服务器集群技术、灾难恢复方案等)和制定科学可行的备份制度。

(6)网络安全。网络是电子文件产生和应用的主要环境,因此网络的安全性能是电子文件信息安全的重要保障。来自网络的威胁主要有非授权访问、冒充合法用户、破坏数据完整性、干扰系统正常运行、利用网络传播病毒、线路窃听等。这就要求我们高度重视互联网所带来的安全性问题。迄今为止,实现网络信息安全的技术主要有:防火墙技术、漏洞扫描技术、入侵检测技术。

(7)迁移技术。电子文件存储载体寿命一般都超过了读写它的计算机软硬件技术生命周期。在数字环境中,维护信息的可存取性的主要问题不在于数字媒体,而在于使数字信息如何随技术更新而持续地向下流传。因此在对电子文件实施载体保护和信息安全保护的基础上,还要考虑其可存取性的问题。根据目前国内外的研究成果,主要采用的手段有:仿真、迁移、再生性保护技术。

(8)信息环境管控。配置物理环境安全的责任部门和管理人员,建立有关物理环境安全方面的规章制度,如明确机房安全管理的责任人及管理要求,加强对来访人员的控制,增强门禁控制手段,采取防止电磁泄漏保护等。设备要适当安置,保护存储设施以防止未授权的访问,对设备安排维护时,要适当选择维护人员,等等。

(二)利用

电子文件的利用,是指通过各种科学有效的途径将电子文件信息整合起来,发挥其使用价值为各项工作服务。

电子文件的提供利用工作呈现出如下特征。一是复用性。用户根据需要可以多次在计算机显示屏上显示或打印电子文件,而其原件仍可保存在磁盘或光盘上,不被损失和破坏。这种复用性是由数字信息利用的无损性决定的。二是共享性。电子文件可实现多人同时调阅、异地查看利用，打破了利用人数、利用空间的限制。三是多样性。提供电子文件利用，既可提供原件阅览，又可对信息进行分类、统计、汇总、打印、复制等多种形式来满足利用者的需求。四是智能性。利用电子文件，可通过人机对话调取符合用户需求的文件。这种智能检索方式，大大地提高了信息检准率和检全率。

1. 利用原则

电子文件利用的基本原则是尽可能满足用户对电子文件的利用需求，同时保护国家、机构和个人的正当权益不受侵害。提供电子文件利用时，应当遵守广泛性原则、便利性原则、安全性原则和经济性原则。

(1) 广泛性原则。在各种信息资源中，电子文件以其独具的原生性、真实性而占据重要的地位，无论是对于机构业务活动的开展，还是对于社会团体、个人学习与研究都具有不可替代的价值。利用是发挥电子文件凭证价值和情报价值的直接手段，也是文件、档案工作者付出大量劳动的根本动力，没有利用，电子文件管理工作也就失去了存在的意义。因此，各级各类机构、档案部门抓住信息技术提供的契机，采取各种有效的措施，推动电子文件信息（包括公共文件信息和非公共文件信息）的传播和利用，以适当的方式向单位内外的授权用户提供服务，在合法高效的前提下，促进电子文件信息价值的最大化。

(2) 便利性原则。情报学界有一个著名的莫尔斯(Moors)定律："一个情报系统，如果对用户来说，他取得情报比不取得情报更伤脑筋和麻烦的话，这个系统就不会被利用。"这个规律同样适用于电子文件信息系统。因此，电子文件提供利用关键在于利用服务工作是否真正以用户为中心，是否真正为用户提供便利。

(3) 安全性原则。电子文件利用时应保护电子文件的安全，使其免受非法访问，主要包括两个方面的具体内容：其一，保护电子文件的完整性和真实性；其二，保护机密电子文件信息不受侵害。对具有保密要求的归档电子文件采用联网的方式利用时，应遵守国家或部门有关保密的规定，有稳妥的安全保密措施。文件形成机构一般侧重于采取区别对待用户的措施来保护文件信息安全，而档案部门的安全保护措施侧重于控制内容。

(4) 经济性原则。文件和档案管理人员应树立成本效益观念，电子文件检索系统的开发、纸质文件的电子化、检索设备的购置、管理人员的培训都需要花费一定资源，并不是所有的信息都必须实现网络检索，也不是所有纸质文件都必须实现电子化，应尽量减少不必要的资源消耗，实现最佳的效益。

以上原则相互联系，构成统一的整体，在电子文件利用过程中应全面贯彻这些原则，不可将之分割或独立开来。

2. 利用方式

对于文件管理部门来说，电子文件利用就是要采用各种有效的方式方法，直接提供电子文件及其信息编研材料如检索系统、编研成品等来满足用户的利用需求。提供电子文件利用时,利用者的使用应在权限规定范围之内。提供利用时应当使用拷贝件。

提供电子文件的利用,主要采用以下方式。

(1) 就地阅览。开辟阅览室,供利用者直接查阅利用电子文件。这种利用方式,可以保证用户在工作人员的指导下正确、快速地找到自己所需要的电子文件信息,并有利于保证电子文件的安全性。就地阅览适用于文件及用户较多的、用房条件较好、计算机设备较多的机构,此外,还应配备相应的人员,制定配套的制度规则。

(2) 借出。按照本机构的相关规定,将文件借给用户使用的一种服务方式。在电子环境中,由于电子文件信息的复制极为方便,借出时一般需按照借阅程序对原件进行复制,将复制件借给用户使用,适用于已公开开放的电子文件的利用。这种做法既可以保证用户利用到与原件相同的文件材料,又能在一定程度上保证电子文件的安全。但对于机密性电子文件而言,未经批准,任何单位或人员不允许擅自复制电子文件。

归档电子文件的封存载体不应外借。

(3) 咨询。以电子信息为依据,以口头或书面形式,为用户解答有关电子文件及其管理状况的一种服务方式。用户的问题可能包括文件组织与检索的常识,关于某一特定课题的文件状况及其内容等许多方面。按照用户的要求,咨询结果既可以是书面报告的形式,也可以是口头解答的形式。其中,书面形式的咨询结果也可以通过网络传递给用户。咨询服务对服务人员的要求较高,除具备一定的文件档案专业知识以及良好的表达、交流能力外,还要求其熟悉文件形成的背景知识,掌握电子文件开发利用的政策、法律、法规等。

(4) 网站服务。在互联网上建立网站,提供多种信息服务,包括网络检索、网上展览、法律法规标准的公布、专题讨论、文件编研成品出版信息发布等。网站是一个综合性的文件信息服务窗口,便于文件信息资源共享,能充分发挥各类文件信息的作用。网站提供的电子文件必须是完全开放的信息。

(5) 局域网服务。通过局域网(通常是机构内部网)提供电子文件及其加工信息的服务方式。局域网服务和网站服务在技术实现、信息服务种类等方面有很多相同点,两者最大的区别在于文件信息的控制方式。基于互联网的开放性、平等性,网站所提供的电子文件都是开放信息,用户可以自由拷贝、下载、编辑,网站无法控制其操作,因此只能控制提供文件信息的范围,对于未满开放期限的或暂时不宜公开的文件信息应不予上网。而由于局域网所提供的文件信息主要是机构的内部信息,其中很多信息内容是不开放的,因此除了需要控制上网文件信息的范围外,还需要对各类上网信息用户的使用权限做出详细的规定,并在系统中予以实现。

此外,电子文件提供利用的方式还包括公开出版、媒体报道、目录交流等文件形成部门和档案部门应当综合运用多种服务方式方法,最大限度实现电子文件的利用价值。

第三节　公务电子邮件管理

电子邮件，是由电子计算机生成、处理，并通过电子邮件系统经由计算机网络发送和接收的电子信息。它包括信息文本本身及其附件。从本质上来说，电子邮件仍是一种邮件，但与传统邮件相比，电子邮件的优点是显而易见的——既减少了人力物力的消耗，节省了社会资源，又节约了时间，极大地提高了工作效率。电子邮件的传递几乎可以忽略空间距离，达到收发的同步性。电子邮件可在机构内部进行传递，也可在机构之间或政府部门与公众之间进行传递。电子邮件可分为公务电子邮件、私人电子邮件。

公务电子邮件，是指国家机关、企事业单位、人民团体和其他社会组织在公务活动中产生的经由电子邮件系统传输的电子邮件。公务电子邮件是形成和应用于各种公务活动中，是在电子邮件系统中产生、传送、接收、阅读和处置，是办理公务和交流信息过程的真实记录，具备了电子文件的一切特征，是电子文件的一种类型，应当纳入电子文件管理的范畴。

私人电子邮件，是指在私人活动中形成或收到的电子邮件。本节内容不涉及私人电子文件的管理问题。

一、主要特点

公务电子邮件的最显著特点是具有"公文"属性，故又被称为文件型的电子邮件。其"公文"属性具体表现在两个方面。

一方面，公务电子邮件如实记录了公务活动的过程。各类党政机关、企事业单位以及其他社会组织借助电子邮件技术平台实施领导、履行职能、处理公务，是传达贯彻党和国家的方针政策，公布法规和规章，指导、布置和商洽工作，请示和答复问题，报告、通报和交流情况等的重要方式之一。因此，不应只将公务电子邮件看成技术数据的集合，而应看成是实现各种管理职能和开展业务活动过程中信息交流的结果和记录，具有原始记录性和凭证性。

另一方面，公务电子邮件的记录会对相关组织履行职责产生直接影响。一旦公务电子邮件的内容信息被非法增加、删除、更改、使用等，这将直接影响有关组织的管理业绩和效果，因而公务电子邮件及其信息内容是相关组织或单位的一种重要财产和价值源泉，须保证其完整与安全。

与其他类型的电子文件一样，公务电子邮件的管理同样需要技术人员、文件管理人员、档案工作者、审核人员及其他涉及公务电子邮件生成过程的相关人员相互沟通，达成共识，多管齐下，强化管理，以满足文件生成和管理活动程序的功能需求。管理活动中相关人员要了解电子邮件的相关知识，如电子邮件技术是如何有效地产生、传送、接收、阅读和处置公务活动的，以便正确使用和规范管理公务电子邮件。

根据公务活动的不同性质，公务电子邮件可划分为政务邮件、商务邮件等；根据公务活动内容的不同,可将其划分为业务性邮件和事物性邮件两种;根据邮件信息编码形式不同,可将其划分为文本邮件、图形邮件、图像邮件、声音邮件、影像邮件、多媒体邮件等。

二、撰写与传递

公务电子邮件通常包括邮件正文信息、附件文件信息、收发人员、日期以及其他背景信息。公务电子邮件制发时间快,成本低,但并不意味着可以随意制发。

（一）邮件的撰写

公务电子邮件制发必须确有必要,使每一封发出的邮件都与一个特定的公务需求相关联,并能够完整、准确、精练地表达信息内容。只有这样,才能真正发挥电子邮件方便、及时、经济、高效的特点。一般情况下,是否确有必要制发公务电子邮件应从两个方面考察。一是基于发件人自身工作的内在需求。应围绕发件人的"公务需求",切实反映出本单位职能活动的客观需要。二是要考虑收件人的工作需求。邮件内容必须是对收件人有针对性、有意义的信息,如果将一些反复转发的、琐碎的、感谢性的、信息内容不完整的或上网很容易搜索到内容的邮件发送给收件人,将迫使收件人花大量时间处置对自身无价值的邮件,影响其工作效率。

撰写公务电子邮件时,会涉及电子邮件信息布局的软件指令及其连接的附件,以及与电子邮件信息内在联系有关的在信息交换中的所有信息。通常,一份电子邮件的写作结构包括以下主要内容。

1. 收件人

这是邮件的发送范围,包括主送对象、抄送对象。

一般情况下,公务电子邮件主送给办理邮件内容的对象,主送对象要明确,便于办文办事。严格控制抄送范围,只抄送给真正需要了解知悉这份邮件信息内容的机关,尽量少用"抄送"或者"群发",避免滥抄、滥送。此外,应"回复"真正的发件人,避免一厢情愿地使用"回复所有人",会加大一些收件人处理不必要邮件的成本。

在建立公务电子邮件的邮箱地址簿时,可考虑将发件人的组织名称或姓名包括在内,以便接受处理邮件时能够迅速辨识邮件的来源,及时区分有效邮件与垃圾邮件。

2. 邮件标题

标题撰写应符合邮件主题或公务性质,以保证邮件处理的时效性以及转存、归档、检索、利用的质量。

邮件标题最好多用陈述性标题,直接标明邮件主题,如"××公司寄发××订货确认函"这一邮件标题,直截了当说明邮件来源与主题,邮件内容一目了然;再如"通知"这一标题,其主题就含糊不清,如果将这一标题改为"××公司关于召开××项目论证会的通知",邮件要旨就一清二楚了,这将有助于受文单位高效处理邮件。

3. 邮件正文

交代发件人的主要意图和主题思想,包括开头、主体、结尾。

(1) 开头。通常使用礼貌的问候语言。问候语不宜过长过多,要亲切、活泼、自然,避免虚情假意的套话、空话、大话。在语句选用上,恰当赞扬、真心致谢、热烈祝贺、深切慰问等使用肯定句,表达悲观或诚恳道歉等情况则多选用非人称句,多使用情态动词、过去时、虚拟语气、被动语态,避免表示惊讶、怀疑、嘲笑、指责、批评的语气。必要时,也可将问候语放到正文结尾处。

(2) 主体。记录与传达的主要信息。一般应概括邮件制发的背景、特定要求、目的以及关键内容。

对于邮件正文比较简短的,应将事由提炼出来,直截了当地清晰说明主要信息,避免造成邮件信息不全、内容含糊的情况,特别是回复性邮件要避免出现过于简略,如仅回复"可行""好的""同意"等情况,如一封回复负责人查询合同办理情况的邮件写道:"合同书已寄出。"这看上去行文简洁,实际上内容不明,是什么内容的合同、什么时间寄出、寄给了谁等信息依然不清,如果改为"××项目合同书已于6月8日提交××公司××经理,对方正在研讨,6月12日将回复我公司",这样收件人就能从中全面了解到合同办理的进展情况。

对于邮件正文篇幅比较长的,应按照一定逻辑顺序行文。为突出重点,可分条列项或分段陈述,在项目或段落前加上一个小标题(段旨句)、数字序号,以便正文内容结构明确,层次清楚。如正文涉及一些独立成篇的统计报表、计划方案、报告等文件材料,应以附件方式表达,以便精简正文。附件的内容,应在正文中予以简短说明和提示;附件的标题,应直截了当地揭示其内容与成分,简明精练。

公务电子邮件的正文语言的表达,应务求准确、明晰、简洁、郑重、平实,避免行文拖泥带水、态度模棱两可、用词矫揉造作,行文夸张幽默。此外,回复邮件时,必要时应用"回复"功能将对方来信一并附上,以便对方撰写与处理邮件时了解前情。

(3) 结尾。表达更多的问候与感谢、工作计划与展望,以及发件人署名。问候与感谢放在结尾,不至于喧宾夺主地模糊主题,便于突出主体内容;说明下一步计划,便于收件人把当前的信息与未来可能发生的情况联系起来处理。上述内容可根据上下文的实际需要自行取舍。

署名,交代发件人的基本信息。署名时可以使用邮件程序中的自动签名功能,将发件人的签名、公司名称、电话、电子邮箱、传真号码或者其他联络方式自动添加到邮件的结尾处,以便收件人与发件人相互之间进行联络。

公务电子邮件结构,除了上述内容外,还包括电子邮件系统自动生成的各种背景信息,如上下文的关系、电子邮件收发时间、地址等信息,这些信息也是公务电子邮件文件价值的重要认证依据,应当引起足够的重视。

(二) 邮件的传递

保证公务电子邮件的时效性和安全性,关键就是要保证邮件传递的安全。因而应做好两个方面的管理:一是过程管理,加强业务活动过程和电子邮件传递过程的控制和加密;二是入口管理,控制电子邮件的进口,对电子邮件进行技术过滤和内容区分,不让垃圾邮件、邮件病毒混入有用电子邮件中。为此,邮件的传递要符合下列要求。

第一,应在公务电子邮件系统的公务信箱中发送和接收公务电子邮件。邮件一经发出,必须原样保存。应避免公务邮箱用于私人活动。使用机构内设置的公共邮箱或共享邮箱传递公文,须明确使用的目的或理由、使用者的范围、使用方法和要求以及相关责任人。公务电子邮件应当与私人电子邮件分开传递,偶遇"半公半私"的电子邮件,如在私人邮件中夹带公事,领导人就自身的工作日程安排等事宜发出的私人邮件等,应分开予以恰当处理。

第二,涉密公务电子邮件应使用专网和专门的邮件服务系统进行发送和接收,并对发送的邮件进行加密处理,同时应对网络环境、服务器、工作站进行安全性验证。系统管理员或者使用人员应设定公务电子邮件账户的使用密码,密码应妥善保护,并定期更改。

第三,在发送公务电子邮件时应使用真实身份,并根据电子邮件的密级和发送范围,确定是否应进行加密和电子签名。不得在公务电子邮件及其附件中使用扫描签字等易被修改、伪造的签字方式。

第四,各单位系统管理人员或有关人员应保存经由公务电子邮件系统传送的所有电子邮件收发记录,作为指导、监督归档的依据。公务电子邮件收发记录应当归档,只有授权人员方可查询。

第五,各单位系统管理人员应为使用公务电子邮件系统的工作人员提供能够自动识别病毒特征的软件系统,并确保工作人员在使用文件或查找信息时,其工作站的杀毒软件和防火墙软件的自动保护功能都能启动。病毒特征库应当定期更新。而使用公务电子邮件系统的工作人员,不得开启可疑电子邮件,如发现病毒,应立即通知系统管理人员。公务电子邮件收发日志应备份,脱机保存,定期移交档案部门。

三、整理与归档

公务电子邮件应实行全过程管理与监控,保证管理工作的连续性。应明确规定公务电子邮件归档的时间、范围、技术环境、相关软件、版本、数据类型、格式、被操作数据、检测数据等要求,保证归档公务电子邮件的质量。

归档公务电子邮件同时存在相应的纸质或其他载体形式的文件时,应在内容、相关说明及描述上保持一致。公务电子邮件管理各环节应纳入各单位公文处理程序和相关人员的岗位责任。

(一)邮件的鉴定

公务电子邮件的鉴定是判定电子邮件的公文性质、保存价值等的活动。

归档责任归属于发件者或收件者。通常,对外发送的邮件,由发送者进行鉴定归档;接收到的外部邮件,由接收者进行鉴定归档。内部电子邮件应由邮件的发送者或发起者进行鉴定归档。公共邮箱文件夹或共享邮箱的邮件由文件夹或邮箱的责任人进行鉴定归档。个人的公务邮箱内邮件的鉴定,由邮箱拥有者负责。

鉴定的内容,应根据电子邮件的内容确定其是否具有公文性质,是否具有保存价值。对于涉及公务但以个人名义收发的电子邮件应视为公务电子邮件。公务电子邮件保管期限和密级的划分工作，参照国家有关纸质文件材料的保管期限和密级的有关规定执行。各单位文件形成部门或档案部门必须对需要归档的公务电子邮件进行真实性、完整性、有效性鉴定。

真实性鉴定，是认定邮件是否当时、当人收发的，检查公务电子邮件的内容、结构和背景信息经过传输、迁移等处理后是否与收发时的原始状况一致。

完整性鉴定，是利用有效的技术手段，检查公务电子邮件的内容信息、背景信息、结构信息等要素是否完备。

有效性鉴定，是检测公务电子邮件是否具备可理解性和可用性，包括载体的完好性、信息的可识别性、存储系统的可靠性、载体的兼容性等。

（二）邮件的整理

归档公务电子邮件的整理，应按《归档文件整理规则》的要求进行。归档公务电子邮件以件为单位整理。同一单位形成的公务电子邮件可按类别、保管期限、机构（问题）等进行分类整理，公务电子邮件编号规则应与电子文件编号规则保持一致，有对应其他版本的，应通过档号来建立两者之间的联系。

将已整理好的公务电子邮件按顺序存入公务电子邮件存储规范化载体（如一次性写入磁带 WORM、一次性写入光盘 CD-R、一次性写入光盘 DVD-R 等），不同保管期限的公务电子邮件应分别存储在不同的载体上，务必保证电子邮件的真实性与完整性。

公务电子邮件的著录参照国家有关规定进行。存储公务电子邮件的载体著录内容包括：说明文件，对存储载体内文件及软硬件环境进行描述；类目表文件，说明载体内文件分类信息；著录文件，存放有关文件的目录信息；公务电子邮件夹，存放已归档的各种公务电子邮件。存储公务电子邮件的载体或包装盒上应贴有标签，标明以下信息：载体编号、立档单位名称、类别（或主题）、邮件起止日期、转存日期、密级、文本（正本或备份）、操作环境（硬件或软件）、存储介质的生产日期、保管期限等。

（三）邮件的归档

凡是反映本单位工作活动且具有查考利用价值的公务电子邮件均属归档范围。载有相同信息的纸质文件属于归档范围的，则该份电子邮件也应归档。

公务电子邮件归档时，应包括以下部分：邮件发送人、接收人的具体情况（包括姓名、职务、所属部门和公务电子邮箱）、发送、接收邮件的时间，邮件密级，邮件的题名，邮件正文和附件，邮件收发日志，发送、接收邮件的软件名和版本号，等等。

1. 归档要求

（1）办理完毕且具有保存价值的公务电子邮件应及时从原有邮箱中迁移出来，进行逻辑归档，保存到专门的电子文件管理系统中。

（2）需归档的电子邮件不可长期保存在公共邮箱内。发送或接收具有保存价值的公务电子邮件后，应立即将电子邮件打印成纸质文件，将打印输出存档到纸质文件管理系统中。

(3) 采用物理归档的公务电子邮件,应采用或转换为公务电子邮件存储的标准格式(有关文本、音频、视频等通用标准格式),如无法完整、准确地转换,应将相关的应用程序一并归档。

(4) 一般情况下电子邮件及其附件应作为整体进行归档;经加密的公务电子邮件应解密后明文归档。

2. 交接手续

各单位公务电子邮件的形成部门或人员,应按时向档案保管部门移交已归档的公务电子邮件,移交时应履行规定的程序,并做好移交登记,完全合格后方可移交。登记表一式两份,移交单位和档案管理部门各保存一份。

移交单位和档案保管部门应对归档的载体及其技术环境进行检验,检验结果分别由移交单位、接收单位填入"公务电子邮件移交检验登记表"。登记表一式两份,移交单位和档案管理部门各保存一份。

归档公务电子邮件移交可以采用逻辑方式或物理方式。涉密的公务电子邮件采用物理方式移交。无论采用逻辑方式还是物理方式移交,对于需永久或长期保存的公务电子邮件,均应当将电子形式转换成纸质形式或者缩微形式一并保存后移交。

公务电子邮件的保管、利用等工作,请参见本章第二节的相关内容。

第四节 CAD 电子文件管理

CAD(Computer Aided Design),即计算机辅助设计。CAD 是计算机技术在设计领域中的一项重要应用和关键技术。它发明于 1963 年,是指利用计算机软、硬件系统辅助人们对产品或工程的设计、修改及显示输出的一种方法,是专业理论与技术、计算机技术、美学等多学科综合性的应用技术。

CAD 电子文件,是采用计算机辅助设计技术编制的,用以规定产品或工程设计的组成、型式、结构尺寸、原理、技术性能以及在制造、施工、安装、调试、验收使用、维修、储存和运输时所需信息的有关技术文件。它也是生产和使用产品以及工程施工的基本依据。

CAD 电子文件按照不同分类原则,可分类如下:按照记录信息的媒介分为 CAD 电子文件和 CAD 纸质文件;按照信息表达形式分为 CAD 图样文件、CAD 简图文件和 CAD 表格文件;按照文件形成过程分为 CAD 初始文件、CAD 基准文件、CAD 临时文件和 CAD 工作文件。

CAD 技术的快速普及应用,提高了产品或工程等的设计能力和效率,同时也使 CAD 电子文件的管理显得越来越迫切和重要。

一、主要特点

与传统的设计工作相比较,CAD 具有速度快、质量高、易于修改、交互设计等特点,由此产生的 CAD 电子文件也具有不同于一般电子文件的个性特点,主要表现在以下方面。

1. 专业性

CAD电子文件的专业性特点,表现在形成领域和内容性质两个方面。一方面,CAD应用于各种不同的领域,如航空、机械、汽车制造、化工等领域。众多部门专业活动中形成的CAD电子文件在内容性质、存储格式上具有明显的差别,非专业人士往往很难认识和管理。另一方面,系统配置、设计人员的习惯等的差异,也增强了CAD电子文件的个性化特征,为其管理增加了难度。为此,需要从专业情况出发制定相关的标准和规章,对CAD电子文件管理提供指导。

2. 成套性

CAD电子文件具有科技文件的成套性特点,这是由其来源决定的。一个独立的设计项目形成的所有文件,构成了反映该项设计活动的文件整体。CAD电子文件管理的任务,不仅仅在于保护一份份零散的技术含量高的设计文件,也应维护同一套文件之间的有机联系,使得文件不但能反映设计的结果,而且能反映整个设计活动的过程,全面保证文件的凭证和信息价值。

3. 多样性

CAD电子文件形成领域广泛,从而使其种类呈现多元化。从载体看,包括光盘、磁带、磁盘、胶版等;从文件形成方式和记录形成看,包括图像文件、图形文件、文本文件、数据库文件、程序文件等;从数据类型看,除了数值型、字符型等常规数据类型外,还包括工程设计中的直线、圆、多边形、三维立体等复杂对象。这种多样性特点,对外部设备提出了较高的要求,如存储容量要大,显示器和打印设备分辨率要高,文件互换使用要求存储格式标准化等,以方便利用和交流。

4. 继承性

CAD电子文件的继承性是由设计活动的继承性特点决定的。一项工程设计往往需要吸取、借鉴前人和他人的大量成果,尤其随着设计工作标准化程度的提高,设计人员会大量采用标准设计库、通用件库、借用件库、工程图库、工程数据库来提高设计的继承性和标准化程度。因此,CAD成套文件之间的重复现象较普遍,这些重复使用的图样在计算机中完全能够实现一次物理存储,多次逻辑调用,当然这也会给文件保护的完整性带来困难。

5. 技术性

CAD电子文件主要产生于科研、生产、工程等活动,其中蕴涵着大量的科技数据,是国家重要的科学技术资源。这一特点,决定了CAD电子文件的管理方法不同于一般电子文件,如鉴定时技术标准是判断CAD电子文件价值大小的最主要的业务标准,而其安全保护更侧重于保护技术秘密,保护企业的知识产权。

二、形成与收集

CAD电子文件是现行生成活动的依据,是技术交流的手段,是未来设计、生产活动的参考,是重要的技术文件。对CAD电子文件的管理,要遵循前端控制和全程管理的原则,其形成阶段就是其管理工作的起点,并贯穿于 CAD 电子文件整个运转过程。

(一) 形成阶段的控制

CAD 电子文件,包括 CAD 软件和应用该软件生成的文件,具体包括图像文件、图形文件、数据文件、文本文件和计算机程序等。一个产品或一个工程项目的 CAD 电子文件形成的基本过程,一般包括可行性研究、初步设计、技术设计、工作图设计以及对各阶段设计的反复修改完善等阶段。CAD 软件开发中生成电子文件的基本过程包括可行性与计划研究、需求分析、设计、实现、测试、运行与维护等阶段。上述各阶段都会形成各种 CAD 电子文件。

对于自行开发 CAD 系统的单位而言,其 CAD 电子文件的形成过程,也包括软件设计过程和产品设计过程;而对于采用通用设计软件的单位来讲,CAD 电子文件的形成过程实际上就是产品设计过程。

专用的 CAD 软件的开发设计,其步骤与一般的软件设计相似,按照《计算机软件产品开发文件编制指南》的有关规定,CAD 软件的开发,一般包括可行性研究、需求分析、系统设计、系统实现、系统测试、系统运行及维护等若干阶段,每个阶段都有特定的文件材料形成,包括程序文件(包括源程序和执行程序,俗称程序),以及描述设计过程、方法和结果的书面材料。在收集的时候,一定要兼顾这两方面材料的收集,不能重视一方,而忽视另一方。

形成阶段 CAD 电子文件管理时,应紧紧围绕 CAD 电子文件的形成目的和作用,从以下几个方面进行管控。

1. 前端控制

形成部门和文件管理部门应当明确职责和分工,共同做好文件管理工作。CAD 电子文件一般由文件形成单位负责收集和积累,从申请立项开始就指定专人负责。文件档案管理部门应提前介入文件设计、形成阶段的管理工作,对其予以专业指导和监督。

2. 数量和质量控制

应充分考虑产品或项目的复杂程度、继承性、生产规模以及生产组织方式等情况,在满足组织生产和使用产品要求的前提下,力求实用和少而精;CAD 电子文件的基本格式、编号原则、编制规则、基本程序、更改规则、签署规则等应按照有关标准的相关规定执行;采用 CAD 和常规设计联合编制同一套图和有关设计文件时,要符合 CAD 电子文件管理的完整性要求,其编制方法和使用的符号、代号等应当一致。

3. 版权保护

计算机辅助设计过程中形成的 CAD 电子文件的版权应归开发单位,或由有关协议、合同等规定的版权单位所有,其他任何单位或个人不得私自拷贝、篡改、销毁等,应按有关规程和要求进行操作,防止计算机病毒的传播、文件丢失、损坏等现象的发生。

目前,一些单位的 CAD 电子文件实行两套制(同一文件的纸质文件及其电子文件并存),此时,应当尊重成套性原则,同一项目中产生文件的纸质版与电子版应保持密切联系,便于查找利用。

(二) 运行过程的收集

CAD 电子文件的收集积累工作,贯穿于文件形成到归档前的整个阶段。由文件形成部门指定专人负责,文件或档案部门负责监督与指导。为了全面保护 CAD 文件的完整性、真实性、安全性和系统性,应当采取严格的积累措施,具体措施包括如下几种。

1. 随时存储

CAD 电子文件的存储方式有三种:在线存储(即联机存储,On-Line Storage)、近线存储(Near-Line Storage)和离线存储(即脱机存储,Off-Line Storage)。

一个产品(工程)项目没有结束之前,原则上必须采用在线存储的方式,只有在确系工作需要的情况下,才可采用离线存储的方式,即制作脱机备份(如拷贝成光盘)。大型设计项目若分成若干工作阶段,一个阶段告一个段落之后,为安全和节约联机存储设备容量起见,已生成的电子文件也可采取近线存储或离线存储的方式。

在文件形成运行过程中,不论采用哪一种存储方式,都必须为 CAD 电子文件进行备份,预防为主,防止发生意外时重要的数据丢失。备份的时间和份数,可视具体情况而定,建议 4 小时或 8 小时备份一次,至少备份一份(套);备份应与正在设计中的文件分开,不应放在同一个系统中;最好以硬磁盘、磁带、光盘等的形式单独备份。对于已实现内部联网的单位,应指定专门的网络管理员负责 CAD 电子文件的备份工作。

2. 及时登记

每一份 CAD 系统生成的文件都必须配备一张签署单,很多文件在形成后还需根据更改通知单进行更改,因此,文件及其有关的更改通知单、签署单之间,具有密切的、有机的联系,完整地反映了文件形成、更改、签署的运转过程,应始终将其作为一个整体,进行登记管理。

收集积累过程中,对形成的文件及时填写"CAD 电子文件积累登记表"(包括题名、电子文件名、光盘或磁盘号、版本号、形成日期等)。除了对不同版本的所有 CAD 电子文件进行登记外,对文件更改情况也应进行登记,规范填写"CAD 电子文件更改记录"(包括更改日期、更改文件名、更改单号、更改者等)。登记表可以手工填写,也可制成表格在计算机中填写,这些登记表是记录 CAD 电子文件形成过程的参考与凭证。

3. 运行监管

收集积累过程中还应注意以下问题:制定签署审批制度和更改规则,负责文件积累的相关人员要了解本单位内设计工作的流程、CAD 电子文件的种类、设计人员的习惯,对一切变更记录在案;文件形成、定型、竣工过程中,在更改单已标明了更改前与更改后的状态,这表明更改后的电子文件不应覆盖原电子文件;对积累过程中形成的独立的、另外放置的备份,进行妥善保存,以防出现意外差错;协调好以使用为目的的对电子文件的管理和以积累归档为目的的电子文件的管理,等等。

三、整理与归档

为了实现 CAD 电子文件的安全、完整、便于利用的原则,CAD 电子文件的形成部门、主管部门和档案部门都应高度重视 CAD 电子文件的整理与归档工作,并要求对 CAD 电子文件的形成、积累、整理、归档实施全过程管理,以保证归档的 CAD 电子文件的原始性、完整性、准确性和系统性。

(一)整理

需归档保存的 CAD 电子文件,由文件形成部门负责整理、编辑,并按要求写入光盘,档案管理部门予以协助与指导。产品研制或工程设计过程中形成的电子文件应以产品型号、研究课题或建设项目为单元,按电子文件类别分别保管。

1. 整理工作的方法

(1) 系统中文件的逻辑整理。首先,在 CAD 电子文件形成系统(即 CAD 系统)中,建立"逻辑目录树"式的分类结构,显示在计算机界面上,保持文件之间的历史联系。其次,在 CAD 电子文件管理系统中,将一个单位的所有归档文件分门别类,使之有序化,形成逻辑系统。这两部分的整理工作都需要文件档案部门不同程度的参与。

(2) 文件载体的实体整理。主要是对归档磁带、光盘等载体的整理。这部分工作由文件形成部门或档案部门来承担,一般是按归档的先后进行登记、编号,然后按归档先后顺序进行排列。当归档的载体比较多时,也可先按项目性质进行分类,再流水排列。在双套制情况下,由电子文件转换而成的纸质文件应及时归入相应门类的纸质档案中,登记时须注明所在光盘的编号及目录名。

2. 整理工作的要求

(1) 保持文件之间的历史联系。CAD 电子文件通常是在某一个产品或工程项目中形成的,因此,其历史联系主要体现为成套性。各个机构视其业务活动的性质,进行 CAD 电子文件的分类整理。同一产品型号、研究课题或建设项目的文件,不应分散;每一份文件都有自己的独立编号(具有唯一性),但是都离不开隶属编号(按产品、项目、课题内部结构的系列隶属关系进行的编号)和分类编号(按对象、功能、形状等的相似性进行的分类编号)。当 CAD 电子文件脱机保存时,同一产品型号、研究课题或建设项目的文件,必须集中存放在一个或多个光盘中。一个光盘中不应同时存放两种产品、两个项目或两个课题的 CAD 电子文件。归档的 CAD 电子文件写在一次写入型光盘上的,应附有标签,标签内应填写编号、套别、项目名称、密级、保管期限和软硬件平台等。

(2) 以文件类型作为整理的重要依据。文件类型反映了文件在软件平台、作用等方面的区别,是一个自然存在的 CAD 电子文件分类标准。同一产品型号、研究课题或建设项目之中形成的成套性 CAD 电子文件中,可按文本文件、数据文件、程序文件、图形文件、图像文件等文件类型进行整理,再按隶属编号和分类编号等进行排序。各种类型的 CAD 电子文件的存储格式应符合相应的国际标准和国家标准。光盘内的 CAD 电子文件的类别可以用代码表示:图像文件用 I(Image)、图形文件用 G(Graph)、数据文件用 D(Data)、文本文件用 T(Text)和计算机程序用 P(programmed)表示。在一张光盘上有几类文件就标几种代码,指引查找。

(3) 编写"文件目录系统说明"。不管具体采用何种方法整理 CAD 电子文件,都需要编写一份"文件目录系统说明",介绍文件分类结构和类目名称,按目录结构层次将每一个目录在计算机中的名称与实际名称对应起来,使人一目了然,也便于与纸质文件分类方案相对照。因此,需要将CAD电子文件目录系统的组织与文件的分类编号命名方案联系起来。

（二）鉴定

鉴定,是指CAD电子文件归档前鉴定,是对其保存价值的判断,鉴定结果是划定文件的保管期限。

CAD文件要成为归档保存的CAD电子文件有两个标志:一是CAD电子文件归档时,要做归档整理工作,有关联的电子文件按其产生、形成的规律衔接贯穿起来,如分类、隶属、组成保管单元,是从计算机的屏幕上能看出文件之间所具有的"有机联系"的特征来;二是通过对电子文件的鉴定来确定其价值和保管期限。电子文件的价值是通过对其内容的分析,如技术水平、产品的属性、专利的获得、成果情况等来确定的。保管期限是按其利用价值来确定的。

CAD电子文件包括CAD软件和CAD系统中生成的图纸和设计文件,一般情况下,机构自己开发的CAD软件,既是管理和利用设计CAD电子文件的平台,又是本单位的科研成果,应永久保存。通用的CAD软件的价值,并非来自于其自身的内容,而是决定于它所支持和形成的CAD电子文件,如果原文件不再需要它的支持,它便失去了继续保存的需要。

CAD电子文件的鉴定与其他的电子文件的鉴定一样,包括内容鉴定、技术鉴定两方面。其中,技术鉴定是对可读性、无病毒性、载体状况、运行技术环境及设备条件等的鉴定。内容鉴定主要是判断其内容的原始性、准确性、完整性和系统性以及文件信息对当前科技生产活动和今后历史研究活动的作用。鉴定并确定CAD电子文件的保管价值时,应从生产活动的依据、设计活动的条件、历史研究的素材、知识产权纠纷的凭证等角度进行深入考虑和评估。

鉴定是立足于现实为未来选择历史记录的工作,因此在判断CAD电子文件价值大小时,应坚持全面、科学的原则,采取科学的方法。

（三）归档

1. 归档范围

应将CAD电子文件反映设计活动的过程与结果、具有查考利用价值的电子文件,列入归档范围。按照完整性原则,不仅要收集重要的CAD电子文件,同时还要收集形成CAD电子文件的CAD软件、嵌于产品内部的程序文件、配套的纸质文件、文件管理过程中各种登记表等。配套纸质文件是指在CAD过程中形成的仅以纸质形式表达的文件,如软件开发任务书、需求分析说明等。归档的CAD软件,一般指为某一目的而开发的应用软件。

2. 归档时间

课题、产品、项目完成阶段和完成时间是不一致的。一般说来,研制产品要经过实验、鉴定、定型等阶段;项目要经过评审、竣工验收等阶段;课题要经过研究、验收、评审鉴定等阶段。因此,应视各种情况列出最后的归档时间。对于完成周期不长的,可在项目结束后归档;对于完成周期比较长的,则可在各个工作阶段结束后即整理归档,或者按子项结束时间归档。对于外购设备的随机 CAD 电子文件,则应在开箱验收后立即归档。而对 CAD 的设计单位来说,则一般采用随设计随归档的方式。

3. 归档方式

CAD 电子文件一般有两种归档方式:逻辑归档和物理归档。可用做 CAD 电子文件归档的存储载体主要有磁带和光盘两种。针对光盘归档工作,国家制定了标准,详细规定了光盘的编号、标签、信息组织形式。归档文件至少一式两套,一套封存保管,一套供查阅使用,必要时还应复制第三套,异地保存。在有条件进行网络归档的单位,还应将文件直接传送到档案部门的服务器上,保存在业经整理建立起来的目录树下,同时该文件的有关属性数据进入 CAD 电子文件数据库。为安全考虑,在线逻辑归档的,仍需要脱机保存在载体上,进行备份管理。

4. 归档手续

将整理后的 CAD 电子文件和配套的纸质文件、软件说明、归档说明、"CAD 电子文件登记表"(包括文件题名、电子文件名、密级、保管期限等)以及需做"使用权限保护"的电子文件进行归档,还应填写"电子文件使用权限保护登记表"(包括保护原因、要求、领导意见等)。加密的计算机程序,应与密钥一起归档,归档的 CAD 电子文件应为本阶段产品技术状态的最终版本,并归档两套 CAD 电子文件;对使用权限保护的电子文件,应另保存在一张光盘上,加密钥并作"写保护"处理。一切工作准备完后,向档案部门移交。

移交单位和接受单位双方负责人签字、盖章,移交单一式二份,一份由归档单位保存,一份由档案部门备查保存。

有关 CAD 电子文件的保管、利用等工作,请参见本章第二节的相关内容。

第五节　数据库电子文件管理

20 世纪 60 年代以来,计算机用于管理的规模越来越大,应用越来越广泛,数据量急剧增长。同时,多种应用、多种语言互相覆盖地共享数据集合的要求越来越强烈,数据库技术便应运而生,出现了统一管理数据的专门软件系统——数据库管理系统(Database Management System,以下简称 DBMS)。DBMS 是对数据进行存储、处理和维护的软件系统,用于建立、使用和维护数据库。作为机构数据管理的主要平台之一,DBMS 支持一些在前台工作的应用系统,其中包括业务处理系统。在这些业务处理系统中有一些数据库数据对象会单独承担文件的职责,或者作为文件的重要组成部分出现。因此,我们把在机构各个业务处理系统中,承担文件功能的数据库数据对象,或者包括机构数据库数据的文件,称为"数据库电子文件"。

一、主要特点

　　数据库电子文件是电子文件的一种,其特殊之处在于,充当这类电子文件数据平台的数据库管理系统的特点,会赋予其某些特性,如构成数据库电子文件内容的大多是结构化的数据,比一般数据易于组织和检索。

　　数据库管理系统是一个复杂的系统。在实际工作中用到的数据库产品很多,支持不同的数据模型,使用不同的数据库语言,建立在不同的操作系统之上,数据的存储结构也各不相同,但是绝大多数数据库管理系统通常都采用三级模式结构。所谓模式(schema),是数据库中全体数据的逻辑结构和特征的描述,它只涉及类型描述,而不涉及具体的值。模式是相对稳定的,反映的是数据的结构及其联系。三级模式的结构包括以下几种。

　　外模式:又称子模式或用户模式,是数据库用户(包括程序员和最终用户)能够看见和使用的局部数据的逻辑结构和特征的描述,是数据库用户的数据视图,是与某一特定应用有关的数据的逻辑表示。一个数据库中可以有多个外模式。外模式是保证数据库安全性的一个有力措施,每个用户只能看见和访问到相应的外模式的数据,而看不见数据库中的其余数据。DBMS 借助于数据库模式定义语言 DDL(Data Definition Language,用于描述数据库中要存储的现实世界实体的语言)中的外模式 DDL 来严格地定义外模式。它可以根据用户的需求进行设计。

　　模式:又称逻辑模式,是数据库中全部数据的逻辑结构和特性的表示或描述,是所有用户的公共数据视图。它是对数据库结构的一种描述,而不是数据库本身。它是数据库系统模式结构的中间层,既不涉及数据的物理存储细节和硬件环境,也与具体的应用程序、所使用的应用程序开发工具以及程序设计语言无关。

　　内模式:又称为存储模式,一个数据库只能有一个内模式。它是数据物理结构和存储方式的描述,是数据在数据库内部的表示方式。DBMS 提供内模式 DDL 来严格地定义内模式。

　　数据库系统的三级模式是对数据的三个抽象级别,它把数据的具体组织工作留给了 DBMS 管理,使用户能够从逻辑层面上处理数据,而不必关心数据在计算机中的具体表示方式和存储方式。为了能够在内部实现这三个抽象层次的联系和转换,DBMS 在这个三级模式之间提供了两级映像。

　　外模式/模式映像:定义了外模式与模式之间的对应关系。模式描述的是数据的全局逻辑结构,外模式描述的是数据的局部逻辑结构。对应于同一个模式可以有任意多个外模式。应用程序是依据数据的外模式而编写的,从而应用程序不必修改,保证了数据与程序的逻辑独立性。

　　模式/内模式映像:定义了数据库全局逻辑结构与物理存储结构之间的对应关系,当数据库的物理存储结构改变时,由数据库管理员对模式/内模式映像做相应的改变,就可以使模式保持不变,从而应用程序也不必改变,就保证了程序与数据的物理独立性。

　　正是上述数据库管理系统的三级模式结构和两级映像,保证了数据库中的数据具有较高的逻辑独立性和物理独立性。各级模式是对数据结构、操作和完整性的定义,它们也成为数据库电子文件的重要组成部分。

与一般的文件管理系统相比,数据库管理系统环境赋予了数据库电子文件如下特点。

1. 数据的结构化

在一般的文件管理系统中,尽管其记录内部已有了某些结构,但记录之间并没有联系。而数据库系统的记录则实现了整体数据的结构化。

2. 数据的共享性高、冗余度低、易于扩充

数据库系统从整体角度看待和描述数据,数据不再面向某个特定的应用程序,而是面向整个系统。因此,数据可以被多个用户、多个应用程序共享使用。数据共享可以大大减少数据冗余,节约存储空间,还能够避免数据之间的不相容性与不一致性。

3. 数据的独立性高

数据独立性包括数据的物理独立性和逻辑独立性。

物理独立性是指用户的应用程序与存储在磁盘上的数据库中的数据是相互独立的。也就是说,数据在磁盘上的数据库中如何存储是由 DBMS 管理的,用户程序不需要了解,应用程序要处理的只是数据的逻辑结构,这样,当数据的物理存储结构改变时,用户的程序不用改变。

逻辑独立性是指用户的应用程序与数据库的逻辑结构是相互独立的,也就是说,即使数据的逻辑结构改变了,用户程序也可以不改变。

4. 数据由 DBMS 统一管控

DBMS 提供数据安全性保护(Security)、完整性检查(Integrity)、并发访问控制(Concurrency)和故障恢复(Recovery)等控制功能,以及系统缓冲区的管理和数据存储的某些自适应调节机制等。

总之,数据库管理系统是十分复杂的系统,其中存在各种各样的数据对象,它们之间有着复杂的彼此定义和依赖关系,数据库电子文件内容还会随着时间而变化,所以在动态的数据库管理系统的平台上,识别、选择和捕获静态的电子文件是一件十分困难的事情。因此,需要在相应的业务处理系统中考虑数据库电子文件的上述特点,提供满足管理需求的各种功能。此项工作应由文件管理人员、应用系统开发人员以及数据库技术专家共同协作。文件管理人员确定在特定的数据库管理系统中到底哪些是电子文件,电子文件由哪些信息构成,应用系统开发人员和数据库技术专家则提供技术支持,才能将这些电子文件保存下来。

二、管理工具

数据库电子文件管理工具,是指数据库管理系统本身提供的各种管理工具。这些工具的设计初衷并不完全是为了满足电子文件的管理需求,因此,如果在电子文件管理中使用这些工具,还应该首先明确电子文件管理的实际需求,然后与那些工具所提供的

信息进行比较,看看哪些是数据库电子文件管理所需要的。真正的数据库电子文件管理工具仍需要面向需求在应用系统中进行开发。

(一) 数据字典

数据字典(Data Dictionary)是一种用户可以访问的记录数据库和应用程序元数据的目录。数据字典可分为两种:主动数据字典是指在对数据库或应用程序结构进行修改时,其内容可以由 DBMS 自动更新的数据字典;被动数据字典是指修改时必须手工更新其内容的数据字典。数据库中有很多数据对象,把描述这些对象以及它们之间联系的信息集中起来并加以管理,就构成了数据字典。

数据字典描述的对象极为广泛,主要包括以下信息:模式、子模式、物理文件信息、用户信息、事务信息、程序信息、终端信息等。其中,每种又可分为若干细化的信息,如模式、子模式信息中包括名字、记录类型的描述、数据项信息、有关的完整性约束、安全性约束以及诸如一个子模式是从哪个模式中按什么方式抽取出来的对象之间的关系信息。

数据字典系统的任务,就是管理有关数据的数据,也就是元数据。其主要功能如下:描述数据系统的所有对象;供 DBMS 快速地查找有关对象信息,DBMS 在处理用户存取请求时,要经常查阅数据字典中的用户表、子模式表、模式表等;描述数据对象之间的各种交叉联系;登记所有对象的完整性与安全性限制;对数据字典本身的维护、保护、查询与输出;供数据库管理员查询,掌握整个系统的运行情况;支持数据库设计与系统分析等。

数据字典比较复杂,是数据库的重要部分,存放有数据库所用的有关信息,对用户来说是一组只读的表。它不仅要用数据模型来描述,而且其自身也有一套语言和管理机构,数据字典系统本身就是一个数据库。其另外一项重要功能是提供电子文件的必要组成部分(结构和背景信息),所以对于重要的电子文件管理来说,需要由对应的事物处理系统将数据库中的数据和数据字典中的元数据(当然文件的组成成分不仅仅是数据字典中的元数据)保存在一起,这样才有可能构成真正意义上的电子文件。

(二) 日志管理

数据库管理系统中的日志,是针对数据库及其管理中的操作而产生的,它能够提供记录针对文件的操作信息,保证用户在处理或查看某份电子文件的时候,能够看到并能维护这些信息,如每一次为文件实施的追加、删除、更新、查询、修改等操作的记录等。

日志的设计功能,主要是有效地记录针对数据的任何操作,帮助恢复被恶意修改或删除的数据内容,有效地维护数据安全。除此之外,数据库日志还能够帮助恢复系统在故障情况下造成的数据丢失。对于数据库电子文件管理而言,调用日志可以完成如下功能:一是提供组成"电子文件"的重要信息,比如电子文件的修改和更新等背景信息;二是提供对操作过程的监控;三是提供对发生故障后数据恢复的途径。

(三) 安全机制

数据库管理系统自身设置了多种安全措施,用以保证数据库文件的安全。

1. 用户管理

根据不同人员在系统中的地位和作用不同,将其分为开发人员和系统用户,后者又可分为数据库系统管理员和一般用户。其目的是为了针对不同的用户定义其权限。如下列人员按照权限大小进行降幂排列的话,其顺序应该是:生成电子文件的部门或机构的负责人,该部门或机构中和该电子文件有直接关系(生成或处理)的工作人员,生成电子文件的部门或机构的其他工作人员等。

2. 资源管理

在创建用户的时候,可以为用户定义一个资源限制文件,它为每个用户规定了动态资源限制。如果不制定资源限制文件,那么系统将使用缺省的资源限制文件。其目的在于保证数据的安全,分配给用户的动态资源应该和用户的正常业务需求相当。一旦超出,系统会返回错误信息给当前的使用者,这样可以防止不恰当的人非法使用超过其资源限制的数据资料。

3. 数据库访问的安全性

在管理数据库访问安全性时,系统使用了"角色"这个概念,角色代表了一类权限相同的用户,一般说来一个数据库管理系统有三种角色:Connect(授予最终用户的)、Resource(授予开发人员的)、DBA(授予系统管理员的)。其权限大小依次增加:具有Connect角色的用户,能够连接到数据库中查询,而无法创建任何表、索引以及其他数据库对象;同时具有Resource和Connect角色的用户,除了具有Connect的权利之外,还能够执行创建数据库对象,在自己创建的数据库对象上创建表、序列、视图等和取消其他用户的权限;具有DBA角色的用户,其权力很大,拥有所有的系统权限,能够宏观地管理整个数据库应用系统,因此具有DBA角色的人员数量有限。

三、管理方法

数据库技术作为当代计算机技术的重要支柱,已成为各类机构实现办公自动化不可缺少的工具,同时数据库电子文件也将成为电子文件的一个重要种类,因此有必要掌握数据库电子文件管理的一般方法。

1. 融合管理数据库管理系统和应用系统

数据库电子文件的问题非常复杂,因为机构大多数的电子文件都生成在前台的应用信息系统中,数据库管理系统作为机构的数据后台,其本身几乎不直接生成电子文件。虽然数据库电子文件中的数据可能来自数据库,但执行数据库电子文件管理功能的主体,则应是相应的各个应用信息系统和电子文件管理系统。要做好数据库电子文件的管理,无疑需要依靠各种技术人员的帮助和支持,同时还需要兼具数据库等技术知识和文件档案管理经验的文件管理人员参与。只有二者基于对对方专业充分而正确的理解基础之上的良好合作和交流,才能使数据库管理系统和应用系统的管理有效融合,切实提高数据库电子文件的有效管理。

2. 正确划分保管期限

从文件和档案管理的角度出发,在逻辑上识别本机构或者本部门可能形成的数据库电子文件的种类和数量,划分这些电子文件的保管期限。电子文件保管期限划分的标准应该得到机构领导的认可,符合国家有关文件、档案管理和电子文件管理的有关制度和标准。

数据库电子文件的保管期限应该在相应的事务处理系统或电子文件管理系统设计时就制定下来,应该包括如下内容:会生成什么文件,哪些会被保存下来,文件现行、半现行的时间期限,非现行文件的保管期限,等等。

3. 鉴别文件构成

鉴别文件构成即明确数据库电子文件的构成要素,将这些要素集中控制,鉴别应根据数据库电子文件的价值划分其保管期限。

数据库电子文件除了包括文件所涉及的数据内容之外,数据库结构/外模式(视图)、系统自动记录的日志等信息,都是其重要组成部分。因而在确定数据库电子文件保管期限之后,根据数据对象操作机制的特点,对机构数据库电子文件保管期限表中列出的所有电子文件划分类别,进一步鉴别操作机制相同的数据库电子文件的文件构成,明确文件都包括哪些内容、结构和背景信息,这些信息存储在哪里,管理现状如何,采用什么技术手段能将这些信息整合起来,并保证数据库电子文件整体能够被文件管理人员统一控制,有权限的用户查阅文件时可看到文件整体。这是确立数据库电子文件管理办法中的重要一环。

4. 实现自动鉴定

应该考虑提供一种可自动执行的鉴定和保存机制,伴随查询、索引、生成视图等操作过程,甚至在开始操作之前,系统就能根据已输入的鉴定标准对即将生成的数据库电子文件进行鉴定和自动保存。

实现自动鉴定能有效地减少数据库电子文件流失的现象。例如:在特定职能活动中产生的和自动更新数据库链接的电子文件,就可以通过自动鉴定和保存的方法实时保存,而不会随着数据库的更新导致重要数据库电子文件的流失,致使原来职能活动的凭证得不到有效保存。

5. 规范数据库设计

在逻辑模式、外部模式等数据库对象的定义中,应包括有关电子文件管理的某些标准和需求。这样可以节省资源,获取机构工作的整体效率。

数据库的文件保存十分复杂,结构和数据内容会随着时间而改变,一旦结构或内容改变,那么部分数据库电子文件就改变了。如果数据库应用系统的设计只追求技术最优化和效率最大化,那么数据库可能很难保证机构业务活动的种种要求,因此数据库系统的管理机制和设计思路,应适当遵循电子文件管理的某些原则,满足电子文件管理的要求。具体的要求种类需要在数据库技术人员的参与和帮助下选择和制定。如在数据库的逻辑模式中包括有关数据完整性和安全性的规定等,这些规定应该遵循电子文件管理的一些标准和要求,满足业务活动的需要,遵守有关业务活动的法律、法规和规章制度。

6. 保证业务办公效率

在实现文件和档案管理需求的同时,应当充分保证数据库系统对机构办公的高效支持,保证数据正常而有效的检索、利用。在实现文件和档案管理需求的同时,应听取职能部门和业务部门的需求,因为系统资源是有限的,如果用于文件安全、完整、准确、可靠等方面的管理增多,那么提高管理效率和加快事务处理速度的资源就会减少,所以要协调好这两者之间的关系。因为影响机构职能效率的系统,是很难获得成功的。

7. 支持数据备份和恢复功能

在数据库电子文件管理时,要确保系统具有强大、可靠的数据恢复功能。把数据备份到硬盘,一旦系统出问题,保证在需要(数据丢失或受破坏)时能恢复前期某项工作执行的结果。虽然可以借助于一些数据备份恢复软件实现数据备份和恢复的功能,但是在数据库电子文件管理中仍建议利用数据库自身的数据备份和恢复功能(设计时可以更多考虑电子文件管理的需求)来做好相应工作。

复习思考

一、名词解释

电子文件　数据库电子文件　文件型电子邮件　CAD电子文件　在线归档　物理归档　数据字典

二、简述题

1. 电子文件的基本特点。
2. 电子文件管理的原则与内容。
3. 数据库电子文件管理的主要方法。
4. 公务电子邮件的传递要求。
5. CAD电子文件的特点和整理方法。

三、论述题

1. 如何理解电子文件的原始性与真实性?
2. 怎样保持电子文件的持续可读性?
3. 如何做好公务电子邮件的分类管理?
4. 纸质文件与电子文件的整理归档工作有何异同?

案例研讨

8-1 "棱镜门"引发蝴蝶效应?

2013年6月以来,爱德华·斯诺登向英国《卫报》和美国《华盛顿邮报》等媒体提供机密文件,使包括"棱镜"计划(PRISM)在内的美国政府多个秘密情报监视项目曝光,使美国政府深陷"棱镜门"事件。

据报道,"棱镜"计划是一项由美国国家安全局(NSA)自2007年起开始实施的绝密电子监听计划。该计划对即时通信和既存文件资料进行深度的监听。许可的监听对象包括任何在美国以外地区使用参与计划公司服务的客户,或是任何与国外人士通信的美国公民,许可的监听内容包括数据电子邮件、即时消息、视频和语音聊天、照片、视频会议、文件传输、登入通知和社交网络细节等。美国政府可以直接从包括微软、谷歌、雅虎、Facebook、Paltalk、AOL、Skype、YouTube 以及苹果等公司服务器收集上述信息。是为"棱镜门"事件。同时,"棱镜门"曝亚洲、欧洲、南美洲等地区的多个国家成为美国的监控对象,引发世界各国强烈反响,各国政府纷纷表示将在信息战略、信息政策、信息产品、信息安全等多个方面采取应对措施。

爱德华·斯诺登2004年5月加入美国陆军。但几个月后的工伤事故让他退出兵役。随后,他在美国国家安全局一处隐秘设施担任警卫。不久后,斯诺登赴美国中央情报局(CIA)担任与信息技术相关职务。2007年,他被CIA派至瑞士,负责维护电脑网络的安全工作。2009年离开CIA后,斯诺登开始为NSA的私人承包商工作。2013年初,斯诺登加入NSA的技术承包商博思艾伦的夏威夷办公室,担任系统管理员。博思艾伦主要为美国政府及其下设机构如国防、情报等部门提供管理及技术咨询服务,与政府部门联系密切,这也使其雇员有更多机会接触到机密信息。该公司在其一份年报中透露,截至2013年3月31日,该公司2.45万名雇员中,76%持有政府安全许可,其中27%可接触最高/敏感机密,28%可接触最高机密(除敏感信息),21%可接触一般机密信息。一个任职仅三个月的员工,不仅可以接触到高度敏感机密,而且还能通过外置设备将其拷贝出门。其实,在斯诺登之前,博思艾伦也曾出现过安全问题。2012年初,据政府监督组织披露,博思艾伦圣安东尼奥办事处的员工被发现分享敏感政府内幕信息,该办事处因此被美国空军暂停合作2个月。此后,博思艾伦同意支付6.5万美元的罚款后,将此风波了结。"棱镜门"事件后,华盛顿参议院情报委员会主席范斯坦(Dianne Feinstein)呼吁不能让像博思艾伦这样的外包公司接触到最高级别的情报信息。"对此,我们将进行立法。"她强调说。

据《纽约时报》报道,NSA一位高级官员表示,斯诺登任职期间,通过一个专为搜索、索引和网页拷贝而设计的"完全自动化"的"网络蜘蛛"软件从NSA的服务器下载了至少20万份绝密文件。这位官员称:"我们认为,在一台机器中利用一个单独设置依次下载如此多数量的文件,是不可能的。"他表示,若在NSA内部网络系统使用类似工具,便会引起NSA总部的注意。不过,美政府并未在斯诺登前往夏威夷工作之前及时地为那里的电脑安装一款最新型"防泄密"软件。《纽约时报》称,斯诺登的行为曾遭到部分质疑,但是他接受质询时的解释听上去十分合理,即作为一名系统管理人员,他有责任对网络系统进行日常维护,而这其中就包括复制电脑系统,并将信息转移至本地服务器。

另据《华尔街日报》报道称,负责调查斯诺登背景的那些联邦雇员,因为斯诺登表示自己的工作是"机密"的,所以调查人员就仅对斯诺登的当前工作进行调查,并未对其当时在美国中央情报局的工作记录进行检查。

问题讨论

1. 以电子文件管理的视角,分析美国有关政府部门在涉密电子文件管理中存在哪些问题?这给我国政府的涉密数据库电子文件管理带来了哪些启示?
2. 有人夸奖斯诺登是"宁为自由故"的英雄,也有人指责他是不负责任的自恋狂,但大多数人都不否认,他对美国"9·11"事件后情报格局的影响是十分深远的。请你以一名文件管理从业者的视角,谈谈文件管理人员应如何处理和平衡个人信念与职业规范之间的关系?

8-2 涉密载体管理的预警平台

2008年1月31日中午12时14分12秒,广东省涉密计算机违规上互联网监管平台的红灯闪烁不停——省直J单位1台涉密计算机违规连接互联网并被即时阻断。

广东省保密局立即向该单位发出整改通知书。收到整改通知书后,J单位李某才不得不向广东省保密局报案。原来,1月29日晚李某将单位配发的涉密笔记本电脑带回家加班,不料被盗,持有人试图用它来上互联网,幸好涉密笔记本电脑上安装有违规上互联网监管软件,即时阻断了网络连接。监管平台上的报警信息,除了显示这台涉密笔记本电脑的"基本情况"外,还同时显示了试图连接互联网的IP地址。保密部门立即行动,经过缜密的技术对比、筛选、分析,几经周折找到了从二手电脑市场购机的小冯,并发现了带有涉密电脑的独特标记和硬盘编号的这台涉密笔记本电脑。技术人员迅速对电脑进行了技术检测和硬盘删除文档恢复,同时对机内存储的文档作了密级鉴定,所幸没有发生内容泄密。

问题讨论

1. 请指出案例中J单位和李某在涉密笔记本电脑的使用和管理中存在哪些问题?分析产生这些问题的原因。
2. 电子文件信息安全与载体安全是什么关系?根据这一案例,结合当前实际,请你就进一步做好涉密电子文件的载体管理提出一些对策建议。

8-3 订货电子邮件的证据力

2013年3月5日上午,A公司给B工厂发出一份要求购买其厂生产的办公家具的电子邮件,电子邮件中明确了如下内容:需要办公桌8张,椅子16张;要求在3月12日之前将货送至A公司;总价格不高于15000元。另外,电子邮件还对办公桌椅的尺寸、式样、颜色作了说明,并附了样图。

当天下午3点35分18秒,B工厂也以电子邮件回复A公司,对A公司的要求全部认可。为对A公司负责起见,3月6日B工厂还专门派人到A公司作了确认,但双方并没有就此事项签署任何书面文件。

2013年3月11日,B工厂将上述桌椅送至A公司。由于A公司已于3月10日以11000元的价格购买了另一家工厂生产的办公桌椅,于是就以双方没有签署书面合同为由拒收,双方协商不成,3月16日B工厂起诉至法院。

庭审中,双方对用电子邮件方式买卖办公桌椅及B工厂派人去A公司确认、3月11日送货上门等均无异议,双方对于邮件真实性并没有异议。因此,法官认为,双方的邮件即可以作为证据,来证明双方缔结过家具买卖合同。而A公司仅仅以未签订书面合同为由而拒绝收货付款,已经构成了违约。

【问题讨论】

1. 本案例中,法官认为双方对于邮件真实性并没有异议,电子邮件即可以作为证据来证明双方缔结过家具买卖合同,A公司构成了违约。你认为他的判决公允吗?为什么?
2. 假如A公司彻底删除了自己所发送的电子邮件,又对B工厂提供的电子邮件的真实性存有异议,B工厂提供的电子邮件的证据力还能被确认吗?有什么方法来确认?

8-4 公务电子邮件被非法入侵

2013年4月2日,一位美国客户收到了一封来自浙江某公司电子邮箱的邮件,邮件内容是让美国客户把货款汇到一个银行离岸账户上。美国客户平时与该公司业务洽谈一直使用这一邮箱,就信以为真,并于4月29日将42988美元的货款汇入了该邮件指定的银行账户。5月15日,这个美国客户向浙江某公司确认资金到账时,公司负责人一脸茫然,说该公司从未发过催款邮件,也没有开设过上述账户,此时客户才发现被骗。

2013年7月,香港大学的电子邮件系统被非法入侵。这次事件一共有3676个电子邮件账户受到影响,包括1261位职员、118位学生、259位行政人员及62位退休员工和1976位校友。他们发现了邮件系统里疑似被植入了一个用于收集密码的木马程序,收集得来的密码被储存在一个来历不明的计算机档案中。校方通知受影响人士尽快更改密码。有专家指出:"自2007年起,利用木马控制他人电脑或电子邮件系统、窃取机密信息的事件正在急剧增多。"

【问题讨论】

1. 在浙江某公司电子邮箱被盗资金被骗的案例中,双方公司从哪些方面进行改进,就可能有效避免类似情况的发生?
2. 面对各种非法手段入侵、控制他人电子邮件系统、窃取机密信息的事件频发的现实情况,要做好公务电子邮件管理,应当采取哪些应对之策?

8-5 CAD 电子文件有谁来管？

某设计院，其设计生产的主要成果是设计文件。自 2000 年开始，该院已开始利用 CAD 技术出图，但 CAD 电子文件验收归档管理还是沿用传统的方法，只对纸质文件进行验收归档，CAD 电子文件大多由设计部门的工作人员自行保管。目前该院针对 CAD 电子文件的收集、整理、归档还缺乏系统、全面、科学的制度保障，即使有一些收集制度，但由于各方面原因，执行起来常常不到位。一些部门的文件归档管理由生产设计人员操作，少数部门交由文件管理人员负责。一些 CAD 电子文件散落在设计人员手中或简单收集存储在部门的电脑里，随着时间的推移和人员的流动，CAD 电子文件或被删除，或被丢失，各种管理信息被逐渐忘却；还有一些设计人员为了知识产权问题不愿意归档，归档版本与底图不一致的现象时有发生。文件管理人员常常对一些部门移交的少量的 CAD 电子文件接收归档时，也仅从形式上进行鉴别，对其内容的真实性、可读性并未把关。目前全院设计各项工程的 CAD 电子文件归档率仅为 20% 左右。

问题讨论

1. 请分析指出某设计院 CAD 电子文件管理混乱的主要原因是什么？存在哪些不当之处？
2. 针对当前 CAD 电子文件管理的现状和问题，你认为该院 CAD 电子文件管理应当从哪些方面予以改进？

8-6 你的上网账号与密码安全吗？

在迎接 2012 年的最后几天里，中国的互联网世界上演了一出大规模的用户数据库泄密事件。从 CSDN（China Software Developer Network，中国软件开发联盟）、天涯等论坛社区，到人人网、开心网、多玩网等多个社交和游戏网站，再到京东商城、当当网、淘宝网等电子商务网站的用户数据库被盗。传闻还波及支付宝、中国工商银行、中国民生银行及交通银行等支付和金融机构的用户数据库。政府网站也未能幸免，广东省出入境政务服务网站的 444 万条用户数据信息也被证实泄露。一时间，各大网站及互联网用户人人自危，"今天你密码被泄露了吗"成为流行网络的问候语。

国家互联网应急中心发布的数据显示，截至 2011 年 12 月 29 日，通过公开渠道获得疑似泄露数据库 26 个，涉及账号、密码 2.78 亿条。其中具有与网站、论坛相关联信息的数据库有 12 个，涉及数据 1.36 亿条；无法判断网站、论坛关联性的数据库有 14 个，涉及数据 1.42 亿条。

泄密事件发生后，国家工业和信息化部已经启动应急预案，组织通信管理局、国家互联网应急中心及相关互联网企业和网络安全专家，了解核实事件情况，评估事件影响和危害，研究提出应对措施。

据专业人士说，事实上，CSDN、天涯等多家网站的用户数据库被盗，已经不是最近才发生的事件，大爆发只因黑客集中的披露行为而引发——这些被抛出来的，只是几乎榨干了所有价值的过期数据库。著名网络安全专家高某表示，这次曝光的用户账号及密码等相关信息，只是黑客所掌握数据库数据的"冰山一角"，预计有将近4亿～6亿个用户账号信息在黑客地下领域流传。

问题讨论

1. 数据库电子文件具有什么特点？此次大规模的用户数据库泄密事件，将会给有关机构和人员带来哪些不良影响？
2. 针对这一事件暴露出的数据库电子文件管理中的一些问题，请从数据库电子文件信息的提交者和管理者的角度谈谈各自的应对之策。

附 录

一、党政机关公文处理工作条例[①]

第一章　总　则

第一条　为了适应中国共产党机关和国家行政机关(以下简称党政机关)工作需要,推进党政机关公文处理工作科学化、制度化、规范化,制定本条例。

第二条　本条例适用于各级党政机关公文处理工作。

第三条　党政机关公文是党政机关实施领导、履行职能、处理公务的具有特定效力和规范体式的文书,是传达贯彻党和国家的方针政策,公布法规和规章,指导、布置和商洽工作,请示和答复问题,报告、通报和交流情况等的重要工具。

第四条　公文处理工作是指公文拟制、办理、管理等一系列相互关联、衔接有序的工作。

第五条　公文处理工作应当坚持实事求是、准确规范、精简高效、安全保密的原则。

第六条　各级党政机关应当高度重视公文处理工作,加强组织领导,强化队伍建设,设立文秘部门或者由专人负责公文处理工作。

第七条　各级党政机关办公厅(室)主管本机关的公文处理工作,并对下级机关的公文处理工作进行业务指导和督促检查。

第二章　公文种类

第八条　公文种类主要有:

(一)决议。适用于会议讨论通过的重大决策事项。

(二)决定。适用于对重要事项作出决策和部署、奖惩有关单位和人员、变更或者撤销下级机关不适当的决定事项。

(三)命令(令)。适用于公布行政法规和规章、宣布施行重大强制性措施、批准授予和晋升衔级、嘉奖有关单位和人员。

(四)公报。适用于公布重要决定或者重大事项。

(五)公告。适用于向国内外宣布重要事项或者法定事项。

(六)通告。适用于在一定范围内公布应当遵守或者周知的事项。

[①] 2012年4月16日中共中央办公厅、国务院办公厅关于印发《党政机关公文处理工作条例》的通知(中办发〔2012〕14号)中发布。

（七）意见。适用于对重要问题提出见解和处理办法。

（八）通知。适用于发布、传达要求下级机关执行和有关单位周知或者执行的事项，批转、转发公文。

（九）通报。适用于表彰先进、批评错误、传达重要精神和告知重要情况。

（十）报告。适用于向上级机关汇报工作、反映情况，回复上级机关的询问。

（十一）请示。适用于向上级机关请求指示、批准。

（十二）批复。适用于答复下级机关请示事项。

（十三）议案。适用于各级人民政府按照法律程序向同级人民代表大会或者人民代表大会常务委员会提请审议事项。

（十四）函。适用于不相隶属机关之间商洽工作、询问和答复问题、请求批准和答复审批事项。

（十五）纪要。适用于记载会议主要情况和议定事项。

第三章　公文格式

第九条　公文一般由份号、密级和保密期限、紧急程度、发文机关标志、发文字号、签发人、标题、主送机关、正文、附件说明、发文机关署名、成文日期、印章、附注、附件、抄送机关、印发机关和印发日期、页码等组成。

（一）份号。公文印制份数的顺序号。涉密公文应当标注份号。

（二）密级和保密期限。公文的秘密等级和保密的期限。涉密公文应当根据涉密程度分别标注"绝密""机密""秘密"和保密期限。

（三）紧急程度。公文送达和办理的时限要求。根据紧急程度，紧急公文应当分别标注"特急""加急"，电报应当分别标注"特提""特急""加急""平急"。

（四）发文机关标志。由发文机关全称或者规范化简称加"文件"二字组成，也可以使用发文机关全称或者规范化简称。联合行文时，发文机关标志可以并用联合发文机关名称，也可以单独用主办机关名称。

（五）发文字号。由发文机关代字、年份、发文顺序号组成。联合行文时，使用主办机关的发文字号。

（六）签发人。上行文应当标注签发人姓名。

（七）标题。由发文机关名称、事由和文种组成。

（八）主送机关。公文的主要受理机关，应当使用机关全称、规范化简称或者同类型机关统称。

（九）正文。公文的主体，用来表述公文的内容。

（十）附件说明。公文附件的顺序号和名称。

（十一）发文机关署名。署发文机关全称或者规范化简称。

（十二）成文日期。署会议通过或者发文机关负责人签发的日期。联合行文时，署最后签发机关负责人签发的日期。

（十三）印章。公文中有发文机关署名的，应当加盖发文机关印章，并与署名机关相符。有特定发文机关标志的普发性公文和电报可以不加盖印章。

（十四）附注。公文印发传达范围等需要说明的事项。

（十五）附件。公文正文的说明、补充或者参考资料。

（十六）抄送机关。除主送机关外需要执行或者知晓公文内容的其他机关，应当使用机关全称、规范化简称或者同类型机关统称。

（十七）印发机关和印发日期。公文的送印机关和送印日期。

（十八）页码。公文页数顺序号。

第十条　公文的版式按照《党政机关公文格式》国家标准执行。

第十一条　公文使用的汉字、数字、外文字符、计量单位和标点符号等，按照有关国家标准和规定执行。民族自治地方的公文，可以并用汉字和当地通用的少数民族文字。

第十二条　公文用纸幅面采用国际标准A4型。特殊形式的公文用纸幅面，根据实际需要确定。

第四章　行文规则

第十三条　行文应当确有必要，讲求实效，注重针对性和可操作性。

第十四条　行文关系根据隶属关系和职权范围确定。一般不得越级行文，特殊情况需要越级行文的，应当同时抄送被越过的机关。

第十五条　向上级机关行文，应当遵循以下规则：

（一）原则上主送一个上级机关，根据需要同时抄送相关上级机关和同级机关，不抄送下级机关。

（二）党委、政府的部门向上级主管部门请示、报告重大事项，应当经本级党委、政府同意或者授权；属于部门职权范围内的事项应当直接报送上级主管部门。

（三）下级机关的请示事项，如需以本机关名义向上级机关请示，应当提出倾向性意见后上报，不得原文转报上级机关。

（四）请示应当一文一事。不得在报告等非请示性公文中夹带请示事项。

（五）除上级机关负责人直接交办事项外，不得以本机关名义向上级机关负责人报送公文，不得以本机关负责人名义向上级机关报送公文。

（六）受双重领导的机关向一个上级机关行文，必要时抄送另一个上级机关。

第十六条　向下级机关行文，应当遵循以下规则：

（一）主送受理机关，根据需要抄送相关机关。重要行文应当同时抄送发文机关的直接上级机关。

（二）党委、政府的办公厅（室）根据本级党委、政府授权，可以向下级党委、政府行文，其他部门和单位不得向下级党委、政府发布指令性公文或者在公文中向下级党委、政府提出指令性要求。需经政府审批的具体事项，经政府同意后可以由政府职能部门行文，文中须注明已经政府同意。

（三）党委、政府的部门在各自职权范围内可以向下级党委、政府的相关部门行文。

（四）涉及多个部门职权范围内的事务,部门之间未协商一致的,不得向下行文;擅自行文的,上级机关应当责令其纠正或者撤销。

（五）上级机关向受双重领导的下级机关行文,必要时抄送该下级机关的另一个上级机关。

第十七条　同级党政机关、党政机关与其他同级机关必要时可以联合行文。属于党委、政府各自职权范围内的工作,不得联合行文。

党委、政府的部门依据职权可以相互行文。

部门内设机构除办公厅(室)外不得对外正式行文。

第五章　公文拟制

第十八条　公文拟制包括公文的起草、审核、签发等程序。

第十九条　公文起草应当做到:

（一）符合党的路线方针政策和国家法律法规,完整准确体现发文机关意图,并同现行有关公文相衔接。

（二）一切从实际出发,分析问题实事求是,所提政策措施和办法切实可行。

（三）内容简洁,主题突出,观点鲜明,结构严谨,表述准确,文字精练。

（四）文种正确,格式规范。

（五）深入调查研究,充分进行论证,广泛听取意见。

（六）公文涉及其他地区或者部门职权范围内的事项,起草单位必须征求相关地区或者部门意见,力求达成一致。

（七）机关负责人应当主持、指导重要公文起草工作。

第二十条　公文文稿签发前,应当由发文机关办公厅(室)进行审核。审核的重点是:

（一）行文理由是否充分,行文依据是否准确。

（二）内容是否符合国家法律法规和党的路线方针政策;是否完整准确体现发文机关意图;是否同现行有关公文相衔接;所提政策措施和办法是否切实可行。

（三）涉及有关地区或者部门职权范围内的事项是否经过充分协商并达成一致意见。

（四）文种是否正确,格式是否规范;人名、地名、时间、数字、段落顺序、引文等是否准确;文字、数字、计量单位和标点符号等用法是否规范。

（五）其他内容是否符合公文起草的有关要求。

需要发文机关审议的重要公文文稿,审议前由发文机关办公厅(室)进行初核。

第二十一条　经审核不宜发文的公文文稿,应当退回起草单位并说明理由;符合发文条件但内容需作进一步研究和修改的,由起草单位修改后重新报送。

第二十二条　公文应当经本机关负责人审批签发。重要公文和上行文由机关主要负责人签发。党委、政府的办公厅(室)根据党委、政府授权制发的公文,由受权机关主要负责人签发或者按照有关规定签发。签发人签发公文,应当签署意见、姓名和完整日期;圈阅或者签名的,视为同意。联合发文由所有联署机关的负责人会签。

第六章 公文办理

第二十三条 公文办理包括收文办理、发文办理和整理归档。

第二十四条 收文办理主要程序是:

(一)签收。对收到的公文应当逐件清点,核对无误后签字或者盖章,并注明签收时间。

(二)登记。对公文的主要信息和办理情况应当详细记载。

(三)初审。对收到的公文应当进行初审。初审的重点是:是否应当由本机关办理,是否符合行文规则,文种、格式是否符合要求,涉及其他地区或者部门职权范围内的事项是否已经协商、会签,是否符合公文起草的其他要求。经初审不符合规定的公文,应当及时退回来文单位并说明理由。

(四)承办。阅知性公文应当根据公文内容、要求和工作需要确定范围后分送。批办性公文应当提出拟办意见报本机关负责人批示或者转有关部门办理;需要两个以上部门办理的,应当明确主办部门。紧急公文应当明确办理时限。承办部门对交办的公文应当及时办理,有明确办理时限要求的应当在规定时限内办理完毕。

(五)传阅。根据领导批示和工作需要将公文及时送传阅对象阅知或者批示。办理公文传阅应当随时掌握公文去向,不得漏传、误传、延误。

(六)催办。及时了解掌握公文的办理进展情况,督促承办部门按期办结。紧急公文或者重要公文应当由专人负责催办。

(七)答复。公文的办理结果应当及时答复来文单位,并根据需要告知相关单位。

第二十五条 发文办理主要程序是:

(一)复核。已经发文机关负责人签批的公文,印发前应当对公文的审批手续、内容、文种、格式等进行复核;需作实质性修改的,应当报原签批人复审。

(二)登记。对复核后的公文,应当确定发文字号、分送范围和印制份数并详细记载。

(三)印制。公文印制必须确保质量和时效。涉密公文应当在符合保密要求的场所印制。

(四)核发。公文印制完毕,应当对公文的文字、格式和印刷质量进行检查后分发。

第二十六条 涉密公文应当通过机要交通、邮政机要通信、城市机要文件交换站或者收发件机关机要收发人员进行传递,通过密码电报或者符合国家保密规定的计算机信息系统进行传输。

第二十七条 需要归档的公文及有关材料,应当根据有关档案法律法规以及机关档案管理规定,及时收集齐全、整理归档。两个以上机关联合办理的公文,原件由主办机关归档,相关机关保存复制件。机关负责人兼任其他机关职务的,在履行所兼职务过程中形成的公文,由其兼职机关归档。

第七章 公文管理

第二十八条 各级党政机关应当建立健全本机关公文管理制度,确保管理严格规范,充分发挥公文效用。

第二十九条 党政机关公文由文秘部门或者专人统一管理。设立党委(党组)的县级以上单位应当建立机要保密室和机要阅文室,并按照有关保密规定配备工作人员和必要的安全保密设施设备。

第三十条 公文确定密级前,应当按照拟定的密级先行采取保密措施。确定密级后,应当按照所定密级严格管理。绝密级公文应当由专人管理。

公文的密级需要变更或者解除的,由原确定密级的机关或者其上级机关决定。

第三十一条 公文的印发传达范围应当按照发文机关的要求执行;需要变更的,应当经发文机关批准。

涉密公文公开发布前应当履行解密程序。公开发布的时间、形式和渠道,由发文机关确定。

经批准公开发布的公文,同发文机关正式印发的公文具有同等效力。

第三十二条 复制、汇编机密级、秘密级公文,应当符合有关规定并经本机关负责人批准。绝密级公文一般不得复制、汇编,确有工作需要的,应当经发文机关或者其上级机关批准。复制、汇编的公文视同原件管理。

复制件应当加盖复制机关戳记。翻印件应当注明翻印的机关名称、日期。汇编本的密级按照编入公文的最高密级标注。

第三十三条 公文的撤销和废止,由发文机关、上级机关或者权力机关根据职权范围和有关法律法规决定。公文被撤销的,视为自始无效;公文被废止的,视为自废止之日起失效。

第三十四条 涉密公文应当按照发文机关的要求和有关规定进行清退或者销毁。

第三十五条 不具备归档和保存价值的公文,经批准后可以销毁。销毁涉密公文必须严格按照有关规定履行审批登记手续,确保不丢失、不漏销。个人不得私自销毁、留存涉密公文。

第三十六条 机关合并时,全部公文应当随之合并管理;机关撤销时,需要归档的公文经整理后按照有关规定移交档案管理部门。

工作人员离岗离职时,所在机关应当督促其将暂存、借用的公文按照有关规定移交、清退。

第三十七条 新设立的机关应当向本级党委、政府的办公厅(室)提出发文立户申请。经审查符合条件的,列为发文单位,机关合并或者撤销时,相应进行调整。

第八章　附则

第三十八条　党政机关公文含电子公文。电子公文处理工作的具体办法另行制定。

第三十九条　法规、规章方面的公文,依照有关规定处理。外事方面的公文,依照外事主管部门的有关规定处理。

第四十条　其他机关和单位的公文处理工作,可以参照本条例执行。

第四十一条　本条例由中共中央办公厅、国务院办公厅负责解释。

第四十二条　本条例自2012年7月1日起施行。1996年5月3日中共中央办公厅发布的《中国共产党机关公文处理条例》和2000年8月24日国务院发布的《国家行政机关公文处理办法》停止执行。

二、人大机关公文处理办法[①]

第一章　总则

第一条　为使人大机关的公文处理工作规范化、制度化、科学化,提高公文处理的质量和效率,制定本办法。

第二条　人大机关的公文,是人大及其常委会在依法行使各项职权过程中形成的具有特定效力和规范格式的文书,是发布法律、地方性法规、决定、决议、公告,指导、布置和商洽工作,请示和答复问题,报告和交流情况的重要工具。

第三条　人大机关文秘部门是人大机关公文管理的工作机构,负责公文的处理;协调和指导本机关各部门的公文处理工作。人大机关各部门应当设置专门机构或者配备专职人员负责本部门的公文的处理工作,并逐步改善办公条件。

文秘工作人员应当忠于职守、保守秘密、作风严谨,具备相应的业务知识。

第四条　人大机关的公文处理,包括公文拟制、审核、办理、管理、立卷归档等一系列衔接有序的工作。公文处理必须做到规范、准确、及时、安全。

第五条　公文处理必须严格执行国家保密法律、法规和其他有关规定,确保国家秘密的安全。

第二章　公文种类

第六条　人大机关的公文种类主要有:公告,决议,决定,法、条例、规则、实施办法,议案,建议、批评和意见,请示,批复,报告,通知,通报,函,意见,会议纪要等。

公告　适用于发布法律、地方性法规及其他重要事项。

[①] 2000年11月15日全国人大常委会办公厅修订并印发(常办秘字〔2000〕197号),本办法自2001年1月1日起施行。

决议　适用于经会议审议或讨论通过的重要事项。

决定　适用于对重要事项做出的决策和安排。

法、条例、规则、实施办法　适用于人大及其常委会审议通过的法律、地方性法规。

议案　适用于根据法律规定,依据法定程序,提案人向人大及其常委会提请审议的事项。

建议、批评和意见　适用于人大代表向人大及其常委会提出,由常委会的办事机构交由有关机关、组织研究处理并负责答复的事项。

请示　适用于请求指示、批准事项。

批复　适用于答复请示事项。

报告　适用于汇报工作、反映情况、提出建议等。

通知　适用于传达指示,转发公文,传达需要办理、执行或周知的事项,任免人员等。

通报　适用于表彰先进,批评错误,传达重要精神或者情况。

函　适用于不相隶属机关之间商洽工作、询问和答复问题;向有关主管部门提出请求事项等。

意见　适用于对议案或重要问题提出见解和处理办法等。

会议纪要　适用于记载、传达会议情况和议定事项。

第三章　公文格式

第七条　人大机关的公文,一般由秘密等级和保密期限、紧急程度、发文机关标识、发文字号、签发人、标题、主送机关、正文、附件、发文机关署名、成文日期、印章、主题词、抄送机关、印制版记等部分组成。

一、秘密等级和保密期限　涉密公文应当分别标明"绝密""机密""秘密",标注于公文首页发文机关标识右上方。"绝密""机密"级公文还应当标明份数序号,位于公文首页左上方。

二、紧急程度　紧急公文应当根据紧急程度分别标明"特急件""急件";紧急电报应分别标明"特提""特急""加急""平急"。

三、发文机关标识　即版头,由发文机关全称或者规范化简称组成,也可以由发文机关全称或者规范化简称加"文件"组成。联合行文,主办机关名称应当排列在前,或者按照规范顺序排列。

四、发文字号　发文字号由发文机关代字、年份、序号组成。发文字号应当排列于发文机关标识之下,横线之上居中处。联合发文,只标明主办机关发文字号。横线中央不嵌五星。外事公文按照外交部门的要求办理。

五、签发人　上报公文应当在发文字号右侧标注"签发人",由发文机关的领导审批签字。

六、标题　公文标题应当准确简要地概括公文的主要内容,并标明公文的种类。由发文机关全称(或者规范化简称)、主要内容和文种组成,也可以由主要内容和文种组成。

位于主送机关或者正文之上居中排列。

七、主送机关　指主要受理公文的机关。应当用全称或者规范化简称,位于正文上方,顶格排列。

八、正文　公文的主体,用来表述公文的内容,位于标题或者主送机关下方。

九、附件　公文附件,应当注明顺序号和名称。位于正文之后,发文机关署名之前。

十、发文机关署名　发文机关应当写全称或者规范化简称。

十一、成文日期　应当以领导签发的日期为准;联合行文,以最后签发机关领导的签发日期为准。电报应当以发出日期为准。

十二、加盖印章　公文中有发文机关署名的(含联合发文),应当加盖发文机关印章。印章必须与署名相符。加盖印章必须有正文,不得采取"此页无正文"的方法处理。

十三、主题词　主题词的标注,应当符合公文主题词标注的各项规则。位于公文末页,抄送单位之上。

十四、抄送单位　指除主送机关以外的其他需要告知的上下级、同级或不相隶属机关。

十五、印制版记　由公文制发机关名称、印发日期组成,位于公文末页下端。印发日期应当用阿拉伯数字书写。

十六、公文用纸一般为 A4 型(210mm×297mm)。左侧装订。

公文标准印刷字号:通常情况下,标题用 2 号(或小 2 号)小标宋体字,主送机关、正文用 3 号仿宋体字。文中小标题,按结构层次,第一层用 3 号黑体字,第二层用 3 号楷体字,附件、发文机关署名、抄送单位用 3 号仿宋体字。主题词使用 3 号黑体字。

第四章　行文规则

第八条　人大机关的行文关系,应根据各部门的隶属关系和职权范围确定。

一、人大机关各部门在本部门职权范围内,可相互行文。

二、人大机关各部门可向下一级人大机关的有关业务部门行文。必要时,同时抄送其直接上级机关。

人大机关部门之间对有关问题未经协商一致,不得各自向下行文。

三、人大机关各部门可对外向不同隶属关系的部门行文。重要问题的行文,应当与有关部门协商一致后再行文。

四、同级人大机关各部门、上一级人大机关部门与下一级人大机关部门可联合行文;人大机关部门与同级党委、政府部门及其他部门也可联合行文。

联合行文应当确有必要,单位不宜过多。

第九条　请示问题,应当一事一文,不得在非请示公文中夹带请示事项。不得越级请示或者多头请示。因特殊情况必须越级请示时,应当抄送被越过的上级机关。

向领导请示问题的公文,除特殊情况外,一般应当送办公厅(室)文秘部门按规定程序办理,不应直接送领导本人。

第五章　公文办理

第十条　公文的办理分为收文和发文。收文办理主要包括:公文的签收、登记、分发、传阅、拟办、批办、承办和催办等程序;发文办理主要包括:公文的起草、校核、审签、登记、印制和分发等程序。

一、收文的办理

(一)签收　逐件清点来文后签收。发现问题,应及时向发文机关查询并采取相应措施。

(二)登记　将公文的发文机关、发文字号、标题、秘密等级、份数、收到时间及处理情况等逐项填写清楚,以利于管理、查询和催办。

(三)分发　根据来文内容或者来文单位的要求,以及收文单位的有关规定,将公文及时分送有关领导和部门。

(四)传阅　按照规定和程序将公文送有关领导传阅,不得随意扩大传阅范围。文秘部门应随时掌握公文去向,避免漏传和延误。

(五)拟办、批办　对需要办理的公文,由文秘部门提出拟办意见,再送请主管领导批示后办理。

(六)承办　领导批示后的公文,应当按照领导批示内容办理。对属于有关职能部门承办的公文,文秘部门应尽快交职能部门办理。承办部门应及时办理,不得延误、推诿。如认为不属于本部门职责或者不适宜由本部门承办的,应及时退回交办部门并说明理由。

对需要报请领导批示的重要公文,应及时上报,需要文秘部门提出办理意见或建议并代拟文稿的,应将办理意见和代拟文稿一并上报。紧急公文应当提出办理时限。

(七)催办　对办理中的公文应当进行督办、查询。紧急、重要的公文应及时、重点催办,一般公文也应当定期催办,做到件件有结果,并采取适当方式随时或定期向领导反馈办理情况。

二、发文的办理

(一)公文的起草　草拟公文应当做到:

1. 符合国家的宪法、法律、法规和党的方针、政策及有关规定。

2. 情况确实,观点明确,条理清晰,文字精练,用词和标点符号准确、规范。

3. 结构层次序数,第一层为"一、",第二层为"(一)",第三层为"1.",第四层为"(1)"。

4. 必须使用国家法定计量单位。

5. 国名、地名、人名、时间、数字、引文和文字表述、密级、抄送单位、主题词应当准确、恰当,汉字、标点符号的用法应当符合有关规定。

公文中的数字,除部分结构层次序数和词、词组、惯用语、缩略语、具有修辞色彩语句中作为词素的数字必须使用汉字外,其他的应当使用阿拉伯数字。

（二）校对审核　公文文稿送领导审批之前，应当逐级认真细致地校对审核。公文校对审核的内容是：

1. 报批程序是否符合规定。

2. 内容是否符合国家的法律、法规和党的方针、政策及有关规定，是否完整、准确地体现发文机关的意图，并同现行有关公文相衔接。

3. 涉及有关部门业务的事项是否经过协调并取得一致意见。

4. 所提措施和办法是否切实可行。

5. 文种使用是否准确，公文格式是否规范。

6. 已经领导审批的文稿，在印发之前应再作校核。如内容确需作实质性修改的，须报原审批领导复审。

（三）审签　公文须经主管领导审批签发。重要公文应当由发文机关主要领导审批签发。联合发文，应当由所有联署机关的领导会签。领导审批签发公文，主批人应当明确签署意见，并写上姓名和日期。签批公文应当用钢笔、签字笔或者毛笔，不要用铅笔。

（四）登记编号　按照发文字号编制办法的要求，进行登记编号。

（五）印制　做到准确、及时、规范、安全。秘密公文应当由机要印刷厂或者一般印刷厂的保密车间印制。

（六）分发　应由主办单位或者文秘部门分送主送机关、抄送机关。

第十一条　传递秘密公文，必须采取保密措施，确保安全。利用计算机、传真机等传输秘密公文，必须采用符合规定的加密装置。不得密电明复，或者明、密电报混用。凡需存档或者报请领导批示的、使用热敏纸的传真件，应当复印后再办理。

第六章　公文立卷、归档和销毁

第十二条　公文办理完毕，应当根据档案法及机关档案管理部门的规定，按时将公文的正本、定稿和有关材料立卷，并定期向档案部门移交。部门和个人不得保存应当归档的公文。

第十三条　联合办理的公文，原件由主办单位负责立卷，相关单位可保存复印件。

第十四条　没有归档和存查价值的公文，经鉴别和主管领导批准，可定期销毁。销毁秘密公文，应当到保密部门指定的场所，由两人以上监销。确保不丢失、不漏销。销毁绝密级公文（含电报），应当进行登记。

第七章　附则

第十五条　各级人大机关可根据本办法的规定，结合实际情况，制定实施细则。

第十六条　本办法自2001年1月1日起施行。1998年2月6日全国人大常委会办公厅印发的《人大机关公文处理办法（试行）》同时废止。

三、人民法院公文处理办法[①]

第一章 总则

第一条 为推进人民法院的公文处理工作科学化、制度化、规范化，提高公文处理工作质量和效率，参照《党政机关公文处理工作条例》，结合人民法院工作实际，制定本办法。

第二条 本办法适用于各级人民法院公文处理工作。

第三条 人民法院的公文（包括电子公文和传真电报）是人民法院在审判执行工作和司法行政工作过程中形成的具有特定效力和规范体式的公务文书，是传达贯彻党的路线、方针、政策，执行国家法律，发布司法解释，指导、部署和商洽工作，请示和答复问题，报告、通报和交流情况等的重要工具。

第四条 公文处理工作指公文拟制、办理、管理等一系列相互关联、衔接有序的工作。

第五条 公文处理工作应当坚持实事求是、准确规范、精简高效、安全保密的原则。

第六条 各级人民法院办公厅（室）主管本院的公文处理工作，并对下级人民法院的公文处理工作进行业务指导和督促检查。

第七条 各级人民法院应当高度重视公文处理工作，加强组织领导，强化队伍建设，设立文秘机要部门或者由专人负责公文处理工作。文秘机要工作人员应当忠于职守、保守秘密、作风严谨，具备相应的法律和文秘等专业知识。

第八条 公文处理应当充分利用现代化办公手段，不断提高工作效率。

第二章 公文种类

第九条 人民法院公文的种类主要有：

（一）决议。适用于会议讨论通过的重大决策事项。

（二）决定。适用于对重要事项作出决策和部署，奖惩有关单位和人员。

（三）命令（令）。适用于批准授予和晋升衔级、嘉奖有关单位和人员。

（四）公告。适用于向国内外宣布重要事项或者法定事项。

（五）通告。适用于在一定范围内公布应当遵守或周知的事项。

（六）意见。适用于对重要问题提出见解和处理办法。

（七）通知。适用于发布、传达要求下级人民法院和有关单位办理、周知或执行的事项，任免和聘用机关工作人员，批转、转发公文。

（八）通报。适用于表彰先进、批评错误、传达重要精神和告知重要情况。

[①] 2012年11月16日最高人民法院印发（法发〔2012〕22号），自公布之日起施行。

（九）报告。适用于向同级人民代表大会及其常务委员会、上级机关汇报工作、反映情况、回复询问。

（十）请示。适用于向上级机关请求指示、批准。

（十一）批复。适用于答复下级人民法院的请示事项。

（十二）议案。适用于各级人民法院依照法律程序向同级人民代表大会或其常务委员会提请审议事项。

（十三）函。适用于人民法院之间或人民法院同其他不相隶属的机关之间商洽工作、询问和答复问题、请求批准和答复审批事项。

（十四）纪要。适用于记载会议主要情况和议定事项。

第三章　公文格式

第十条　人民法院公文一般由份号、密级和保密期限、紧急程度、发文机关标志、发文字号、签发人、标题、主送机关、正文、附件说明、发文机关署名、成文日期、印章、附注、附件、抄送机关、印发机关和印发日期、页码等组成。

（一）份号。公文印制份数的顺序号。涉密公文应当标注份号。

（二）密级和保密期限。公文的秘密等级和保密的期限。涉密公文应当根据涉密程度分别标注"绝密""机密""秘密"和保密期限。

（三）紧急程度。公文送达和办理的时限要求。根据紧急程度，紧急公文应当分别标注"特急""加急"，电报应当分别标注"特提""特急""加急""平急"。

（四）发文机关标志。由发文机关全称或者规范化简称加"文件"二字组成，也可以使用发文机关全称或者规范化简称。联合行文时，发文机关标志可以并用联合发文机关名称，也可以单独用主办机关名称。并用联合发文机关名称时，按照规范顺序排列或者主办机关名称排列在前。

（五）发文字号。由发文机关代字、年份、发文顺序号组成。联合行文时，使用主办机关的发文字号。

（六）签发人。上行文应当标注签发人姓名。

（七）标题。由发文机关名称、事由和文种组成。会议通过的规范性文件，应当在标题之下、正文之上注明会议名称和通过日期。

（八）主送机关。公文的主要受理机关，应当使用机关全称、规范化简称或者同类型机关统称。

（九）正文。公文的主体，用来表述公文的内容。

（十）附件说明。公文附件的顺序号和名称。公文如有附件，应当在正文之后、成文日期之前注明附件的顺序号和名称。批转、转发公文及其批语均属于正文，不得作为附件。

（十一）发文机关署名。署发文机关全称或者规范化简称。联合行文时，发文机关标志单独用主办机关名称的，发文机关署名按照规范顺序排列或者主办机关名称排列在前；发文机关标志并用联合发文机关名称的，发文机关署名应当与发文机关标志的排列顺序一致。

（十二）成文日期。署会议通过或者发文机关负责人签发的日期。联合行文时，署最后签发机关负责人签发的日期。电报以发出日期为准。

（十三）印章。公文中有发文机关署名的，应当加盖发文机关印章，并与署名机关相符。联合向下行文时，联合行文机关都应当加盖公章。

（十四）附注。公文印发传达范围等需要说明的事项，应当加圆括号标注。

（十五）附件。公文正文的说明、补充或者参考资料。

（十六）抄送机关。除主送机关外需要执行或者知晓公文内容的其他机关，应当使用机关全称、规范化简称或者同类型机关统称。

（十七）印发机关和印发日期。公文的送印机关和送印日期。

（十八）页码。公文页数顺序号。

第十一条　公文使用的汉字、数字、外文字符、计量单位和标点符号等，按照有关国家标准和规定执行。民族自治地方人民法院的公文，可以并用汉字和当地通用的少数民族文字。

第十二条　公文用纸幅面采用国际标准 A4 型。特殊形式的公文用纸幅面，根据实际需要确定。

第十三条　人民法院公文的版式按照《党政机关公文格式》国家标准执行。

第十四条　人民法院印发公文的主要版式及适用范围如下：

（一）《中共×××人民法院党组》。用于人民法院党组向上级请示、报告工作，任免干部等。

（二）《×××人民法院文件》。用于人民法院传达贯彻党和国家方针、政策或重要工作部署，发布重要的决定、通知等。

（三）《×××人民法院》。用于人民法院向上级机关请示、报告工作，奖惩有关单位和人员，下发通知、通报，与有关单位商洽工作等。

（四）《×××人民法院办公厅（室）文件》。用于最高人民法院、高级人民法院办公厅（室）根据授权，传达或代院发布重要规范性事项。

（五）《×××人民法院办公厅（室）》。用于人民法院办公厅（室）请示、报告工作，下发通知、通报等工作事项，与有关单位相关部门商洽工作、询问和答复问题。

（六）《×××人民法院××会议纪要》。用于人民法院记载会议主要情况和议定事项。

（七）人民法院各内设部门行文，一般使用本院信笺版头。

第四章　行文规则

第十五条　行文应当确有必要，讲求实效，注重针对性和可操作性。

第十六条　人民法院的行文关系，应当根据管辖关系和职权范围确定。一般不得越级行文，特殊情况需要越级行文的，应当同时抄送被越过的机关。

（一）人民法院上下级之间、与其他同级机关之间可以相互行文。

（二）人民法院办公厅（室）根据授权，可以对下级人民法院和其他机关行文；其他内设部门不得直接对下级人民法院或者其他机关行文。

（三）人民法院内设部门在各自职权范围内可以对本院其他部门行文；可以与上下级人民法院业务对口部门之间相互行文；可以与其他同级机关相关部门行文。

（四）人民法院与其他同级机关、人民法院办公厅（室）与其他同级机关办公厅（室）之间必要时可以联合行文。联合行文应当明确主办部门。

第十七条　向上级机关行文，应当遵循以下规则：

（一）原则上主送一个上级机关，根据需要同时抄送相关上级机关和同级机关，不抄送下级机关。

（二）下级机关的请示事项，如需以本院名义向上级机关请示，应当提出倾向性意见后上报，不得原文转报上级机关。

（三）请示应当一文一事。不得在报告等非请示性公文中夹带请示事项。

（四）除上级机关负责人直接交办事项外，不得以本院名义向上级机关负责人报送公文，不得以本院负责人名义向上级机关报送公文。

第十八条　向下级机关行文，应当遵循以下规则：

（一）原则上主送受理机关，根据需要抄送相关机关。重要行文应当同时抄送发文机关的直接上级机关。

（二）涉及人民法院多个部门职权范围内的事务，部门之间未协商一致的，不得向下行文。

第五章　公文拟制

第十九条　公文拟制包括公文的起草、审核、签发等程序。

第二十条　公文起草应当做到：

（一）坚持党的路线、方针、政策，符合宪法和法律的规定，遵循司法基本规律，准确反映人民法院工作指导思想以及院党组决策意图、工作要求。

（二）一切从实际出发，深入调查研究，充分进行论证，广泛听取意见，分析问题实事求是，所提政策措施和办法切实可行。

（三）内容简洁，主题突出，观点鲜明，结构严谨，表述准确，文字精练。

（四）文种正确，格式规范，定密恰当。

（五）公文涉及其他机关、部门职权范围内的事项，起草部门必须征求相关机关、部门意见，力求达成一致。

第二十一条　以人民法院名义和以办公厅（室）名义代院发文的公文文稿在报院领导签发前，应当进行审核。审核的重点是：

（一）行文理由是否充分，行文依据是否准确。

（二）内容是否符合国家法律、行政法规和中央有关政策及本院有关规定；是否与现行有关公文相衔接，所提措施和办法是否切实可行。

（三）涉及其他单位的事项是否经过协调并取得一致意见。

（四）文种使用、公文格式等是否符合本办法和《党政机关公文格式》国家标准的有关规定。

第二十二条　经审核不宜发文的公文文稿，应当退回起草单位并说明理由；符合发文条件但内容需作进一步研究和修改的，由起草单位修改后重新报送。

第二十三条　公文的签发：

（一）以院党组名义印发的公文，由党组书记或者党组书记授权的党组副书记签发。

（二）以院名义印发的重要的或涉及全局性的公文，由院长或者院长授权的副院长签发；其他以院名义印发的公文，由分管副院长签发。

（三）以办公厅（室）名义代院发文，由院领导签发，或者经院领导同意后，由办公厅（室）主任签发。

（四）以办公厅（室）名义印发的其他公文，由办公厅（室）主任签发或者授权副主任签发。重要公文，办公厅（室）主任认为需要报院领导审批的，应当报经批准后签发。

（五）各内设部门就主管工作发文，由部门负责人签发；重要公文，需报分管院领导签发。

（六）纪要，由主持会议的领导签发。

（七）联合发文，由所有联署机关的负责人会签。

（八）签发人签发公文，应当签署意见、姓名、日期；圈阅或者签名的，视为同意。

第六章　公文办理

第二十四条　公文办理包括收文办理、发文办理和整理归档。

第二十五条　收文办理主要程序：

（一）签收。对收到的公文应当逐件清点，核对无误后签字或者盖章，并注明签收时间。

（二）登记。对公文的主要信息和办理情况应当详细记载。

（三）初审。对收到的公文应当进行初审。初审的重点是：是否应当由本机关办理，是否符合行文规则，文种、格式是否符合要求，涉及其他部门职权范围内的事项是否已经协商、会签等，是否符合公文起草的其他要求。经初审不符合规定的公文，应当及时退回来文单位并说明理由。

（四）拟办、批办。阅知性公文应当根据公文内容、要求和工作需要确定范围后分送。批办性公文应当根据公文内容和性质提出拟办意见报院领导批示或者直接转有关部门办理。需要两个以上部门办理的，应当明确主办部门。紧急公文应当明确办理时限。

（五）承办。承办部门对交办的公文应当及时办理，有明确办理时限要求的应当在规定时限内办理完毕。属承办部门职权范围内的事项,承办部门应当提出明确意见;涉及其他部门业务范围的事项,应当主动与有关部门协商,共同提出明确意见,送分管院领导审批。对不属于本部门职权范围的,应当及时向批办院领导说明;办公厅(室)直接交办的,应当迅速退回交办的办公厅(室)并说明理由。

(六)传阅。根据领导批示和工作需要将公文及时送传阅对象阅知或者批示。办理公文传阅应当随时掌握公文去向,不得漏传、误传、延误。

(七)催办。人民法院办公厅(室)应及时了解掌握公文的办理进展情况,督促承办部门按期办结。紧急公文应当由专人负责跟踪催办。对下发的重要公文,人民法院办公厅(室)应当及时了解和反馈执行情况。

(八)答复。需要答复的公文,应当将办理进展情况和办理结果及时答复来文单位,并根据需要告知相关单位。

第二十六条　发文办理主要程序:

(一)复核。已经人民法院负责人签批的公文,印发前应当由办公厅(室)和承办部门对公文的审批手续、内容、文种、密级、格式、附件材料等进行复核;需作实质性修改的,应当报原签批人复审。

(二)登记。对复核后的公文,应当确定发文字号、分送范围和印制份数并详细记载。

(三)校对。公文正式印制前,应当校对文稿清样。

(四)印制。公文印制必须确保质量和时效。涉密公文应当在符合保密要求的场所印制。绝密公文应当指定专人负责。

(五)核发。公文印制完毕,应当对公文的文字、格式和印刷质量进行检查后分发。

第二十七条　涉密公文应当通过机要交通、邮政机要通信、城市机要文件交换站或者收发件机关机要收发人员进行传递,通过密码电报或者符合国家保密规定的计算机信息系统进行传输。

第二十八条　公文办理完毕后,应当根据《中华人民共和国档案法》《中华人民共和国档案法实施办法》以及《人民法院档案工作规定》,及时立卷、归档。电报随同文件一起立卷、归档。

人民法院和其他机关联合办理的公文,原件由主办机关立卷、归档,其他机关保存复制或者其他形式的公文副本。

第七章　公文管理

第二十九条　各级人民法院应当建立健全公文管理制度,确保管理严格规范,充分发挥公文效用。

第三十条　人民法院公文由文秘机要部门或者专人统一管理。各级人民法院应当建立机要保密室和机要阅文室,并按照有关保密规定配备工作人员和必要的安全保密设施设备。

第三十一条　公文确定密级前,应当按照拟定的密级先行采取保密措施。确定密级后,应当按照所定密级严格管理。绝密级公文应当由专人管理。

公文的保密期限已满的,自行解密。公文的密级需要变更或者解除的,由原确定密级的机关或者其上级机关决定。

第三十二条　人民法院的公文印发传达范围应当按照发文机关的要求执行;需要变更的,应当经发文机关批准。

涉密公文公开发布前应当履行解密程序。公开发布的时间、形式和渠道,由发文机关确定。

经批准公开发布的公文,同发文机关正式印发的公文具有同等效力。

第三十三条　复制、汇编机密级、秘密级公文,应当符合有关规定并经本院领导批准。绝密级公文一般不得复制、汇编,确有工作需要的,应当经发文机关或者其上级机关批准。复制、汇编的公文视同原件管理。

复制件应当加盖复制机关戳记。翻印件应当注明翻印的机关名称、日期。汇编本的密级按照编入公文的最高密级标注。

第三十四条　公文的撤销和废止,由发文机关、上级机关或者权力机关根据职权范围和有关法律法规决定。公文被撤销的,视为自始无效;公文被废止的,视为自废止之日起失效。

第三十五条　涉密公文应当按照发文机关的要求和有关规定进行清退或者销毁。

第三十六条　不具备归档和保存价值的公文,经批准后可以销毁。销毁涉密公文必须严格按照有关规定履行审批登记手续,确保不丢失、不漏销。个人不得私自销毁、留存涉密公文。

第三十七条　机关合并时,全部公文应当随之合并管理;机关撤销时,需要归档的公文经整理后按照有关规定移交档案管理部门。

工作人员离岗离职时,所在机关应当督促其将暂存、借用的公文按照有关规定移交、清退。

第八章　附则

第三十八条　诉讼文书、司法解释等人民法院特定法律公文,依照法律、法规、司法解释的相关规定处理。

第三十九条　外事方面的公文,依照外事主管部门的有关规定处理。

第四十条　电子公文处理工作的具体办法另行制定。

第四十一条　本办法由最高人民法院办公厅负责解释。

第四十二条　本办法自 2013 年 1 月 1 日起施行。1996 年 4 月 9 日最高人民法院发布的《人民法院公文处理办法》(法发[1996]9 号)同时废止。

四、人民检察院公文处理办法[①]

第一章 总则

第一条 为推进人民检察院公文处理工作科学化、制度化、规范化，提高公文处理的质量和效率，参照《党政机关公文处理工作条例》，结合检察工作实际，制定本办法。

第二条 本办法适用于各级人民检察院公文处理工作。

第三条 人民检察院公文（包括纸质公文、电子公文和传真电报）是人民检察院实施领导、履行职能、处理公务的具有特定效力和规范体式的文书，是传达贯彻党和国家的方针政策，执行国家法律，发布司法解释，部署、指导和商洽工作，请示和答复问题，报告、通报和交流情况等的重要工具。

第四条 公文处理工作是指公文拟制、办理、管理等一系列相互关联、衔接有序的工作。

第五条 公文处理工作应当坚持实事求是、准确规范、精简高效、安全保密的原则。

第六条 各级人民检察院办公厅（室）主管本院的公文处理工作，并对下级人民检察院的公文处理工作进行业务指导和督促检查。

第七条 各级人民检察院应当高度重视公文处理工作，加强组织领导，强化队伍建设，设立文秘机要部门或者由专人具体负责。文秘机要工作人员应当忠于职守、保守秘密、作风严谨，具备相应的法律和文秘等专业知识。

第八条 公文处理应当充分利用计算机、机要通道和检察专线网络等现代化办公手段，不断提高工作效率。

第二章 公文种类

第九条 人民检察院公文种类主要有：

（一）决定。适用于对重要事项作出决策和部署、奖惩有关单位和人员、变更或者撤销下级人民检察院不适当的决定事项。

（二）命令（令）。适用于发布强制性的指令性文件、批准授予和晋升衔级、嘉奖有关单位和人员。

（三）公告。适用于向国内外宣布重要事项或者法定事项。

（四）通告。适用于在一定范围内公布应当遵守或者周知的事项。

（五）意见。适用于对重要问题提出见解和处理办法。

（六）通知。适用于发布、传达要求下级人民检察院执行和有关单位周知或者执行的事项，批转、转发公文。

[①] 2012年8月24日最高人民检察院第十一届第五十次检察长办公会会议讨论通过，2012年10月1日实行。

(七)通报。适用于表彰先进、批评错误、传达重要精神和告知重要情况。

(八)报告。适用于向上级机关汇报工作、反映情况、回复询问。

(九)请示。适用于向上级机关请求指示、批准。

(十)批复。适用于答复下级人民检察院请示事项。

(十一)议案。适用于各级人民检察院按照法律程序向同级人民代表大会或者人民代表大会常务委员会提请审议事项。

(十二)函。适用于不相隶属机关之间商洽工作、询问和答复问题、请求批准和答复审批事项。

(十三)纪要。适用于记载会议主要情况和议定事项。

第三章 公文格式

第十条 人民检察院公文一般由份号、密级和保密期限、紧急程度、发文机关标志、发文字号、签发人、标题、主送机关、正文、附件说明、发文机关署名、成文日期、印章、附注、附件、抄送机关、印发机关和印发日期、二维条码、页码等组成。

(一)份号。公文印制份数的顺序号。涉密公文应当标注份号。

(二)密级和保密期限。涉密公文应当标注秘密等级和保密期限。秘密等级分为"绝密""机密""秘密";保密期限视公文内容确定,标注于秘密等级之后。

(三)紧急程度。公文送达和办理的时限要求。根据紧急程度,紧急公文应当分别标注"特急""加急";电报应当分别标注"特提""特急""加急""平急"。

(四)发文机关标志。由发文机关全称或者规范化简称加"文件"组成,也可以使用发文机关全称或者规范化简称。联合行文时,发文机关标志可以并用联合发文机关名称,也可以单独用主办机关名称。并用联合发文机关名称时,主办机关名称排列在前或者按照规范顺序排列。

(五)发文字号。由发文机关代字、年份和发文顺序号组成。联合行文时,使用主办机关的发文字号。

(六)签发人。上行文应当标注签发人姓名。

(七)标题。由发文机关名称、事由和文种组成。会议通过的规范性文件,应当在标题之下、正文之上注明会议名称和通过日期。

(八)主送机关。公文的主要受理机关,应当使用机关全称、规范化简称或者同类型机关统称。

(九)正文。公文的主体,用来表述公文的内容。

(十)附件说明。公文如有附件,应当在正文之后、成文日期之前注明附件的顺序号和名称。批转、转发公文及其批语均属正文,不得作为附件。

(十一)发文机关署名。署发文机关全称或者规范化简称。联合行文时,主办机关排列在前或者按照规范顺序排列。

(十二)成文日期。署会议通过或者发文机关负责人签发的日期。联合行文时,署最后签发机关负责人签发的日期。电报应当以发出日期为准。

（十三）印章。除纪要和以电报形式发出的以外，公文应当加盖发文机关印章，并与署名机关相符。联合行文时，联合行文机关都应当加盖公章。

（十四）附注。公文印发传达范围等需要说明的事项。

（十五）附件。公文正文的说明、补充或者参考资料。

（十六）抄送机关。除主送机关外需要执行或者知晓公文内容的其他机关，应当使用机关全称、规范化简称或者同类型机关统称。

（十七）印发机关和印发日期。公文的印发机关和印发日期。

（十八）二维条码。包含公文基本信息、对公文进行基本描述的二维数据载体，可在制发公文时印刷或者粘贴。

（十九）页码。公文页数顺序号。

第十一条　人民检察院公文版式按照《党政机关公文格式》国家标准执行。

第十二条　公文使用的汉字、数字、外文字符、计量单位和标点符号等，按照国家有关标准和规定执行。民族自治地方的公文，可以并用汉字和当地通用的少数民族文字。

第十三条　公文用纸幅面采用国际标准 A4 型。特殊形式的公文用纸幅面，根据实际需要确定。

第四章　公文主要版式及适用范围

第十四条　人民检察院公文主要版式及适用范围如下：

（一）《中共××人民检察院党组》。用于人民检察院党组向上级机关请示、报告工作，任免干部等。

（二）《××人民检察院文件》。用于传达贯彻党和国家方针、政策，对重要事项作出决策、部署，发布全局性的重要决定、通知等。

（三）《××人民检察院》。用于向上级机关请示、报告工作，奖惩有关单位和人员，变更或者撤销下级人民检察院不适当的决定事项，下发通知、通报，与有关单位商洽工作等。

（四）《××人民检察院办公厅(室)文件》。用于人民检察院办公厅(室)根据授权，代院发布通知、通报等。

（五）《××人民检察院办公厅(室)》。用于人民检察院办公厅(室)请示、报告工作，下发通知、通报等工作事项，与有关单位相关部门商洽工作、询问和答复问题。

（六）《××人民检察院××会议纪要》。用于记载会议主要情况和议定事项。

（七）人民检察院各内设部门行文，一般使用本院信函版式。

第五章　行文规则

第十五条　行文应当确有必要，讲求实效，注重针对性和可操作性。

第十六条　人民检察院的行文关系，应当根据隶属关系和职权范围确定。一般不得越级行文,特殊情况需要越级行文的,应当同时抄送被越过的机关。

(一)人民检察院上下级之间、与其他同级机关之间可以相互行文。

(二)人民检察院办公厅(室)根据授权,可以对下级人民检察院和其他机关行文;人民检察院举报中心根据授权,可以向下级人民检察院交办举报线索;其他内设部门不得直接对下级人民检察院或者其他机关行文。

(三)人民检察院内设部门在各自职权范围内可以对本院其他部门行文;可以与上下级人民检察院业务对口部门之间相互行文;可以向其他同级机关相关部门行文。

(四)人民检察院与其他同级机关、人民检察院办公厅(室)与其他同级机关办公厅(室)之间必要时可以联合行文。联合行文应当明确主办部门。

第十七条 向上级机关行文,原则上主送一个上级机关,根据需要同时抄送相关上级机关和同级机关,不抄送下级机关。

(一)请示应当一文一事。不得在报告等非请示性公文中夹带请示事项。

(二)下级机关的请示事项,如需以本院名义向上级机关请示,应当提出倾向性意见后上报,不得原文转报上级机关。

(三)除上级机关负责人直接交办事项或者法律规定外,不得以本院名义向上级机关负责人报送公文,不得以本院负责人名义向上级机关报送公文。

第十八条 向下级机关行文,原则上主送受理机关,根据需要抄送相关机关。重要行文应当同时抄送发文机关的直接上级机关。

涉及多个部门职权范围内的事务,部门之间未协商一致的,不得向下行文;擅自行文的,上级机关应当责令其纠正或者撤销。

第六章 公文拟制

第十九条 公文拟制包括公文的起草、审核、签发等程序。

第二十条 公文起草应当做到:

(一)符合国家法律法规和党的路线方针政策,完整准确体现发文机关意图,并同现行有关公文相衔接。

(二)一切从实际出发,深入调查研究,分析问题实事求是,充分进行论证,广泛听取意见,所提政策措施和办法切实可行。

(三)内容简洁,主题突出,观点鲜明,结构严谨,条理清晰,表述准确,文字精练。

(四)文种正确,格式规范,定密恰当。

(五)公文涉及其他机关、部门职权范围内的事项,起草部门必须征求相关机关、部门意见,力求达成一致。

第二十一条 以人民检察院名义和以办公厅(室)名义印发的公文在报院领导签发前,应当由办公厅(室)进行审核;业务规范性文件和涉及重大法律适用的公文,须另送法律政策研究室进行审核。各业务部门以本部门名义行文的公文及办理具体案件依法履行法律手续等程序性公文,在报院领导签发前,应当由起草部门负责人审核把关。未经部门负责人或者办公厅(室)、法律政策研究室审核把关,不得报院领导签发。

(一)办公厅(室)审核公文的重点是:

1. 行文理由是否充分,行文依据是否准确。

2. 内容是否符合国家法律法规和党的路线方针政策;是否完整准确体现发文机关意图;是否同现行有关公文相衔接;所提政策措施和办法是否切实可行。

3. 涉及其他机关、部门职权范围内的事项是否达成一致意见。

4. 文种是否正确,格式是否规范,定密是否恰当;人名、地名、时间、数字、段落顺序、引文等是否准确;文字、数字、计量单位和标点符号等用法是否规范。

5. 其他内容是否符合公文起草的有关要求。

(二)法律政策研究室进行审核依照有关业务规范性文件的规定办理。

(三)业务部门审核公文参照办公厅(室)审核公文的重点。

(四)需要发文机关审议的重要公文文稿,审议前由公文审核部门进行初核。

第二十二条 经审核不宜发文的公文文稿,办公厅(室)或者法律政策研究室应当退回起草部门并说明理由;符合发文条件但内容需作进一步研究和修改的,应当与起草部门协商,由起草部门修改后重新报送。

第二十三条 公文的签发:

(一)以院党组名义印发的公文,由党组书记或党组书记委托的副书记签发。

(二)以院名义印发重要的或者涉及全局性的公文,由检察长或常务副检察长签发;公文涉及两位以上院领导分管工作的,由常务副检察长签发;其他以院名义印发的公文,由分管院领导签发。

(三)办公厅(室)经授权代院发文,由办公厅(室)主任审阅后报院领导签发;或者经院领导同意后,由办公厅(室)主任签发。

(四)各内设部门就主管工作发文,由部门负责人签发;重要公文,需报分管院领导签发。

(五)纪要,由主持会议的领导签发。

(六)联合发文,由所有联署机关的负责人会签。

(七)签发人签发公文,应当签署意见、姓名、日期;圈阅或者签名的,视为同意。

第七章 公文办理

第二十四条 公文办理包括收文办理、发文办理和整理归档。

第二十五条 收文办理主要程序:

(一)签收。对收到的公文应当逐件清点,核对无误后签字或者盖章,并注明签收时间。

(二)登记。对公文的发文机关、发文字号、标题、主送机关、密级、份数及处理情况逐项详细记载。

(三)初审。对收到的公文应当进行初审。初审的重点是:是否应当由本机关办理,是否符合行文规则,文种、格式是否符合要求,涉及其他部门职权范围内的事项是否已经协商、会签,是否符合公文起草的其他要求。经初审不符合规定的公文,应当及时退回来文单位并说明理由。

(四)拟办、批办。阅知性公文应当根据公文内容、要求和工作需要确定范围后分送。批办性公文,办公厅(室)提出拟办、批办等办理意见,并提供必要的背景材料,呈请分管院领导批示或者转有关部门研办。需要两位以上院领导同志批示的,按领导排列顺序倒传。需要两个以上部门办理的,应当明确主办部门。紧急公文应当明确办理时限。

(五)承办。承办部门对交办的公文应当及时办理,有明确办理时限要求的应当在规定时限内办理完毕。属承办部门职权范围内事项,承办部门应当提出明确意见;涉及其他部门业务范围的事项,应当主动与有关部门协商,共同提出明确意见,送分管院领导审批。对不属于本部门职权范围的,应当及时向批办院领导说明;办公厅(室)直接交办的,应当说明理由退回办公厅(室)。

(六)传阅。根据领导批示和工作需要将公文及时送传阅对象阅知或者批示。传阅公文一般应当按院领导排列顺序顺传,特殊情况下也可以跳传。需紧急办理的公文,在送承办部门办理的同时,复印传阅。院领导在公文上的批示需其他院领导和有关部门阅知的,应及时送阅。公文传阅应当登记,随时掌握公文去向,不得漏传、误传、延误。

(七)催办。及时了解掌握公文的办理进展情况,督促承办部门按期办结。紧急公文或者重要公文应当由专人负责跟踪催办,并采取适当方式随时或者定期向领导反馈公文办理进展情况。

(八)答复。需要答复的公文,应当将办理进展情况和办理结果及时答复来文单位,并根据需要告知相关单位。

第二十六条 发文办理主要程序:

(一)复核。已经院领导或部门负责人签批的公文,印发前应当由办公厅(室)和承办部门对公文的审批和签发手续、文种、格式等进行复核。经复核,需要对文稿作实质性修改的,应当按程序报原签批人复审。

(二)登记。对复核后的公文,应当确定发文字号、分送范围和印制份数等并详细记载。

(三)校对。公文正式印制前,由承办部门校对文稿清样。

(四)印制。经复核和校对的公文,由文印部门印制。公文印制必须确保质量和时效。涉密公文应当在符合保密要求的场所印制。绝密公文应当指定专人负责。

(五)核发。公文印制完毕,文印部门应当在对公文的文字、格式和印刷质量进行检查后,由承办部门或者机要部门分发。

第二十七条 涉密公文应当通过机要交通、邮政机要通信、城市机要文件交换站或者收发件机关机要收发人员进行传递,通过密码电报或者符合国家保密规定的计算机信息系统进行传输。不得密电明传、明电密传、明电密电混用。

第二十八条　公文办理完毕后,承办部门或者个人应当根据档案管理有关规定,及时将公文的正本、签发稿及有关材料收集齐全、整理归档。

人民检察院和其他机关联合办理的公文,原件由主办机关整理归档,相关机关保存正式件和签发稿复制件。

第八章　公文管理

第二十九条　各级人民检察院应当建立健全公文管理制度,确保管理严格规范,充分发挥公文效用。

第三十条　人民检察院公文由文秘机要部门或者专人统一管理。各级人民检察院应当建立机要保密室和机要阅文室,并按照有关保密规定配备工作人员和必要的安全保密设施设备。

第三十一条　公文确定密级前,应当按照拟定的密级先行采取保密措施。确定密级后,应当按照所定密级严格管理。绝密级公文应当由专人管理。

公文的保密期限已满的,自行解密。公文的密级需要变更或者解除的,由原确定密级的机关或者其上级机关决定。

第三十二条　公文的印发传达范围应当按照发文机关的要求执行;需要变更的,应当经发文机关批准。

涉密公文公开发布前应当履行解密程序。公开发布的时间、形式和渠道,由发文机关确定。

经批准公开发布的公文,同发文机关正式印发的公文具有同等效力。

第三十三条　复制、汇编机密级、秘密级公文,应当符合有关规定并经本院领导批准。绝密级公文一般不得复制、汇编,确有工作需要的,应当经发文机关或者其上级机关批准。复制、汇编的公文视同原件管理。

复制件应当加盖复制机关戳记。翻印件应当注明翻印的机关名称、日期。汇编本的密级按照编入公文的最高密级标注并进行管理。

第三十四条　公文的撤销和废止,由发文机关、上级机关或者权力机关根据职权范围和有关法律法规决定。公文被撤销的,内容自始无效;公文被废止的,自废止之日起失效。

第三十五条　涉密公文应当按照发文机关的要求和有关规定进行清退或者销毁。

第三十六条　不具备归档和保存价值的公文,经批准后可以销毁。销毁涉密公文必须严格按照有关规定履行审批登记手续,确保不丢失、不漏销。个人不得私自销毁、留存涉密公文。

第三十七条　机关合并时,全部公文应当随之合并管理;机关分立、撤销时,已经办结的公文应当及时整理后移交档案部门;未办结的公文按业务分工,由承办部门负责继续办理、管理和归档。

工作人员离岗离职时,所在机关应当督促其将暂存、借用的公文按照有关规定移交、清退。

第三十八条　新设立的部门应当向本院公文管理部门提出发文立户申请。经审查符合条件的,列为发文部门,部门合并、分立或者撤销时,相应进行调整。

第九章　附则

第三十九条　法律文书的处理按照现行规定办理。

第四十条　外事公文的处理依照外事主管部门的有关规定执行。

第四十一条　电子公文处理工作的具体办法另行规定。

第四十二条　本办法由最高人民检察院办公厅负责解释。

第四十三条　本办法自2012年10月1日起施行。

五、中国人民解放军机关公文处理条例[①]

第一章　总则

第一条　为使中国人民解放军机关公文(以下简称军队机关公文)处理工作规范化、制度化、科学化,提高公文处理的质量和效率,制定本条例。

第二条　军队机关公文,是军队机关处理公务中形成的具有法定效力和规范体式的文书,是军队机关履行职能的重要工具。

第三条　公文处理是指公文的拟制、办理、立卷归档和管理等一系列相互关联、衔接有序的工作。

第四条　公文处理应当坚持求实、精简、高效的原则,做到准确、及时、安全、保密。

第五条　中央军委办公厅指导全军的机关公文处理工作。总部办公厅(司令部)和军区级(含)以下单位司令部或者履行相应职能的部门,指导本级和所属单位的机关公文处理工作。

第六条　各级首长、机关应当严格执行本条例,切实做好机关公文处理工作。各级首长应当加强对本单位机关公文处理工作的指导和检查。

第二章　公文种类

第七条　军队机关公文种类分为:命令、通令、决定、指示、通知、通报、报告、请示、批复、函、通告、会议纪要。

第八条　军队机关公文按照下列规定使用:

(一)命令　用于发布军事法规、军事规章,确定和调整体制编制,部署军事行动,调动部队,授予、变更和撤销部队番号,调配武器装备,任免干部,授予和晋升军衔,选取士

[①] 2005年10月8日中央军委主席胡锦涛签署命令发布,自2006年1月1日起在全军施行。

官,授予荣誉称号等;

（二）通令　用于依据《中国人民解放军纪律条令》宣布奖惩事项（不含授予荣誉称号）；

（三）决定　用于对重要事项做出决策或者安排,变更或者撤销下级不适当的决定事项；

（四）指示　用于向下级布置工作,明确工作原则和要求；

（五）通知　用于传达需要下级执行和有关单位周知或者办理的事项,转发上级机关和不相隶属机关的公文,批转下级机关的公文；

（六）通报　用于表彰先进,批评错误,传达重要精神或者重要情况；

（七）报告　用于向上级机关汇报工作,反映情况和意见建议,回复询问；

（八）请示　用于请求上级机关指示、批准事项；

（九）批复　用于答复下级机关请示事项；

（十）函　用于无隶属关系的机关之间商洽工作,询问、答复问题,通报情况；

（十一）通告　用于向社会公布应当遵守或者周知的事项；

（十二）会议纪要　用于记载会议主要情况和议定事项。

第三章　公文格式

第九条　军队机关公文,一般由发文机关标识、密级、份号、发文字号、签发人和已阅人、标题、主送机关、正文和无正文说明、署名、成文日期、印章、发文（传达）说明、主题词、抄送机关、印发（承办）说明和页码等要素组成。

第十条　军队机关公文的组成要素应当符合下列格式和要求：

（一）发文机关标识分为文种标识和固定标识,文种标识标明发文机关和公文种类,固定标识标明发文机关和"文件"字样；固定标识用于军区级以上机关下发重要公文；发文机关使用全称或者规范化简称；联合发文的各联署机关名称通常按照编制序列排列；

（二）密级按照《中国人民解放军保密条例》和《中国人民解放军军事秘密及其密级具体范围》等有关规定确定；涉密公文标明密级和份号；

（三）文种标识的公文发文字号标明发文机关代字、年份、序号；固定标识的公文和会议纪要的发文字号标明年份、序号；联合发文只标明一个发文字号；

（四）上报的公文标明签发人姓名,根据需要标明已阅人姓名；

（五）标题应当准确概括公文内容,根据需要标明发文机关名称和公文种类；

（六）主送机关应当是公文的受理机关；抄送机关应当是需要知晓公文内容的其他机关；主送机关、抄送机关名称应当使用全称或者规范化统称、简称；

（七）正文应当准确表达公文内容；有附件的标明附件序号、名称；

（八）机关署名署全称或者规范化简称；首长署名署职务和名章（签名章）；联合发文由各联署机关署名并按照发文机关标识中的顺序排列；署名机关应当加盖印章；

（九）成文日期应当署公文审批签发完毕的日期或者会议通过的日期；特殊情况下

署公文印发日期;

（十）主题词按照国家军用标准《军队机关公文主题词标引规则》标引。

第十一条　军队机关公文各组成要素的具体标识规则和公文用纸规格,按照国家军用标准《军队机关公文格式》执行。

第十二条　军队机关公文使用的汉字、标点符号、计量单位、数字和外文字符,按照国家标准和国家主管部门的有关规定执行。

驻民族自治地方省军区系统的机关公文,可以根据需要同时使用汉字和通用的少数民族文字。

第四章　行文规则

第十三条　军队机关必须根据隶属关系和各自的职权范围行文。

第十四条　行文一般不得越级;因特殊情况需要越级行文的,应当同时抄送被越过的机关。

除首长直接交办的事项外,下级机关不得直接向上级首长行文。

第十五条　本级机关可以行文的事项,不得请求上级机关行文。需要上级机关行文的,应当在请示中说明理由并附代拟稿。

第十六条　请示主送上级主管机关,根据需要抄送其他有关机关,但不得抄送下级机关。

请示应当一文一事,不得在非请示公文中夹带请示事项。

第十七条　上级机关向下级机关行文,主送需要执行的机关,根据需要抄送其他有关机关;重要行文还应当抄送发文机关的直接上级机关。

第十八条　受双重领导的机关向一个上级机关行文,通常应当抄送另一个上级机关;一个上级机关向受双重领导的下级机关行文,必要时抄送该下级机关的另一个上级机关。

第十九条　军队同级机关可以联合行文。军队机关也可以与相应的地方党政机关联合行文。

第二十条　行文内容涉及其他机关职权范围内事项的,主办机关应当与有关机关协商一致后行文;经协商未取得一致且又需要行文的,应当列明各方理由,提出意见,报请上级机关协调或者裁定。

第五章　发文办理

第二十一条　发文办理是指以本机关名义制发公文的过程,包括起草、审核、审批签发、印制、分发等程序。

第二十二条　起草公文应当做到:

（一）符合党的路线方针政策、法律法规和有关规定,完整准确地体现上级意图;

（二）全面客观地反映实际情况,实事求是地提出和解决问题;

（三）重点突出,条理清晰,表述准确,文字精练;

（四）正确使用公文种类，符合公文格式要求。

第二十三条　收到报送发文机关首长签发的公文文稿，有关部门应当从下列方面进行审核：

（一）是否确需行文；

（二）是否符合党的路线方针政策、法律法规和有关规定，是否完整准确地体现上级意图，是否符合起草公文的其他要求；

（三）是否符合行文规则；

（四）是否符合报批程序。

经审核，对不符合上述规定的公文文稿，应当请起草部门作出处理，必要时可以退回起草部门并说明理由。

第二十四条　公文应当由发文机关首长审批签发。联合发文由各联署机关的首长审批签发。首长审批签发公文，应当签署意见、姓名和日期。首长只圈阅或者签名的，视为同意。

第二十五条　公文交付印制前，应当检查其签发手续是否完备，附件是否齐全，格式是否规范等。

第二十六条　分发公文应当进行登记并及时递送。

第六章　收文办理

第二十七条　收文办理是指本机关受理公文的过程，包括接收、审核、拟办、承办、催办、审批、答复等程序。

第二十八条　接收公文应当逐件清点，核对无误后签收并登记；接收紧急公文应当注明签收的具体时间；发现问题应当及时查询并作出相应处理。

第二十九条　收到下级机关上报的需要办理的公文，有关部门应当从下列方面进行审核：

（一）是否应当由本机关办理；

（二）是否符合党的路线方针政策、法律法规和有关规定，是否完整准确地体现上级意图，是否符合起草公文的其他要求；

（三）是否符合行文规则。

经审核，对不符合上述规定的公文，应当请发文机关作出处理，必要时可以退回发文机关并说明理由。

第三十条　对需要办理的公文，应当提出拟办意见报首长批示或者转有关部门办理。需要两个以上部门办理的公文，应当明确主办部门；对紧急公文应当明确办理时限。

第三十一条　有关部门对承办的公文应当及时办理。对紧急公文应当在要求的时限内办理完毕；确有困难的，应当及时予以说明。

第三十二条　对转有关部门办理的公文，应当跟踪催办，并及时向首长报告办理情况。

第三十三条 公文经首长审批完毕,有关部门应当及时答复发文机关,并根据需要告知有关单位。

第七章 公文立卷归档

第三十四条 公文办理完毕,应当及时将有关材料收集齐全,根据其相互联系、特征和保存价值等整理立卷,并妥善保管。

第三十五条 联合办理的公文,原件由主办机关保存,其他机关保存复制件。

第三十六条 对需要归档的公文,应当及时向档案部门移交,个人不得保存。

第三十七条 起草、修改和签批公文的书写位置、书写工具和纸张,应当符合归档要求。

第八章 公文管理

第三十八条 各级机关应当严格执行公文管理的规定,建立健全本机关公文管理的有关制度。

第三十九条 公文的内容需要向社会公开的,必须经发文机关批准。

第四十条 公文的传达范围应当严格按照发文机关的要求执行,未经发文机关批准不得变更。

上级机关的绝密级公文一般不得转发,需要转发的应当经发文机关批准。

第四十一条 翻印、汇编涉密公文必须经发文机关批准。翻印时应当标明翻印机关、时间、份数和印发范围。复印涉密公文必须按照规定履行审批登记手续,并加盖复印机关印记。

复制的公文应当按照原件要求进行管理。

第四十二条 不具备归档和保存价值的公文,经批准后可以销毁。销毁涉密公文按照有关规定执行。

第四十三条 机关撤销时,公文应当及时移交指定的部门。

首长和机关工作人员调离工作岗位时,应当将本人暂存、借用的公文及时移交、清退。

第四十四条 被撤销的公文自始不发生效力;被废止的公文自废止之日起终止效力。

第九章 附则

第四十五条 作战文书的处理,按照《中国人民解放军司令部条例》的规定执行。

密码电报、传真电报的处理,按照总参谋部的有关规定执行。

军事立法方面公文的处理,《军事法规军事规章条例》有特别规定的,按照其规定执行。

军队机关内部的呈批件、呈阅件、简报、电话记录、统计报表等文书的处理,参照本条例执行。

第四十六条 军队机关电子公文的处理办法另行制定。

第四十七条　中国人民武装警察部队机关公文的处理,参照本条例执行。

第四十八条　本条例自2006年1月1日起施行。1992年3月30日中央军委批准、中央军委办公厅印发的《中国人民解放军机关公文处理条例》同时废止。

六、文件管理控制表单的式样

发文稿纸

签发意见	拟稿人			
	年　月　日			
	审核人			
	年　月　日			
	复核人			
年　月　日	年　月　日			
文件字号	密级	保密期限	紧急程度	印制份数
文件标题				
主送机关				
抄送机关				
附件				
印制机关	打印校对		印制时间	

发文登记簿(表)

发文编号	发文日期	发文字号	发文机关	文件标题	密级	份数	发往机关	清退情况	签收人	备注

文件签收登记表(外机关来文登记)

收文时间	编号	来文机关	收文机关	收件人	收件日期

文件签收登记表(用于机关内部转文)

收文时间	编号	密级	紧急程度	来文机关	承办部门	取件人	取件日期	备注

收文登记簿

编号	文书处理号	收文日期	来文机关	文件标题	收文字号	密级	附件	份数	承办部门	承办人	清退情况	备注

文件处理单

收文日期		来文机关		来文文号		密级		份数	
内容摘要					文书处理号				
拟办意见								年 月 日	
批办意见								年 月 日	
承办过程及结果								年 月 日	

文件传阅单

文件标题			文件字号		份数	
阅文顺序	批示意见				签名	阅文时间

文件销毁登记表

序号	发文单位	文号或年代	文件标题	份数	备注

审批人　　　　监销人　　　　经办人　　　　销毁时间

文件清退登记表

发文单位	文件字号	内容摘要	密级	份数

清退人　　　　　　　接收人　　　　　　　交接时间

卷内文件目录

顺序号	责任者	文号	文件题名	日期	页号	备注

案卷目录

案卷号或档号	所属机构	案卷题名	保管期限	起止年代或时间	页数	备注

催办登记单

交办日期	来文机关	来文文号	来文标题	承办单位	承办人	承办时限	催办结果

文件催办单

来文机关		文件字号		文件处理号	
承办单位		交办日期		承办人	
文件标题					
催办记录					
办理结果					

缩微拍摄文件制作记录

全宗名称：　　　全宗号：　　　盘（轴）、张号：

摄影机型号：		编号：		曝光方式：		工作记数	摄影者
胶片：		乳剂号：		缩率：	参数选择		
拍摄时间：		档案年度：		拍摄情况说明			
起	年 月 日	年 卷 份					
止	年 月 日	年 卷 份					
起	年 月 日	年 卷 份					
止	年 月 日	年 卷 份					
起	年 月 日	年 卷 份					
止	年 月 日	年 卷 份					
起	年 月 日	年 卷 份					
止	年 月 日	年 卷 份					
起	年 月 日	年 卷 份					
止	年 月 日	年 卷 份					
拍摄时间：		档案年度：		拍摄情况说明			
起	年 月 日	年 卷 份					
止	年 月 日	年 卷 份					

缩微拍摄前文件整理编排记录

全宗名称：　　　全宗号：　　　年度：

		原件		拍摄画幅数				存在问题和处理措施
卷号	份(件)号	原件张数	复制张数	原件	标版	其他	总计	

缩率：　　　　　　　　　　　　　　检索方式：

整理日期：　　　年　月　日　　　　整理人：

缩微胶片冲洗制作记录

全宗名称：　　全宗号：　　盘（轴）、张号：

冲洗机型号：	编号：	冲洗日期：
摄影机（拷贝机）型号：	摄影（拷贝）日期：	档案年度：
胶片型号：	胶片规格：	第　代
影像极性：	胶片长度（张数）：	胶片厚度：
显影液类型和配比：	显影液温度：	补充药业液量：
定影液类型和配比：	水洗温度：	干燥温度：
显影液类型和配比：	显影液温度：	补充药业液量：
水洗流量：L/min	冲洗速度：m（张）/min	
药液已冲洗胶片总长度（张数）	16mm：	35mm：	平片：
控制片密度：	RD=	HD=	LD=
冲洗情况说明：		
机器运转情况：		

文件缩微品质量检测记录

全宗名称：　　全宗号：　　盘（轴）、张号：

年卷至卷 年卷至卷	缩微品规格：				第　代		
	影像极性：				长度（张数）：		
密度	背景密度（最高）	背景密度（最低）	背景密度（拷贝参考）	片基加灰雾密度	6%灰版密度	50%或80%灰版密度（片头）	50%或80%灰版密度（片尾）
解像力	1/25			1/32		1/	
	片头	片尾	片头	片尾		片头	片尾
海波残留量：$\mu g/cm^2$			测试方法：			测试日期：	
外观：		错误率：		质量等级：		接片次数：	
检测情况说明和检测结果：							
处理意见：							

检测日期：　　年　月　日　　　　　　　　　　　　　　　　　检测人：

文件缩微品拷贝制作记录

全宗名称：　　　　全宗号：　　　　年代：

拷贝时间	盘轴张号	拷贝机型号：								曝光数值	拷贝速度	拷贝片(型号、规格)：					
		母片(型号、规格)：															
		代数	影像极佳	最高背影密度	最低背影密度	拷贝参考背景密度	片基加灰雾密度	6%灰版密度	50%灰版密度	解像力			代数	影像极佳	6%灰版密度	50%灰版密度	灰雾密度	解像力
年 月 日																	
月 日																	

拷贝情况说明：

拷贝人：

文件缩微品剪接加工制作记录

全宗名称：　　　　全宗号：　　　　年代：

盘(轴)号	剪接加工原因	剪接加工位置	数量	缩微号与对应的原件档号

剪接加工情况说明：

加工日期：　　年　月　日　　加工人：

文件缩微品拍摄任务批准书

拍摄任务批准书

现批准拍摄馆藏　　　　全宗的永久(长期)档案,代号,计　　卷(件),以代替原件利用。

单　位：(印)

单位领导：(签名)

年　月　日

缩微拍摄文件原件证明书

缩微拍摄档案原件证明
以下所拍摄　　　　全宗　年至　年的　卷档案,为我馆珍藏的真实原件(对复制件缩微拍摄时加有说明标版)。拍摄者、编排者对原件的真实性、完整性、排列顺序核准无误。 　　　　　　　　　　　　　　　　　　　　　单　位:(印) 　　　　　　　　　　　　　　　　　　　　　拍摄批准人:(签名) 　　　　　　　　　　　　　　　　　　　　　　　年　月　日

缩微拍摄文件说明

拍摄说明
全宗名称:　　　　　　全宗号: 　本盘缩微胶片依据我国 DA/T 4—1992 标准制作。按正常操作规程,在编排、拍摄时,均以忠实于原文为原则,严格按照文件的排理顺序进行拍摄。第一代缩微品前后馆标之间的影像无人工修整和接头。各制作工序均有原始工作记录在案,以备查考。 编 排 人:(签名) 拍 摄 人:(签名) 冲 洗 人:(签名) 质检负责人:(签名) 　　　　　　　　　　　　　　　　　　　　　　　　　　　　年　月　日

缩微拍摄文件更正补拍说明

全宗名称:　　　　　　全宗号:

需补拍件	年	卷 份	页至	页
	年	卷 份	页至	页
	年	卷 份	页至	页
更正补拍理由				
更正补拍结果				
更正补拍情况说明				
批准补拍人:(签名)	补 拍 人:(签名)			
校对人:(签名)	补拍日期:　　年 月 日			

文件缩微品移交清单

全宗名称：　　　　　　全宗号：

盘(轴)张号	起始年卷号	终止年卷号	缩微品规格	代数	影像极性	数量	备注
	年　卷	年　卷					
	年　卷	年　卷					
	年　卷	年　卷					
	年　卷	年　卷					
	年　卷	年　卷					

移交单位：(印)　　　　　　　　　接收单位：(印)

移交人：(签名)　　　　　　　　　接收人：(签名)

　　　　　　　　　　　　　　　　交接日期：　　年　月　日

电子文件登记表首页

文件特征	形成部门			
	完成日期		载体类型	
	载体编号		题　名	
	通信地址			
	电　话		联系人	
设备环境特征	硬件环境（主机、网络服务器型号、制造厂商等）			
	软件环境（型号、版本等）	操作系统		
		数据库系统		
		应用软件文字处理平台		
文件记录特征	记录结构（物理、逻辑）		记录类型	□定长 □可变长 □其他	记录总数	
					总字节数	
	记录字符及图形文件格式	□ASCⅡ □BCD □EBCDIC □FIELDATA □汉字(指明具体字符集) □音频(指明格式) □图形(指明具体类型) □视频(指明格式)				
	文件载体	型号： 数量： 备份数：	□一件一盘　□多件一盘 □一件多盘　□多件多盘			
制表审核	填表人(签名)　　　　　　　　　　　年　月　日					
	审核人(签名)　　　　　　　　　　　年　月　日					

电子文件登记表续页

第 页

文件编号	题名	形成时间	文件性质代码	文件类别代码	载体编号	保管期限	备注

电子文件归档交接验收登记表

接收单位	
外观检查	
病毒检验	
有效性检验	
完整性检验	
登记表、软件、说明资料检验	

填表人(签名)　　　年　月　日

审核人(签名)　　　年　月　日

接收单位(盖章)　　年　月　日

CAD电子文件积累登记表

电子文件目录						
序号	题名	文件名	光(磁)盘号	版本号	形成日期	备注

CAD电子文件更改记录

电子文件更改记录					
序号	更改日期	更改单号	更改者	电子文件名	备注

续表

电子文件更改记录					
序号	更改日期	更改单号	更改者	电子文件名	备注

CAD 电子档案登记表

电子档案目录光盘编号						
序号	代号	题 名	电子档案名	密级	保管期限	备注

电子文件使用权限保护登记表

项目名称：	实施日期：	
保护原因：		
保护要求：		
单位领导意见		签名：
厂（所）领导意见		签名：
档案部门意见		签名：
备注		

保护文件清单					
序号	题 名	电子文件名	光盘编号	解除日期	备注

册内备考表

本册情况说明

立册人
检查人
立册时间

照片册册脊式样

底片册册脊	底片册册脊(一)	底片册册脊(二)
全宗号	全宗号	全宗号
保管期限	保管期限	保管期限
起止张号	册号	起止张号
册号	起止张号	册号

照片文件目录参考式样

照片号	题名	时间	摄影者	底片号	备注

照片册芯页参考式样(一)

	文字说明:	题名:
		照片号:
		底片号:
文字说明:		参见号:
		时间:
		摄影者:
题名:	文字说明:	
照片号:		
底片号:		
参见号:	文字说明:	
时间:		
摄影者:		

照片册芯页参考式样(二)

题名:

照片号:

底片号:

参见号:

时间:　　摄影者:

文字说明:

　　　　　　　　　　　　　　题名:

　　　　　　　　　　　　　　照片号:

　　　　　　　　　　　　　　底片号:

　　　　　　　　　　　　　　参见号:

　　　　　　　　　　　　　　时间:　　摄影者:

　　　　　　　　　　　　　　文字说明:

续表

题名：	
照片号：	
底片号：	
参见号：	
时间： 摄影者：	
文字说明：	

主要参考文献

1. 赵国俊,魏娜.文件工作的科学管理[M].北京:中国经济出版社,1993.
2. 赵国俊,陈幽泓.机关管理的原理与方法[M].北京:中国人民大学出版社,1999.
3. 杨霞.实用公文立卷指南[M].北京:中国档案出版社,2000.
4. 顾宝炎.管理学导论[M].上海:东方出版中心,1998.
5. 宫鸣.管理哲学[M].上海:东方出版中心,1998.
6. 曹润芳.机关文件管理[M].北京:中国人民大学出版社,1990.
7. 曹润芳.文件写作与处理[M].北京:中国档案出版社,2006.
8. 曹润芳.实用公文处理指南[M].北京:中国档案出版社,2000.
9. 冯惠玲.电子文件管理教程[M].北京:中国人民大学出版社,2001.
10. 郭树银.归档文件整理工作指南[M].北京:中国大百科全书出版社,2001.
11. 吴筑清.CAD文件管理和CAD光盘存档[M].北京:中国标准出版社,1999.
12. 傅西路.公文处理新规范[M].北京:中国城市出版社,2000.
13. 王健.文书学[M].北京:中国人民大学出版社,2008.
14. 张庆儒.公文处理学[M].北京:中国档案出版社,2001.
15. 国际档案理事会,彼得·瓦尔纳.现代档案与文件管理必读[M].北京:中国档案出版社,1992.
16. 美国档案工作者协会.档案工作的理论与方法[M].北京:中国档案出版社,1988.
17. [日]长谷川庆太郎.信息力[M].沈边,译.北京:中国轻工业出版社,1992.
18. 冯建伟.信息新论[M].北京:新华出版社,2001.
19. 陈耀胜.信息管理学[M].北京:中国档案出版社,1997.
20. [美]戴维·比尔曼.电子证据[M].王健,译.北京:中国人民大学出版社,2000.
21. [美]杜拉克.杜拉克管理思想全书[M].苏伟伦,译.北京:九州出版社,2001.
22. 韩玉梅.外国现代档案管理教程[M].北京:中国人民大学出版社,1995.
23. 郭建平.现代文书学[M].沈阳:辽宁大学出版社,2001.
24. 国家档案局.电子文件归档与电子档案管理概论[M].北京:中国档案出版社,1999.
25. 国家质量监督检验检疫总局 国家标准化管理委员会.党政机关公文格式(GB/T 9704—2012)[S].北京:中国标准出版社,2012.
26. 国家质量监督检验检疫总局 国家标准化管理委员会.标点符号用法(GB/T 15834—2011)[S].北京:中国标准出版社,2011.
27. 国家质量监督检验检疫总局 国家标准化管理委员会.出版物上数字用法(GB/T 15835—2011)[S].北京:中国标准出版社,2011.
28. 国家质量监督检验检疫总局 国家标准化管理委员会.电子文件归档与管理规范(GB/T 18894—2002)[S].北京:中国标准出版社,2002.
29. 国家质量监督检验检疫总局 国家标准化管理委员会.照片档案管理规范(GB/T 11821—2002)[S].北京:中国标准出版社,2002.

30. 国家质量技术监督局.CAD 电子文件光盘存储、归档与档案管理要求（GB/T 17678—1999）[S].北京：中国标准出版社,1999.
31. 国家档案局.缩微胶片数字化技术规范（DA/T43—2009）[S].北京：中国标准出版社,1999.
32. 国家档案局.文书类电子文件元数据方案（DA/T46—2009）.
33. 国家档案局.版式电子文件长期保存格式需求（DA/T47—2009）.
34. 国家档案局.基于 XML 的电子文件封装规范（DA/T48—2009）.
35. 国家档案局. 文书档案案卷格式（GB/T 9705—2008）.
36. 国家档案局.印章档案整理规则（DA/T 40－2008）.
37. 国家档案局.电子文件归档光盘技术要求和应用规范（DA/T 38－2008）.
38. 国家档案局.中国档案机读目录格式（GB/T 20163－2006）.
39. 国家档案局.公务电子邮件归档与管理规则（DA/T 32－2005）.
40. 国家档案局.纸质档案数字化技术规范（DA/T 31－2005）.
41. 国家档案局.电子文件归档与管理规范（GB/T 18894－2002）.
42. 国家档案局.归档文件整理规则（DA/T 22－2000）.
43. 国家档案局.档案缩微品保管规范（DA/T 21－1999）.
44. 国家档案局.电子公文归档与管理暂行办法（国家档案局 2003 年 6 号令）.